成都统计年鉴

CHENGDU STATISTICAL YEARBOOK

2016

成 都 市 统 计 局
成 都 市 统 计 学 会 编
国家统计局成都调查队

COMPILED BY CHENGDU STATISTIC BUREAU
NBS SURVEY OFFICE IN CHENGDU
CHENGDU STATISTICAL ASSOCIATION

图书在版编目（CIP）数据

成都统计年鉴. 2016 / 成都市统计局, 成都市统计学会, 国家统计局成都调查队编.
-- 北京 : 中国统计出版社, 2016.9
ISBN 978-7-5037-7942-8
I. ①成… II. ①成… ②成… ③国… III. ①统计资料 - 成都 - 2016 - 年鉴
IV. ①C832.711-54
中国版本图书馆CIP数据核字(2016)第213749号

成都统计年鉴—2016

作　　者 / 成都市统计局　成都市统计学会　国家统计局成都调查队
责任编辑 / 陈越月　高　艳
装帧设计 / 汪　琪　高　艳
出版发行 / 中国统计出版社
地　　址 / 北京市丰台区三环南路甲6号
邮政编码 / 100073
电　　话 / 邮购(010)63376909　书店(010)68783171
网　　址/ http://csp.stats.gov.cn
印　　刷 / 四川省人民政府机关文印中心
经　　销 / 新华书店
开　　本 / 890mm×1240mm　1/16
字　　数 / 52.6 千字
印　　张 / 23.75
版　　别 / 2016年9月第1版
版　　次 / 2016年9月第1次印刷
定　　价 / 300元

《成都统计年鉴—2016》编辑委员会

《成都统计年鉴—2016》编辑部

编者说明

一、《成都统计年鉴—2016》是一部全面反映成都市社会经济发展情况的综合性统计资料年刊，本书收录了成都市及区（市）县2015年社会、经济等方面大量的统计数据，以及建国以来，特别是改革开放以来重要年份全市及各区（市）县的主要统计数据。

二、本年鉴共分十七个部分：

成都概况

1、综合部分，包括自然地理、行政区划及社会经济发展的主要指标；

2、国民经济核算；

3、人口及劳动力；

4、固定资产投资、建筑业；

5、能源购进、消费与库存；

6、财政、金融和保险；

7、人民生活、物价；

8、城市公用事业；

9、农业；

10、工业；

11、运输、邮电；

12、国内贸易、外经、旅游；

13、科技、教育和文化；

14、体育、卫生、福利及其他；

15、区（市）县；

附录：全国重点城市统计资料。

三、本年鉴资料编辑顺序、所使用的度量衡单位均采用国际统计标准。

四、本年鉴中统计数据的统计口径及资料来源在各部分都作了较为详细的说明。

五、本年鉴的符号说明：

“…”表示数据不足本表最小单位数；

“空格”表示该统计数据不详或无该项统计数据；

“#”表示其中项；

“①”表示表下方的第一项注解

目　录

CONTENTS

二、国民经济核算
Chapter 2 National Accounts

三、人口及劳动力
Chapter 3 Population and Labor Force

四、固定资产投资、建筑业
Chapter 4　Investment in Fixed Assets and Construction

五、能源购进、消费与库存

Chapter 5 Energy Purchasing, Consumption and Inventory

六、财政、金融和保险

Chapter 6 Government Finance, Banking and Insurance

七、人民生活、物价

Chapter 7 People's Livelihood, Price Indices

八、城市公用事业
Chapter 8 Urban Public Utilities

九、农　业

Chapter 9 Agriculture

十、工　业

Chapter　10　Industry

十一、运输、邮电

Chapter　11　Transportstion, Postal and Telecommunications Services

十二、国内贸易、外经、旅游

Chapter 12 Domestic Trade, Foreign Trade and Economic Cooperation, Tourism

十三、科技、教育和文化

Chapter 13 Science, Education and Culture

十四、体育、卫生、福利及其他
Chapter 14 Sports, Public Health, Social Welfare and Others

十五、区(市)县
Chapter 15 Distrcts, Cities at Country Level and Counties

成 都 概 况

一、成都历史文化

成都是一座有2300多年悠久历史的古城，是国务院首批公布的24个历史文化名城之一。公元前四世纪，古蜀国王开明九世于“广都樊乡”（今双流境）“徙治成都”，以“周太王从梁止岐，一年成邑，二年成都”，故名成都，相沿至今。公元前311年，秦人按咸阳建制兴筑成都城垣。当时城周12里，高7丈。成都城市在这一年正式建立。公元前256年，蜀郡太守李冰父子率岷江两岸人民兴建的都江堰水利工程，二千多年来一直浇灌着成都平原。由此，成都水旱从人，土地肥沃，气候温和，物产丰富，故世称“天府”。西汉时期，成都织锦业驰名天下，当时，在城西南设立了锦官，专管织锦，并筑有锦官城，故成都又有“锦官城”、“锦城”之称。五代后蜀主孟昶时，在城墙上遍种芙蓉，故成都还有“芙蓉城”、“蓉城”之称。在历史上，成都又是一座水网密布，江桥众多，树木葱笼，繁花似锦的“花城”。19世纪法国旅行家古德尔孟曾赞叹成都是“东方的巴黎”。

二千多年来，成都一直是祖国西南地区的政治、经济、军事重镇，具有重要战略地位。秦、汉、晋、隋皆因得蜀而统一天下。西汉公孙述、三国刘备、西晋李雄、东晋李寿、五代前蜀王建、后蜀孟知祥等封建王朝均建都成都。成都又一直是各朝代的州、郡、县治所，元、明、清为四川省治所。民国初年，成都是四川省省会。1949年12月27日，成都解放，为川西行政公署驻地。1952年恢复四川省建制，成都为四川省省会至今。

成都是工商繁茂的大都会。秦汉时代，成都是全国有名的商业都市。汉代，又是全国五大都会（洛阳、邯郸、临淄、宛、成都）之一。唐代有“扬（州）一益（成都）二”之称。北宋时期是汴京以外的第二大都会。唐宋时期成都的商业已突破了历史上传统的坊市制的束缚，兴起了临街设店和前店后坊（手工作坊）的格式，进而发展为城内有东市、南市、新南市、西市和北市，城外有草市的格局。一年内，各种专业性市场不断:一月灯市、二月花市、三月蚕市、四月锦市、五月扇市、六月香市、七月宝市、八月桂市、九月药市、十月酒市、十一月梅市、十二月桃符市。城内还兴起了繁华的夜市。现在中共四川省委的所在地“商业街”，成都市委原所在地“羊市街”，这些街名也反映了成都历史上商业的繁荣。

纸币是中国发明的，成都又是中国纸币的发源地。当时，在成都城外西边的“净从寺”（即成都西门万佛寺）有制造纸币（交子）的用纸和印刷纸币的作坊。成都所制交子，是世界货币史上使用最早的纸币，它对贸易往来、金融业的发展和经济繁荣等起了重大作用。

成都是全世界最早开发利用天然气的地方。早在西汉时期，成都人就发现了天然气，并用于制盐。这就是成都临邛地区有名的“火井”。历史上成都还是一座口岸城市。李冰开二江，双过城下，成都成为水陆交汇的口岸城市，又是祖国南方丝绸之路起点的外贸城市。

成都对祖国和世界文化作出了重大贡献。成都的教育事业发达，历史悠久。早在公元前141年，蜀郡太守文翁在成都兴学，开学馆，设讲堂，建石室。“文翁倡其教，相如为之师”，于是蜀之人才，辈出于两汉。这是全国地方办学的首创。一直到南宋，发展为规模近千人的地方高等学府。

隋、唐至宋时代，成都的造纸技术为全国的高峰。唐代成都造的“益州麻纸”是官方规定的诏书、册令和中央图书馆的标准用纸。雕版印刷术的发明，是中国对人类文明的又一伟大贡献。而成都是中国雕版印刷术的发源地之一。伦敦博物馆所藏敦煌文书中孟蜀时期成都木刻印刷的“历书”，为世界最早的木刻历书。中国历史博物馆所藏唐代木刻印刷的“陀螺尼经咒”，边款刻有“成都府成都县龙池坊刻”等字样。中国用木刻印刷五经、文选、诗文集，始于唐代的成都。宋代的成都，是全国印刷业三大基地之一，有“宋时蜀刻甲天下”之称。

成都又是一座工艺名城。从战国到汉代，成都的漆器即负盛名，享誉海外。著名的马王堆汉墓出土的精美漆器就有成都制造的。成都又是蜀锦的故乡，它一直是中国丝绸文化重要的发源地和生产地。汉、晋时期，蜀锦风靡天下。六朝以后至隋唐，通往西域的丝绸之路所销蜀锦大都是成都生产的。蜀锦在1909年的南洋博览会上获“国际特奖”。成都麻织的“蜀布”，在汉代是名扬天下的高级织物，远销“大夏”（即阿富汗）。

唐宋时期，成都的音乐、歌舞、戏剧已非常繁盛，有“蜀戏冠天下”之称。成都的乐器制造，闻名全国，成都乐器世家雷氏所制“雷琴”，使当时的文化界“叹为观止”，而留存于世者，珍同“国宝”。成都大慈寺的壁画也被称颂为“天下第一”。

饮茶文化始于中国。中国饮茶，源于四川。而四川最早进行茶叶贸易的是成都新津。诗歌中最早饮茶记录亦在成都。唐宋时期，成都是全国茶叶生产的主要地区，也是茶叶贸易的集散中心。清代以来，成都的茶馆文化别具一格，相沿至今。

成都是汇百流、善吸收、富创新的开放城市。自古就是一座人才荟萃的名城。汉赋四大家成都有司马相如和杨雄两位。唐代大画家成都有黄筌、黄居采父子。宋代著名史学家成都有范镇、范祖禹。成都还是名流云集之地，大政治家诸葛亮，大诗人李白、杜甫、岑参、薛涛、韦庄、陆游、范成大等都曾寓居这里，有“天下诗人皆入蜀”之说。无产阶级革命家朱德、陈毅都曾就学成都。现代著名文学家郭沫若、巴金、李劼人、李一氓，科学家周太玄等，都曾在成都石室中学受教。成都还具有不排外、汇百流、善吸收、富创新、勇进取的开放性格。开明氏入蜀，带来了荆楚文化;秦定蜀，带来了关中文化，后又把六国工商迁徙入蜀，带来了先进的工商技术;文翁兴学，派蜀人子弟到京师学习中原文化，隋代杨秀作蜀王带来中原高僧，使成都成为佛学中心之一。唐玄宗、僖宗两次“幸蜀”，随行带来了大批大诗人、画家、歌手和百工技艺之才。清代“湖广填四川”，促进了经济、文化、风俗的交流和融会。川剧、曲艺、绘画、川菜、小吃等，都是集各地之精华而形成成都特有文化。抗日战争时期，各种社会团体和名流志士移居成都，27所大专院校迁来成都，使成都成为大后方文化中心。解放战争时期，随着大西南的解放，人民解放军又带来了晋、绥、秦、鲁、苏大批干部。新中国建立后的三线建设时期，又调进了全国各地的各种人才。成都的经济、政治、文化持久繁荣的重要原因，就在于二千多年来一直不断地吸收引进全国各地的先进文化和人才。

成都是富于革命传统的历史名城。在历史上数次成为革命起义的中心。西晋末年是“成汉”国的都城。北宋初期王小波、李顺起义发动于青城，建政权于成都。明末农民起义领袖张献忠在成都建立了大西国。1911年辛亥秋成都的保路斗争，引起全川起义，成为10月10日武昌起义的开路先锋，被孙中山誉为立下了辛亥革命的“第一功”。五四运动以后，成都是发动赴法勤工俭学的重要城市。王右木、赵世炎、吴玉章、杨闇公、车耀先等革命先驱在成都进行过革命斗争。大革命失败后，“二·六”烈士在下莲池英勇献身。1949年12月，十二桥烈士用鲜血迎来了古城的新生。

在成都市区域内，被列为国家级历史文化名城的有都江堰市，列为省级历史文化名城的有邛崃市、崇州市、彭州市。2000年11月，联合国第24届世界遗产委员会将青城山·都江堰列入《世界遗产名录》。2005年8月16日，从金沙遗址上出土的“太阳神鸟”金饰图案被国家文物局正式确定为“中国文化遗产标志”。2006年7月12日，联合国第30届世界遗产委员会将“四川熊猫栖息地”列入《世界遗产名录》，青城山－都江堰、西岭雪山、鸡冠山－九龙沟和天台山被纳入“四川熊猫栖息地”世界自然遗产地范围。

二、地理位置和自然资源

地理位置　成都市位于四川省中部，四川盆地西部，介于东经102°54′～104°53′和北纬30°05′～31°26′之间，全市东西长192公里，南北宽166公里，总面积12121平方公里，其中耕地面积636万亩。东北与德阳市、东南与资阳市毗邻，南面与眉山市相连，西南与雅安市、西北与阿坝藏族羌族自治州接壤。距东海1600公里，南海1090公里，属内陆地带。

地形地貌　成都市地质历史悠久，地层出露较全。全市地势差异显著，西北高，东南低，西部属于四川盆地边缘地区，以深丘和山地为主，海拔大多在1000—3000米之间，最高处大邑县双河乡海拔为5364米，相对高度在1000米左右；东部属于四川盆地盆底平原，是成都平原的腹心地带，主要由第四系冲击平原、台地和部分低山丘陵组成，土层深厚，土质肥沃，开发历史悠久，垦殖指数高，地势平坦，海拔一般在750米上下，最低处金堂县云台乡仅海拔387米。成都市东、西两个部分之间高差悬殊达4977米。由于地表海拔高度差异显著，直接造成水、热等气候要素在空间分布上的不同，不仅西部山地气温、水温、地温大大低于东部平原，而且山地上下之间还呈现出明显的不同热量差异的垂直气候带，因而在成都市域范围内生物资源种类繁多，门类齐全，分布又相对集中，这为成都市发展农业和旅游业带来了极为有利的条件。

土地资源　成都市土地资源有以下特点，一是土地类型多样。按地貌类型可分为平原、丘陵和山地；按土壤类型可分为水稻土、潮土、紫色土、黄壤、黄棕壤等11类；按土地利用现状类型可分为耕地、园林地、牧草地等8类。二是平原面积比重大，达4971.4平方公里，占全市土地总面积的40.1%，远远高于全国占12%和四川省占2.54%的水平；丘陵面积占27.6%，山地面积占32.3%。三是土地垦殖指数高。土地肥沃，土层深厚，气候温和，灌溉方便，可利用面积的比重可达94.2%，全市平均土地垦殖指数达38.22%，其中平原地区高达60%以上，远远高于全国10.4%和四川省11.5%的水平。

气候资源　成都市位于川西北高原向四川盆地过渡的交接地带，具有自己特有的气候资源：一是东西两部分之间气候不同。由于成都市东、西高低悬殊，热量随海拔高度急增而锐减，所以出现东暖西凉两种气候类型并存的格局，而且，在西部盆周山地，山上山下同一时间的气温可以相差好几度，甚至由下而上呈现出暖温带、温带、寒温带、亚寒带、寒带等多种气候类型。这种热量的垂直变化，为成都市发展农业特别是多种经营创造了十分有利的条件。二是冬暖、春早、无霜期长，四季分明，热量丰富。年平均气温在17.5°C左右，≥10°C的年平均活动积温为4700°C～5300°C，全年无霜期大于337天，冬季最冷月（1月）平均气温为5°C左右，0°C以下天气很少，比同纬度的长江中下游地区高2°～3°C，提前一个月入春。三是冬春雨少，夏秋多雨，雨量充沛，年平均降水量为1124.6毫米，而且降水的年际变化不大，最大年降水量与最小年降水量的比值为2:1左右。四是光、热、水基本同季，气候资源的组合合理，很有利于生物繁衍。五是风速小，广大平原、丘陵地区风速为1～1.5米/秒；晴天少，日照率在24～32%之间，年平均日照时数为1042～1412小时，年平均太阳辐射总量为83.0～94.9千米/平方厘米。

水资源　成都市降水丰沛，年均水资源总量为304.72亿立方米，其中地下水31.58亿立方米，过境水184.17亿立方米，基本上能满足成都市人民生活和生产建设用水的需要。主要特点：一是河网密度大。成都市有岷江、沱江等12条干流及几十条支流，河流纵横，沟渠交错，河网密度高达1.22公里/平方公里；加上驰名中外的都江堰水利工程，库、塘、堰、渠星罗棋布。2014年有效灌溉面积达 31.2 万公顷；全市水能资源理论蕴藏量为 161.5 万千瓦。二是水质优良。成都地处长江流域上游，河水主要由大气降水、地下潜流和融雪组成，在流入成都平原之前，河道主要在高山峡谷之间，受人为污染极小，因而水质格外优良，绝大部分指标都符合国家地面水二级标准的要求。

生物资源　成都市地处亚热带湿润地区，地形地貌复杂，自然生态环境多样，生物资源十分丰富。据初步统计，仅动、植物资源就有 11 纲、200 科、764 属、3000 余种。其中，种子植物 2682 种，特有和珍稀植物有银杏、珙桐、黄心树、香果树等；主要脊椎动物 237 种，国家重点保护的珍稀动物有大熊猫、小熊猫、金丝猴、牛羚等；中药材 860 多种，川芎、川郁金、乌梅、黄连等蜚声中外。

矿产资源　成都市矿产资源较为丰富。一是种类繁多，目前已探明的有铁、钛、钒、铜、铅、锌、铝、金、银、锶、稀土等金属矿产以及钙芒销、蛇纹石、石膏、方解石、石灰石、大理石、煤、天然气等非金属矿产资源 60 多种。二是分布相对集中。全市有大小矿产地 400 余处，多属矿产资源分布相对集中。煤炭探明储量 1.46 亿吨，主要集中在西部边沿山区的彭州市、都江堰市、崇州市和大邑县；天然气探明储量 16.77 亿立方米，远景储量为 42.21 亿立方米，主要集中于蒲江、邛崃、大邑、都江堰和金堂一带；钙芒硝储量全国第一，高达 98.62 亿吨，主要集中于新津县和双流县；多种金属矿产资源则相对集中于彭州市。三是共生矿多。

旅游资源　成都市名胜古迹蜚声中外，加上自然风光绮丽多姿，因而旅游资源得天独厚，并具有鲜明的成都特色。一是人文景观多。全市现有人文景观 172 处，具有类型多、规模大、分布广、价值高的特点。全市 19 个区（市）县，都有自己特有的人文景观。其中，尤以二王庙、文君井、武侯祠、杜甫草堂、文殊院、宝光寺、王建墓、蜀僖王陵以及古蜀文化——金沙遗址等最具特色；观音寺的壁画、塑像和花置寺的摩岩造像等也有很高的艺术观赏价值；举世闻名的都江堰水利工程，更是具有极高的科学研究价值。二是自然景观全。成都地形地貌复杂多样，山景、洞景、水景、生景、气景俱全。其中山景具有高、险、奇、秀、幽的特色，如有“天下幽”的青城山、雄奇多姿的九峰山、奇峰挺拔的雾中山、景色秀美的玉垒山等；水景中有汹涌湍急的溪流、清澈明亮的水潭、飞珠溅玉的瀑布、秀美如画的湖泊、千姿百态的泉眼等等。生景中，有少见的桂花林、箭竹林、杜鹃林等植物群落和大熊猫、小熊猫、蝴蝶群等珍稀动物。丰富多彩的成都气景中，有壮观的日出、多变的云海、神奇的佛光、奇特的“神灯”和玄幂的“阴阳界”等等。三是旅游资源分布相对集中。现已形成以成都市区为核心的、组合不同、风格各异的都江堰、青城山、宝光寺等 8 个国家、省、市级风景片区和西岭雪山国家级风景名胜区、龙池国家级森林公园、龙门山国家级地质公园和白水河国家自然保护区等。四是旅游地理位置十分优越。成都正处在由剑门蜀道、九寨沟、成都、峨眉山、长江三峡等旅游胜地组成的四川旅游环和由北京、西安、成都、昆明、桂林、广州等旅游中心组成的全国旅游环的联结点上，还是内地前往西藏的主要通道。

三、人口和行政区划

人口　2015 年末，成都市户籍总人口为 1228.05 万人，在全国特大城市中，仅次于北京、上海、重庆，居第四位。其中，市区人口 698.14 万人，县（市）人口 529.91 万人；女性人口 617.88 万人，男性人口 610.17 万人。全市共 475.99 万户，其中市区为 271.29 万户，县（市）为 204.70 万户。全市平均每户 2.58 人，其中市区平均每户 2.57 人。全市人口密度为每平方公里 1006 人，其中市区人口稠密，每平方公里达 2131 人。

行政区划　新中国建立后，成都市行政辖区几经调整，面积由 29.9 平方公里扩大到 1.21 万平方公里。1952 年撤消成都县，部分划归成都市郊区。1953 年后，相继建立了东城区、西城区、金牛区、青白江区、龙泉驿区和一个区级办事处(黄田坝)。1976年将温江地区的双流县、金堂县划入成都市管辖。1983年5月，实行市领导县体制，温江地区10个县并入成都市。1990年10月，经国务院批准，成都市进行区划调整，五区划为七区。经国务院批准，2002年将原新都县、温江县撤县设区，2015年又将双流县撤县设区，形成了10区4市(县级市)5县的格局，即:锦江区、青羊区、金牛区、武侯区、成华区、龙泉驿区、青白江区、新都区、温江区、双流区，都江堰市、彭州市、邛崃市、崇州市，金堂县、郫县、大邑县、蒲江县、新津县。此外，成都市还设有在管理和统计上实行单列的成都高新技术产业开发区，另有于2013年3月成立的天府新区（成都党工委、管委会）。

四、经济社会发展概况

成都市的国民经济和各项社会事业经过解放后60年，特别是改革开放30多年的发展，城市综合实力显著增强，社会全面进步，人民生活极大改善，使成都市在全省、西南、全国的地位明显提高。

1984年1月11日，国务院批准成都市城市性质为“省会，历史文化名城，重要的科学文化中心”。1993年6月29日，国务院进一步要求“充分发挥成都市作为西南地区科技中心、商贸中心、金融中心和交通通信枢纽的作用”，并先后批准成都市实行沿海开放城市政策，列入全国率先建立社会主义市场经济体制试点城市、金融对外开放城市、行政副省级城市。城市综合实力1992年进入全国城市50强，位居第11位，投资硬环境为全国城市40优之一，2003年《中国城市发展报告》成都综合实力位列第九位。2006年，荣获“国家园林城市”称号。2007年2月，荣获“中国最佳旅游城市”称号；5月,荣获“国家森林城市”称号；6月，成都市全国统筹城乡综合配套改革试验区获国务院批准。

——经济快速发展，综合实力显著增强。2015年，全市地区生产总值达到10801.16亿元，在全国15个副省级城市中，居第4位，按可比价格计算，增长7.9%。三次产业协调发展，以商品流通、交通运输、邮电通信、金融保险、房地产、技术服务、旅游等为主的第三产业迅速发展，产业结构调整成效明显，2014年第一、二、三产业在地区生产总值中的比重分别为3.5%、43.7%、52.8%。

——基础设施建设成效显著，城市面貌发生重大变化。近20多年来，相继完成了一环路、二环路、三环路、内环路、府南河综合整治和天府广场工程，城市面貌和生态环境明显改善，城市特色更加突出。实施了蜀都大道、羊市街东西延线，东城根街、红星路、新华路和长顺街南北延线、人民北路等多条城区道路的改造建设；城市立体交通发展迅速，兴建立交桥数十座。建成成温邛、成南、成灌、成彭、成绵、成渝、成雅、成乐、成都外环高速公路和机场高速。实现了县县通高速，建成了全市高速公路网。2010年9月27日，成都地铁1号线一期工程正式开通试运营，地铁线路为南北方向，贯穿成都市主城区，全长18.5公里，共设17座车站。这是我国西部地区开通的首条地铁线路。2012年9月16日，成都地铁2号线一期工程正式开通运营，地铁线路为东南——西北方向，与地铁1号线相交于天府广场，全长23公里，共设有站点20座。完成自来水六厂、西郊天然气储罐站、成都污水处理厂和成都长途电话枢纽工程等若干重点项目，城市供电、供气、供水和通信能力逐步增强。城市管理、城市园林绿化、环境保护、市容环卫等工作成效明显，1993年10月，成都市在全国省会城市中，第一个被命名为国家卫生城市；2000年获得全国城市环境综合整治“优秀城市”称号；2005年被授予“国家环境保护模范城市”称号；2008年被授予“全国文明城市”称号。

——开发区快速发展，建设规模不断扩大。成都的开发区创建于20世纪80年代末、90年代初，经过近20年的发展，现已初具规模。全市主要开发区有：成都高新技术产业开发区，始建于

1988 年，1991 年 3 月被国务院批准为国家级高新技术产业开发区。成都经济技术开发区，创建于 1990 年，2000 年 2 月被国务院批准为国家级经济技术开发区。其他主要开发区还有：成都海峡两岸科技产业开发园，西南航空港经济开发区等。

——城乡居民收入快速增长，生活水平不断提高。2015 年，城镇居民人均可支配收入达到 33476 元，农民人均可支配收入 17690 元，城乡居民人民币储蓄存款余额达 9922 亿元。城乡居民生活质量明显改善。

一 综 合

简 要 说 明

主要内容

本部分包括成都的自然地理、行政区划、国民经济和社会发展综合指标，成都与全国、全省对比情况等内容。

资料来源

气象资料来源于成都市气象局。

行政区域、乡(镇)名录来源于成都市民政局。

其他资料主要依据成都市统计局综合统计年报和各专业统计年报及其相关部门的资料整理而得。

其他需要说明的问题

地区生产总值、工业总产值、农业总产值总量与结构指标按当年价格计算，速度指标均按可比价格计算。

自 然 地 理

位置:

成都,简称蓉。地处东经102度54分至104度53分与北纬30度05分至31度26分之间,位于四川省中部,东北与德阳市,东南与资阳市毗邻,西南与雅安市,西北与阿坝藏族羌族自治州接壤,南面与眉山市相连。境内海拔最高5364米,最低387米。

面积:

全市面积12121平方公里,东西长192公里,南北宽166公里,平原面积占40.1%,丘陵面积占27.6%,山区面积占32.3%。

河流:

境内河网稠密,西南部为岷江水系,东北部为沱江水系,全市有大小河流40余条,水域面积700多平方公里。

气候:

成都属于亚热带湿润季风气候区,热量丰富、雨量充沛、四季分明。年平均气温在15.2℃~16.6℃左右,全年无霜期大于300天,年平均降水量873毫米~1265毫米,年平均日照百分率一般在23%~30%之间,年平均太阳辐射总量为80.0千卡/平方厘米~93.5千卡/平方厘米。

1-1 成都市气象情况(2015年)

Meteorological Phenomenon in Chengdu(2015)

	平均气温(摄氏度)	日照时数(小时)	雾 日(天)	降雨日数(天)	降雨量(毫米)	平均风速(米/秒)
全 年	**16.0**	**1038.4**	**84**	**197**	**880.2**	**1.3**
一 月	6.8	27.3	16	12	3.1	1.2
二 月	8.6	60.8	6	9	2.8	1.4
三 月	13.3	75.1	6	14	8.1	1.4
四 月	17.6	127.2	8	17	87.4	1.5
五 月	22.0	163.0	3	16	51.8	1.5
六 月	23.9	83.7	3	21	90.8	1.5
七 月	25.1	191.2	4	15	92.2	1.1
八 月	13.9	110.0	6	22	291.9	1.3
九 月	21.1	31.4	4	26	205.7	1.4
十 月	18.2	75.6	10	10	23.0	1.2
十一月	13.5	40.8	4	20	9.8	1.2
十二月	7.4	52.3	14	15	13.6	1.0

1－2 成都市行政区划(2015年末)

Division of Administrative Areas in Chengdu(End of 2015)

单位:个

	乡政府	镇政府	街道办事处	社区居委会	村民委员会
全市	**23**	**181**	**113**	**1565**	**1911**
成都高新区			7	58	
锦江区			16	117	
青羊区			14	76	
金牛区			15	109	
武侯区			13	87	
成华区			14	106	
龙泉驿区	1	7	4	65	76
青白江区	1	8	2	29	94
新都区		10	3	128	127
温江区		6	4	79	35
双流区		18	7	162	114
金堂县	2	18	1	47	185
郫县		13	1	56	139
大邑县	3	16	1	76	142
蒲江县	4	7	1	25	107
新津县	1	10	1	42	64
都江堰市	1	13	5	69	187
彭州市		19	1	104	251
邛崃市	4	18	2	65	202
崇州市	6	18	1	65	188

注:本表中双流区数据包含天府新区成都直管区数据。

1-3 成都市乡(镇)名录

Name List of Townships and Villages in Chengdu

区(市)县	政府驻地	乡　　(镇)
龙泉驿区	龙泉街办	万兴乡、洛带镇、西河镇、柏合镇、洪安镇、茶店镇、黄土镇、山泉镇
青白江区	红阳街办	福洪乡、人和乡、城厢镇、弥牟镇、清泉镇、大同镇、祥福镇、姚渡镇、龙王镇
新都区	新都街办	新民镇、泰兴镇、马家镇、清流镇、新繁镇、龙桥镇、斑竹园镇、石板滩镇、木兰镇、军屯镇
温江区	柳城街办	和盛镇、金马镇、万春镇、永盛镇、永宁镇、寿安镇
双流区	东升街办	大林镇、煎茶镇、永安镇、黄水镇、籍田镇、正兴镇、彭镇、太平镇、永兴镇、金桥镇、黄龙溪镇、胜利镇、新兴镇、兴隆镇、万安镇、白沙镇、三星镇、合江镇
金堂县	赵镇街办	平桥乡、栖贤乡、淮口镇、竹篙镇、土桥镇、五凤镇、云合镇、广兴镇、高板镇、福兴镇、三溪镇、赵家镇、金龙镇、白果镇、三星镇、官仓镇、清江镇、隆盛镇、转龙镇、又新镇
郫县	郫筒街办	安靖镇、红光镇、唐昌镇、安德镇、团结镇、犀浦镇、花园镇、德源镇、新民场镇、友爱镇、唐元镇、三道堰镇、古城镇
大邑县	晋原街办	金星乡、雾山乡、鹤鸣乡、安仁镇、悦来镇、新场镇、西岭镇、斜源镇、青霞镇、沙渠镇、董场镇、韩场镇、王泗镇、三岔镇、花水湾镇、出阝江镇、上安镇、苏家镇、蔡场镇
蒲江县	鹤山街办	复兴乡、光明乡、白云乡、长秋乡、寿安镇、大塘镇、西来镇、大兴镇、甘溪镇、朝阳湖镇、成佳镇
新津县	五津街办	文井乡、花桥镇、金华镇、兴义镇、安西镇、新平镇、永商镇、邓双镇、普兴镇、花源镇、方兴镇
都江堰市	灌口街办	向峨乡、蒲阳镇、石羊镇、安龙镇、胥家镇、大观镇、玉堂镇、、中兴镇、柳街镇、聚源镇、天马镇、崇义镇、龙池镇、青城山镇
彭州市	天彭镇	天彭镇、通济镇、丹景山镇、隆丰镇、敖平镇、磁峰镇、桂花镇、红岩镇、升平镇、军乐镇、三界镇、小鱼洞镇、龙门山镇、新兴镇、丽春镇、九尺镇、蒙阳镇、白鹿镇、葛仙山镇、致和镇
邛崃市	临邛街办	茶园乡、孔明乡、道佐乡、油榨乡、南宝乡、大同乡、固驿镇、羊安镇、宝林镇、天台山镇、临济镇、牟礼镇、桑园镇、平乐镇、夹关镇、火井镇、水口镇、冉义镇、回龙镇、高埂镇、前进镇、高何镇、卧龙镇
崇州市	崇阳街办	锦江乡、公议乡、济协乡、集贤乡、鸡冠山乡、燎原乡、怀远镇、元通镇、隆兴镇、羊马镇、三江镇、道明镇、王场镇、三郎镇、江源镇、白头镇、廖家镇、街子镇、文井江镇、观胜镇、大划镇、梓潼镇、崇平镇、桤泉镇

注:双流区含天府新区成都直管区。

1－4 国民经济和社会发

Principal Aggregate Indicators on National Economic

	单　位	1978 年	1980 年	1990 年	2000 年
一、人口与就业					
人　　口					
年末总人口	万人	806.06	822.54	919.50	1013.35
#市区人口	万人	228.80	238.31	280.81	335.86
#城镇人口	万人	179.46	192.04	250.99	345.90
就　　业					
从业人员数	万人	372.30	393.12	562.67	574.13
#在岗职工人数	万人	109.99	115.90	152.71	124.53
#乡村劳动力	万人	262.11	276.57	382.33	387.92
二、宏观经济					
国民核算					
地区生产总值	亿元	35.94	46.30	194.09	1156.79
第一产业	亿元	11.45	12.60	40.56	116.36
第二产业	亿元	16.97	22.98	77.07	422.13
工　业	亿元	16.35	21.60	67.92	328.72
建筑业	亿元	0.62	1.38	9.15	93.41
第三产业	亿元	7.52	10.72	76.46	618.30
#交通运输、仓储和邮政业	亿元	1.53	2.00	12.21	71.22
批发和零售业	亿元	1.96	2.83	16.59	121.01
住宿和餐饮业	亿元	0.55	0.82	5.76	52.72
金 融 业	亿元	0.56	0.81	7.15	65.71
房地产业	亿元	0.18	0.30	3.57	51.54

注:2003 年以后市区人口含新都区、温江区,2015 年市区人口含双流区,下同。

展总量与速度指标

and Social Development and Their Related Indices Growth Rates

2014 年	2015 年	2015 年为下列年度(%)				
		1978 年	1980 年	1990 年	2000 年	2014 年
1210.74	1228.05	152.4	149.3	133.6	121.2	101.4
581.63	698.14	3.1 倍	2.9 倍	2.5 倍	2.1 倍	120.0
755.77	829.08	4.6 倍	4.3 倍	3.3 倍	2.4 倍	109.7
820.68	826.41	2.2 倍	2.1 倍	146.9	143.9	100.7
220.19	218.84	199.0	188.8	143.3	175.7	99.4
292.45	290.35	110.8	105.0	75.9	74.8	99.3
10056.59	10801.16	61.9 倍	49.0 倍	20.3 倍	6.2 倍	107.9
357.07	373.15	4.9 倍	4.5 倍	2.8 倍	2.0 倍	103.9
4508.53	4723.49	110.7 倍	82.4 倍	31.4 倍	8.7 倍	107.2
3855.43	4056.19	114.5 倍	87.4 倍	34.3 倍	9.9 倍	107.4
705.62	722.56	188.5 倍	86.1 倍	23.7 倍	4.9 倍	106.2
5190.99	5704.52	84.6 倍	61.0 倍	21.1 倍	5.3 倍	109.0
436.62	470.14	34.9 倍	27.2 倍	11.1 倍	4.1 倍	107.7
754.04	778.34	54.2 倍	38.7 倍	16.3 倍	4.5 倍	103.0
329.25	359.67	83.9 倍	58.1 倍	20.5 倍	4.5 倍	106.1
1071.81	1254.23	186.8 倍	133.3 倍	37.3 倍	7.9 倍	115.5
578.51	597.71	283.0 倍	179.1 倍	36.8 倍	5.2 倍	104.3

1－4 续表 1

	单 位	1978 年	1980 年	1990 年	2000 年
农 业					
农林牧渔业从业人员	万人	241.36	258.45	305.13	244.09
农林牧渔业总产值	亿元	15.71	17.15	60.19	197.74
主要农产品、畜产品产量					
粮 食	万吨	294.85	305.14	381.70	363.71
油菜籽	万吨	10.82	13.70	19.85	18.59
蔬 菜	万吨	87.61	75.09	222.80	409.82
水 果	万吨	2.66	4.21	11.17	52.40
肉 类	万吨	14.16	18.60	38.53	68.62
#猪 肉	万吨	12.95	17.14	33.79	46.52
牛 奶	万吨	1.17	1.30	3.17	4.98
禽 蛋	万吨	1.77	1.87	5.97	14.64
水产品	万吨	0.23	0.27	2.39	4.96
工 业					
主要工业产品产量					
钢 材	万吨	35.55	40.86	86.32	126.21
发电量	亿千瓦小时	10.36	7.06	23.60	53.13
水 泥	万吨	25.37	37.46	112.87	324.00
化学原料药	吨	544	447	1344	3109
合成氨	万吨	61.44	61.99	55.58	74.40
汽 车	辆	641	966	5230	20124

2014年	2015年	2015年为下列年度(%)				
		1978年	1980年	1990年	2000年	2014年
134.11	134.51	55.73	52.04	44.08	55.11	100.30
613.00	663.06	42.2倍	38.7倍	11.0倍	3.4倍	104.35
237.05	230.15	78.06	75.42	60.30	63.28	97.09
24.60	24.48	2.3倍	178.69	123.32	131.68	99.51
541.96	570.84	6.5倍	7.6倍	2.6倍	139.29	105.33
123.08	130.81	49.2倍	31.1倍	11.7倍	2.5倍	106.28
69.24	68.17	4.8倍	3.7倍	176.93	99.34	98.45
51.63	50.59	3.9倍	2.9倍	149.72	108.75	97.99
11.34	10.21	8.7倍	7.9倍	3.2倍	2.1倍	90.04
16.53	16.58	9.4倍	8.9倍	2.8倍	113.25	100.30
9.41	10.55	45.9倍	39.1倍	4.4倍	2.1倍	112.11
664.18	669.29	18.8倍	16.4倍	7.8倍	5.3倍	100.8
131.03	131.05	12.6倍	18.6倍	5.6倍	2.5倍	100.0
1516.83	1423.64	56.1倍	38.0倍	12.6倍	4.4倍	93.9
170753	198162	364.3倍	443.3倍	147.4倍	63.7倍	116.1
33.48	19.78	32.2	31.9	35.6	26.6	59.1
933993	927990	1447.7倍	960.7倍	177.4倍	46.1倍	99.4

1-4 续表2

	单 位	1978年	1980年	1990年	2000年
卷 烟	亿支	11.19	12.60	22.01	51.10
固定资产投资					
全社会固定资产投资总额	亿元	2.94	5.57	40.12	475.90
#国有单位投资	亿元	2.83	5.20	28.20	227.86
#市及市以下投资	亿元	0.98	2.48	28.92	370.79
#更新改造投资	亿元		0.53	11.77	48.95
房地产投资	亿元			2.99	129.16
运输业					
货物运输量	万吨	2874	4295	10139	21489
货物周转量	亿吨公里	81.29	86.68	147.83	362.65
旅客运输量	万人	2635	4586	12894	46459
客运周转量	亿人公里	27.16	38.43	98.42	288.95
邮电通信业					
邮电业务总量	亿元	0.28	0.31	1.55	71.64
移动电话	万部				99.10
国内贸易与旅游					
社会消费品零售总额	亿元	13.81	20.51	85.69	554.21
旅游总收入	亿元				131.10
#创汇收入	万美元				8108

注:①2003年以前(含2003年)卷烟单位为万箱;②从2003年起运输量只包括营运性运输,且从2004年后成都铁路局数据为西南三省合

2014 年	2015 年	2015 年为下列年度(%)				
		1978 年	1980 年	1990 年	2000 年	2014 年
1003.69	945.76	84.5 倍	75.1 倍	43.0 倍	18.5 倍	94.2
6620.37	7006.97	2383.3 倍	1258.0 倍	174.7 倍	14.7 倍	105.8
2086.65	2265.71	800.6 倍	435.7 倍	80.3 倍	9.9 倍	108.6
6085.59	6504.38	6637.1 倍	2622.7 倍	224.9 倍	17.5 倍	106.9
1197.26	1335.57		2520.0 倍	113.5 倍	27.3 倍	111.6
2220.80	2441.95			816.7 倍	18.9 倍	110.0
28051	26610.1	9.3 倍	6.2 倍	2.6 倍	123.8	94.9
322.09	313.91	3.9 倍	3.6 倍	2.1 倍	86.6	97.5
49892	54597	20.7 倍	11.9 倍	4.2 倍	117.5	109.4
809.6	916.37	33.7 倍	23.8 倍	9.3 倍	3.2 倍	113.2
319.58	477.16	1704.1 倍	1539.2 倍	307.8 倍	6.7 倍	125.9
2203	2221				22.4 倍	100.8
4468.88	4946.2	358.2 倍	241.2 倍	57.7 倍	8.9 倍	110.7
1663.37	2040					122.6
74031.6	87264					117.9

并后数据,2011 年为成都铁路加成都地铁数据;③从 2011 年起,电信数据按国家新政策进行调整,故与往年不可比。

1－4　续表 3

	单　　位	1978 年	1980 年	1990 年	2000 年
物价指数(上年＝100)					
居民消费价格指数		101.1	106.6	103.5	100.2
#食 品 类		101.1	110.6	102.5	96.3
服务项目类		100.9	100.7	108.5	115.1
商品零售价格指数		101.1	107.1	102.9	98.2
对外贸易					
进出口总额(海关口径)	亿美元				14.81
#出　　口	亿美元				8.18
财政与金融					
财政收入	亿元	7.39	7.57	20.40	118.61
#一般公共预算收入	亿元				54.73
财政支出	亿元	2.96	3.34	11.92	82.94
国家银行存款余额	亿元	23.80	24.88	129.65	1298.25
国家银行贷款余额	亿元	22.53	26.96	137.66	1074.78
城乡居民储蓄余额	亿元	2.40	4.28	79.15	831.00
三、教育文化					
教　　育					
专任教师数					
普通高等学校	万人	0.69	0.74	1.07	1.12
中等职业技术学校	万人	0.22	0.26	0.33	0.32
普通中学	万人	2.74	2.56	2.49	3.07
小　　学	万人	4.10	4.26	4.05	3.76

注:从 1999 年起金融数据含省级在蓉机构数据。

2014 年	2015 年	2015 年为下列年度(%)				
		1978 年	1980 年	1990 年	2000 年	2014 年
101.3	101.1					
102.6	102.0					
101.3	101.4					
100.4	99.5					
557.97	392.75				26.5 倍	70.4
338.10	237.81				29.1 倍	70.3
3096.19	3078.96	416.6 倍	406.7 倍	150.9 倍	26.0 倍	99.4
1025.17	1157.64				21.2 倍	112.9
2329.62	2229.14	753.1 倍	667.4 倍	187.0 倍	26.9 倍	95.7
11037.49	12153.80	510.7 倍	488.5 倍	93.7 倍	9.4 倍	110.1
7772.44	8524.02	378.3 倍	316.2 倍	61.9 倍	7.9 倍	109.7
8976.94	9922.18	4134.2 倍	2318.2 倍	125.4 倍	11.9 倍	110.5
4.75	4.92	7.1 倍	6.6 倍	4.6 倍	4.4 倍	103.6
0.97	0.96	4.4 倍	3.7 倍	2.9 倍	3.0 倍	99.0
4.64	4.61	168.2	180.1	185.1	150.2	99.4
4.03	4.15	101.2	97.4	102.5	110.4	103.0

注:2004 年起中等专业学校数据含职业高中数,下同。

1-4 续表 4

	单 位	1978 年	1980 年	1990 年	2000 年
在校学生数					
普通高等学校	万人	1.96	2.88	5.69	14.07
中等职业技术学校	万人	1.50	1.73	2.80	6.50
普通中学	万人	57.40	43.82	34.70	48.25
小 学	万人	120.25	123.44	67.07	77.16
文 化					
公共图书馆					
图 书 馆	个			16	17
阅览室席数	个			2375	2200
总 藏 量	万册(件)			643	746
广播节目制作时间	小时			6200	42280
电视节目制作时间	小时			1183	12826
四、人民生活及其他					
家 庭					
总 户 数	万户	185.56	192.24	262.61	317.2
城镇居民平均每户家庭人口	人	4.19	3.84	3.15	2.88
农村居民平均每户家庭人口	人	5.55	5.17	4.20	3.60
城乡居民最低生活保障人数	人				47962
#城 镇	人				27487
交通事故伤亡人数	人				5582
婚 姻					
结 婚 数	万对			9.64	7.23
离 婚 数	万对			1.55	2.01

注:广播、电视节目制作时间 1990 年及以前年份未含区(市)县级广播、电视节目制作时间。

2014 年	2015 年	2015 年为下列年度(%)				
		1978 年	1980 年	1990 年	2000 年	2014 年
72.93	75.58	38.6 倍	26.2 倍	13.3 倍	5.4 倍	103.6
23.06	23.23	15.5 倍	13.4 倍	8.3 倍	3.6 倍	100.7
57.73	54.81	95.5	125.1	158.0	113.6	94.9
74.57	78.43	65.2	63.5	116.9	101.6	105.2
21	21			131.3	123.5	100.0
9607	9413			4.0 倍	4.3 倍	98.0
1952	1577			2.5 倍	2.1 倍	80.8
125136	170079			27.4 倍	4.0 倍	135.9
96780	98050			82.9 倍	7.6 倍	101.3
467.16	471.58	2.5 倍	2.5 倍	179.6	148.7	100.9
2.89	2.93	69.9	76.3	93.0	101.7	101.4
3.42	3.24	58.4	62.7	77.1	90.0	94.7
148616	142429				3.0 倍	95.8
35514	33883				123.3	95.4
3008	2639				47.3	87.7
12.84	12.51			129.8	173.0	97.4
6.22	3.87			2.5 倍	192.5	62.2

1－4 续表 5

	单 位	1978 年	1980 年	1990 年	2000 年
居　　住					
人均住宅建筑面积	平方米				
农村居民人均住房面积	平方米	9.6	10.0	20.6	34.9
居民收支					
城镇居民人均可支配收入	元	340	395	1755	7649
城镇居民人均消费性支出	元	328	391	1681	6423
农村居民人均可支配收入	元	140	223	773	2926
农村居民人均生活消费支出	元	117	186	693	2201
卫　　生					
医院、卫生院数	个	556	556	516	568
执业(助理)医师数	万人		1.43	2.32	2.62
医院、卫生院床位数	万张		2.17	3.04	3.41
市政建设					
全市用电量	亿千瓦小时	19.70	23.68	35.61	82.10
自来水供应量	亿吨	0.82	0.97	4.10	4.68
天然气供气量	亿立方米	4.42	4.56	10.40	15.18
年末公共营运汽车	辆				2118
年末出租汽车	辆				7852
铺装道路长度	公里	319	324	423	1058
园林绿地面积	公顷	160	277	1896	4013

注:①城镇居民人均可支配收入 1990 年前为生活费收入,农村居民人均可支配收入 2015 年前为人均纯收入;②人均住宅建筑面积按

2014 年	2015 年	2015 年为下列年度(%)				
		1978 年	1980 年	1990 年	2000 年	2014 年
37.87	39.44					104.1
50.04	54.48	5.7 倍	5.4 倍	2.6 倍	156.1	108.9
32665	33476					108.0
21711	21825					100.5
14478	17690					109.6
9697	12711					131.1
746	768	138.1	138.1	148.8	135.2	102.9
4.82	5.02		3.5 倍	2.2 倍	191.6	103.9
10.13	10.78		5.0 倍	3.5 倍	3.2 倍	106.4
478.03	486.35	24.7 倍	20.5 倍	13.7 倍	5.9 倍	101.7
9.31	8.68	10.6 倍	8.9 倍	2.1 倍	1.9 倍	93.2
21.65	22.71	5.1 倍	5.0 倍	2.2 倍	1.5 倍	104.9
11752	12305				5.8 倍	104.7
18506	17676				2.3 倍	95.5
2633	2739	8.6 倍	8.5 倍	6.5 倍	2.6 倍	104.0
19757	21902	136.9 倍	79.1 倍	11.6 倍	5.5 倍	110.9

五城区(含高新区)常住人口计算。③执业(助理)医师数2009年以前为医生数;④“年末公共营运汽车”数据为中心城区口径数据。

1-5 国民经济和社会发展结构指标

Structural Indicators on National Economic and Social Development

单位:%

	1978年	1980年	1990年	2000年	2014年	2015年
一、人口与就业						
人　口						
城镇与乡村结构						
城　镇	22.3	23.3	27.3	34.1	62.42	67.51
乡　村	77.7	76.7	72.7	65.9	37.58	32.49
性别结构						
男　性	50.9	50.9	51.2	50.9	49.76	49.69
女　性	49.1	49.1	48.8	49.1	50.24	50.31
地域结构						
市　区	28.4	29.0	30.5	33.1	48.04	56.85
县（市）	71.6	71.0	69.5	66.9	51.96	43.15
就　业						
从业人员产业结构						
第一产业	63.4	63.3	53.5	44.9	16.5	16.4
第二产业	16.2	16.1	25.9	26.5	33.8	34.3
第三产业	20.4	20.6	20.6	28.6	49.7	49.3
从业人员经济类型结构						
#国有经济	22.3	22.8	21.8	16.9	11.9	11.7
城镇私营及个体			1.7	6.5	27.7	28.9

注:2015年起公安户籍上的农业人口和非农业人口不再统计,变更为乡村人口和城镇人口;2014年及以前仍为农业人口和非农业人口。

1－5 续表1

单位:%

	1978 年	1980 年	1990 年	2000 年	2014 年	2015 年
二、宏观经济						
国民经济核算						
地区生产总值结构						
第一产业	31.8	27.2	20.9	10.1	3.6	3.5
第二产业	47.2	49.7	39.7	36.5	44.8	43.7
第三产业	21.0	23.1	39.4	53.4	51.6	52.8
固定资产投资						
投资经济类型结构						
#国有单位	96.4	93.3	70.3	47.9	31.5	32.3
集体单位	3.6	6.7	11.4	7.8	0.5	0.3
私营及个体经济			18.3	8.9	12.9	13.0
投资种类结构						
#更新改造		9.6	29.3	10.3	18.1	19.1
房地产			7.4	27.1	33.5	34.9
国内贸易						
社会消费品零售总额						
行业结构						
批发零售贸易业	90.0	85.2	75.4	58.9	87.8	87.9
餐饮业	5.9	5.8	8.2	18.5	11.1	10.9
其他	0.8	2.0	5.8	17.6	1.1	1.2

1-5 续表2

单位:%

	1978年	1980年	1990年	2000年	2014年	2015年
隶属关系结构						
市的零售额	47.4	48.0	65.9	64.1	96.1	96.0
县及县以下零售额	52.6	52.0	34.1	35.9	3.9	4.0
财　　政						
一般公共预算收入结构						
#增 值 税					8.9	8.8
营 业 税					18.9	15.7
企业所得税					9.7	9.0
个人所得税					3.1	3.1
一般公共预算支出结构						
#一般公共服务					9.8	10.4
公共安全					5.6	6.4
教　　育					13.7	15.6
社会保障和就业					6.3	7.2
医疗卫生					6.1	6.6
城乡社区事务					22.7	20.5
三、人民生活及其他						
居民生活消费						
城镇居民人均生活消费结构						

1－5 续表3

单位:%

	1978年	1980年	1990年	2000年	2014年	2015年
#食 品 类	57.6	57.8	51.4	38.8	34.8	34.4
衣 着 类	17.1	15.4	14.6	9.0	10.1	8.9
居 住	5.0	4.6	4.9	11.9	9.2	20.2
交通通讯	1.2	1.1	1.3	5.9	16.5	11.7
医疗保健费	1.3	1.3	1.5	6.5	5.6	5.3
农村居民人均生活消费结构						
#食 品 类		71.1	63.6	51.2	39.8	38.4
衣 着 类		10.1	6.7	6.7	9.8	9.6
居 住		8.9	16.6	14.6	9.8	15.7
交通及通讯		0.7	1.6	5.5	16.5	12.1
医疗保健费		0.5	2.4	4.5	7.1	6.2
卫 生						
卫生技术人员结构						
#执业(助理)医师					37.7	37.2
注册护士					43.1	44.1
药剂人员					5.7	5.3

1－6 国民经济和社会发展比例和效益指标

Indicators on Proportions and Efficiency in National Economic and Social Development

	单 位	1978 年	1980 年	1990 年	2000 年	2014 年	2015 年
一、人　口							
出 生 率	‰	10. 3	11. 2	13. 1	9. 6	10. 11	11. 57
死 亡 率	‰	6. 0	6. 1	6. 4	6. 6	5. 44	6. 14
自然增长率	‰	4. 3	5. 1	6. 7	3. 1	4. 66	5. 43
二、宏观经济							
全社会劳动生产率	**元/人**	**965**	**1203**	**3485**	**19994**	**122502**	**131154**
第一产业	元/人	485	517	1357	4550	26180	27598
第二产业	元/人	2817	3692	5326	27688	159326	168446
第三产业	元/人	986	1356	6746	36296	129267	139844
农　业							
农业从业者人均提供农产品产量							
粮　食	千克	1222	1181	1251	1463	1768	1711
油 菜 籽	千克	45	53	65	75	183	182
肉　类	千克	59	72	126	276	516	507
水 产 品	千克	1. 0	1. 0	7. 8	20. 0	70. 2	78. 0
每公顷播种面积农产品产量							
粮　食	千克	4010	4245	5433	5902	6194	6293
油 菜 籽	千克	1680	1807	1924	1948	2398	2414
蔬　菜	吨	26	26	28	26	33. 9	35. 0

1－6 续表1

	单　位	1978 年	1980 年	1990 年	2000 年	2014 年	2015 年
工　　业							
独立核算工业企业效益							
总资产贡献率	%				7.8	14.8	10.9
资本保值率	%				108.5	104.3	106.7
资产负债率	%				62.0	61.5	58.8
流动资产周转次数	次				1.2	2.0	1.8
成本费用利润率	%				4.0	7.6	5.0
建筑业							
产值利税率	%				4.69	5.86	5.03
固定资产投资							
固定资产投资率	%	8.2	12.0	20.7	41.1	74.1	73.4
房屋建设竣工率	%	52.6	53.9	73.8	56.8	13.3	11.9
财　　政							
财政收入占地区生产总值比重	%	20.6	16.4	10.5	10.3	30.8	28.5
财政支出占地区生产总值比重	%	8.3	7.2	6.1	7.2	23.2	20.6

1-6 续表2

	单　位	1978年	1980年	1990年	2000年	2014年	2015年
三、教　育							
义教段学龄儿童入学率	%			99.50	99.95	99.98	99.99
小学升学率	%			68.30	98.30	104.27	102.59
初中升学率	%			51.20	80.80	97.11	97.17
每一教师负担学生数							
普通高等学校	人	2.8	3.9	5.3	12.5	15.4	15.4
中等职业技术学校	人	6.8	6.6	8.6	20.5	23.7	24.1
普通中学	人	20.9	17.1	13.9	15.7	12.5	11.9
小　学	人	29.3	29.0	16.6	20.5	18.5	18.9
四、人民生活及其他							
家　庭							
城镇居民家庭							
平均每户就业面	%	41.53	51.30	56.83	50.15	51.56	50.17
每一就业者负担人数	人	2.41	1.95	1.76	1.99	1.94	1.99
农村居民家庭							
平均每一劳动力赡养人口	人	2.2	2.0	1.4	1.4	1.41	1.29
卫　生							
每万人卫生技术人员	人			53.6	54.7	106.6	92.2
每万人执业(助理)医师数	人					40.2	34.3
每万人医院、卫生院床位数	张			33.3	33.8	84.5	73.6

1-7 社会经济主要指标人均水平

Per Capita Level of Main Indicators in Social and Economic Activities

	单 位	1978 年	1980 年	1990 年	2000 年	2014 年	2015 年
地区生产总值	元	**449**	**565**	**2123**	**11471**	**83849**	**88578**
农业总产值	元	**196**	**209**	**659**	**1961**	**5111**	**5438**
社会消费品零售总额	元	**172**	**250**	**937**	**5496**	**37260**	**40563**
城乡居民储蓄存款余额	元	**30**	**52**	**866**	**8240**	**74848**	**81368**
财政收入	元	**92**	**92**	**223**	**1198**	**25815**	**25250**
主要农产品产量							
粮　　食	千克	367	372	418	361	196	187.4
油 菜 籽	千克	13.4	16.7	21.7	18.4	20.3	19.9
蔬　　菜	千克	109	92	244	406	448	464.8
水　　果	千克	3.3	5.1	12.2	52.0	101.7	106.5
肉　　类	千克	17.6	22.7	42.2	68.0	57.2	55.5
#猪　　肉	千克	16.1	20.9	37.0	46.1	42.6	41.2
牛　　奶	千克	1.5	1.6	3.5	4.9	9.4	8.3
禽　　蛋	千克	2.2	2.3	6.5	14.5	13.7	13.5
水 产 品	千克	0.3	0.3	2.6	4.9	7.8	8.6

注:本表均按户籍平均人口数计算。

1-7 续表

	单 位	1978 年	1980 年	1990 年	2000 年	2014 年	2015 年
主要工业品产量							
钢　材	千克	44	50	94	125	548	545
发 电 量	千瓦小时	129	86	258	437	1082	1067
原　煤	千克	218	224	340	248	—	—
水　泥	千克	32	46	123	321	1253	1159
卷　烟	千支					8.3	7.7
人民生活							
城镇全部单位就业人员平均工资	元					51681	57480
城镇居民人均可支配收入	元	340	395	1755	7649	32665	33476
城镇居民人均消费性支出	元	328	391	1681	6423	21711	21825
农村居民人均可支配收入	元	140	223	773	2926	14478	17690
农村居民人均生活消费支出	元	117	186	693	2201	9697	12711

注:城镇居民人均可支配收入 1978 年、1980 年为生活费收入,农村居民人均可支配收入 2015 年以前为人均纯收入。

1－8　成都高新技术产业开发区主要指标

Main Indicators of Chengdu High－Tech Developing Zone

	单　位	2011 年	2012 年	2013 年	2014 年	2015 年
地区生产总值	亿元	706.5	878.9	1039.7	1178.2	1277.6
#第二产业	亿元	528.5	665.0	789.4	894.7	962.1
#工　业	亿元	490.2	618.4	735.4	837.0	905.5
第三产业	亿元	177.4	213.6	250.1	283.4	315.4
技工贸总收入	亿元	1773.0	2615	3220	3800	4422
全部工业总产值	亿元	1456.0	2230	2870	3386	3641
#支柱产业产值	亿元	1330.0	1824	2376	2650	2870
#电　子	亿元	1220.0	1729	2148	2430	2383
医　药	亿元	52.0	58	77.2	100.0	124.3
工业利税	亿元	193.9	285.0	372	258.7	174.0
社会消费品零售总额	亿元	170.2	200.4	229.3	263.1	516.0
一般公共预算收入	亿元	61.4	84.71	101.27	115.1	140.9
实际到位外资金额	万美元	119700	161527	212000	214152	150491
全社会固定资产投资总额	亿元	489.6	568.5	650.9	606.3	552.3
年末总人口	万人	55.8	57.93	58.87	59.6	64.0
从业人员	万人	43.8	48.6	49.2	51.2	52.0

注：本表数据2010年起含中和街道。

1-9 成都主要经济指标与全国、全省对比(2015年)

Positions of Chengdu in China and Sichuan Province(2015)

	单位	全国	全省	成都		
				绝对数	占全国比重(%)	占全省比重(%)
土地面积	万平方公里	960	48.5	1.2	0.1	2.5
年末常住人口	万人	137462	8204	1465.8	1.1	17.9
城镇化率	%	56.10	47.69	71.47		
地区生产总值	亿元	676708	30103.1	10801.2	1.6	35.9
第一产业	亿元	60863	3677.3	373.2	0.6	10.1
第二产业	亿元	274278	14293.2	4723.5	1.7	33.0
#工业	亿元	228974	12084.9	4056.2	1.8	33.6
第三产业	亿元	341567	12132.6	5704.5	1.7	47.0
全社会固定资产投资	亿元	551590	25973.7	7007.0	1.3	27.0
#房地产	亿元	95979	4813.0	2442.0	2.5	50.7
社会消费品零售总额	亿元	300931	13877.7	4946.2	1.6	35.6
进出口总额(海关数)	亿美元	39586	515.9	392.7	1.0	76.1
#出口总额	亿美元	22766	333.5	237.8	1.0	71.3
居民消费品价格指数	%	101.4	101.5	101.1		
旅游创汇收入	亿美元	1137	11.8	8.7	0.8	73.7
年末金融机构人民币存款余额	亿元	1357000	59185	29475	2.2	49.8
#住户存款	亿元	546078	28576	9922	1.8	34.7
年末金融机构人民币贷款余额	亿元	940000	38012	21971	2.3	57.8
原保险保费收入	亿元	24283	1267	575	2.4	45.3
城镇居民人均可支配收入	元	31195	26205	33476		
农村居民人均可支配收入	元	11422	10247	17690		

1－10　联网直报调查单位数

Network Direct Reporting Unit Number

单位:个

年　份	合　　计	规模以上工　　业	资　质　内建　筑　业	限额以上批发零售业	限额以上住宿餐饮业	房地产开发经　营　业	规模以上服　务　业
2011	9296	3187	1582	1650	1120	1757	
2012	10987	3188	1551	1668	1126	1771	1683
2013	10643	3208	1478	1734	1065	1567	1591
2014	11347	3248	1200	1864	967	1598	2470
2015	11189	3328	1206	1702	880	1558	2515

注:本表只含联网直报法人库单位,不含联网直报产业库单位。

1－11　联网直报调查单位审核确认情况(2015 年)

Network Direct Reporting Unit Audit Confirmation(2015)

单位:个

	合　　计	规模以上工　业	资质内建筑业	限额以上批零住餐业	房地产开发经营业	规模以上服务业
合　　计	**2925**	**544**	**159**	**823**	**369**	**611**
新　　增	**1620**	**330**	**96**	**288**	**170**	**318**
新开业(投产)	807	74	95	29	170	21
“四下”转“四上”	811	255		259		297
专业变更纳入	2	1	1			
变　　更	**100**	**42**	**18**	**13**	**7**	**20**
退　　出	**1205**	**172**	**45**	**522**	**192**	**273**
“四上”转“四下”	556	107		284		165
当年没有经营活动的建筑业(房地产)企业	203		36		167	
破产、注(吊)销	303	30	8	168	25	72
专业变更退出	20	7		9		4
其他原因退出	123	28	1	61		32

注:1. 建筑业、房地产单位新增,不论开业(投产)时间,均按新开业(投产)审核;2. 本表中限额以上批零住餐业含非同产业活动单位,其他专业均为法人单位;3. 变更包括单位名称变更和组织机构代码变更;4. 本表只含经国家审批系统审核确认的新增、变更和退出,不含其它途径的新增、变更和退出;5. 本表合计含其他有 5000 万元以上在建项目的法人单位。

主要统计指标解释

市 是指经国家批准成立"市"建制的城市。

按城市市区非农业人口规模分:

①超大城市:200万人以上;

②特大城市:100至200万人口;

③大城市:50至100万人口;

④中等城市:20至50万人口;

⑤小城市:20万以下人口。

全市 指9区4市6县和在管理及统计均为单列的成都高新技术产业开发区。即锦江区、青羊区、金牛区、武侯区、成华区、龙泉驿区、青白江区、新都区、温江区、金堂县、双流县、郫县、大邑县、蒲江县、新津县、都江堰市、彭州市、邛崃市、崇州市和成都高新区。

市区 包括城区和郊区,不包括市辖县(含县级市)。即锦江区、青羊区、金牛区、武侯区、成华区、龙泉驿区、青白江区、新都区、温江区、双流区、天府新区成都直管区和在管理和统计均为单列的成都高新技术产业开发区。

城区 包括锦江区、青羊区、金牛区、武侯区、成华区和在管理及统计均为单列的成都高新技术产业开发区。

镇 是指经省、自治区、直辖市批准的镇。1963年以前为常住人口在2000人以上,非农业人口占50%以上的。1964年起改为常住人口在3000人以上,非农业人口占70%以上,或常住人口在2500人以上,不满3000人,非农业人口占85%以上的。1984年后又调整为:凡县级地方国家机关所在地;或总人口在20000人以下的乡,乡政府驻地非农业人口超过2000人的;或总人口在20000人以上的乡,乡政府驻地非农业人口占全乡人口10%以上;或少数民族地区、人口稀少的边远地区、山区和小型工矿区、小港口、风景旅游、边境口岸等地,非农业人口虽不足2000人,都可建镇。

二 国民经济核算

简 要 说 明

主要内容

本部分包括全市生产总值及其构成。

资料来源

地区生产总值资料来源于成都市统计局。

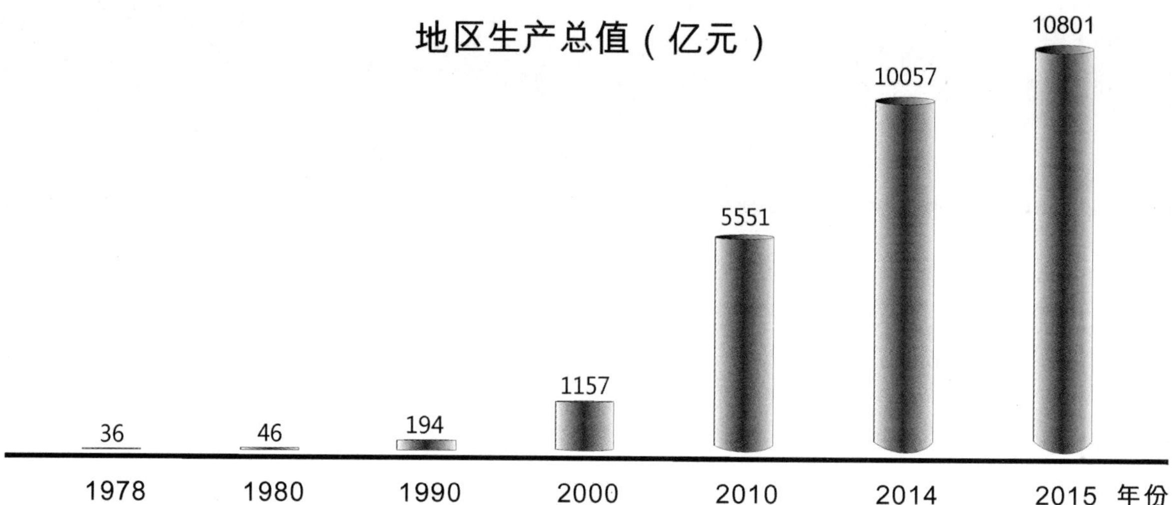
地区生产总值（亿元）
36
46
194
1157
5551
10057
10801
1978
1980
1990
2000
2010
2014
2015
年份

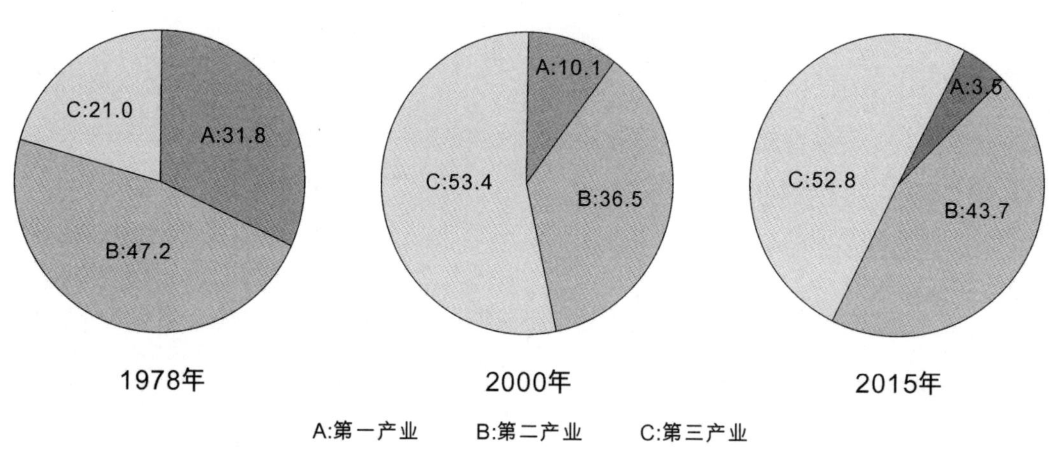
地区生产总值构成（%）
C:21.0
A:31.8
B:47.2
A:10.1
C:53.4
B:36.5
A:3.5
C:52.8
B:43.7
1978年
2000年
2015年
A:第一产业
B:第二产业
C:第三产业

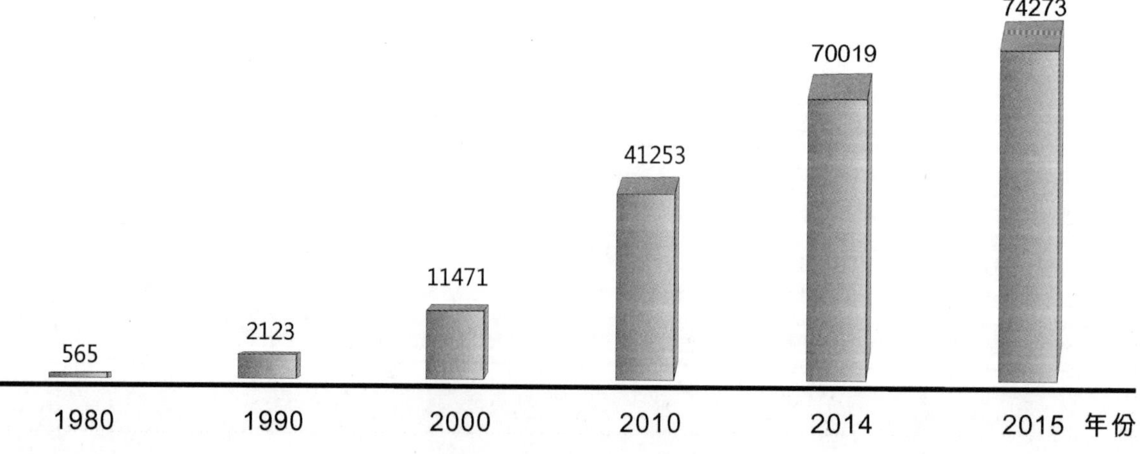
人均地区生产总值（元）
565
2123
11471
41253
70019
74273
1980
1990
2000
2010
2014
2015
年份

2-1 历年地区生产总值

Gross Domestic Product over the Years

年 份	地 区 生产总值 （万元）	第一产业	第二产业	第三产业	人均地区 生产总值 （元）
1949	39953	29315	3867	6771	80
1950	42058	30634	4041	7383	84
1951	45902	32471	5371	8060	91
1952	51090	35388	6510	9192	100
1953	62510	39415	9241	13854	121
1954	66230	41708	9384	15138	125
1955	69748	42413	10646	16689	128
1956	79610	44961	14538	20111	141
1957	90359	48206	19471	22682	154
1958	103925	49357	29659	24909	174
1959	125501	40997	53922	30582	210
1960	128171	30519	67266	30386	220
1961	79866	28874	26435	24557	142
1962	77482	35064	21974	20444	140
1963	84932	42271	23191	19470	151
1964	104283	50382	31250	22651	180
1965	136371	59250	45569	31552	228
1966	167303	63481	65756	38066	271
1967	146728	64966	44858	36904	231
1968	119505	60438	26949	32118	183
1969	151898	62810	53191	35897	227
1970	205059	68416	91279	45364	299
1971	232066	72740	105637	53689	328
1972	223627	72340	95511	55776	307
1973	231546	78786	95797	56963	311
1974	222283	83198	82927	56158	293
1975	248198	83355	110844	53999	321
1976	221926	81344	87763	52819	282
1977	287141	90442	131807	64892	362
1978	359356	114449	169748	75159	448
1979	413577	126351	196055	91171	510
1980	462957	126040	229767	107150	565

注：人均地区生产总值2001年前按户籍人口计算，2001年及以后按常住人口计算。

2－1 续表

年 份	地 区 生产总值 (万元)	第一产业	第二产业	第三产业	人均地区 生产总值 (元)
1981	490129	130146	239291	120692	592
1982	554095	163066	267797	123232	661
1983	627673	173242	315517	138914	742
1984	712035	189588	343487	178960	836
1985	864945	209288	420508	235149	1008
1986	948905	224929	437115	286861	1092
1987	1158644	273588	516883	368173	1315
1988	1464911	322463	687197	455251	1641
1989	1639063	344174	741164	553725	1814
1990	1940857	405650	770657	764550	2123
1991	2327841	413213	880691	1033937	2520
1992	2925556	454357	1089187	1382012	3138
1993	3885838	539474	1500798	1845566	4125
1994	5073962	745596	1987076	2341290	5319
1995	6472632	941089	2462805	3068738	6700
1996	7722699	1051228	2913114	3758357	7911
1997	8754888	1089434	3248582	4416872	8888
1998	9618871	1118116	3549095	4951660	9686
1999	10449059	1121532	3837886	5489641	10446
2000	11567929	1163651	4221275	6183003	11471
2001	13220544	1184869	4902971	7132704	11779
2002	14887638	1254993	5585906	8046739	12993
2003	17052732	1370525	6524538	9157669	14632
2004	20310663	1682481	8055886	10572296	17158
2005	23759858	1771481	9841863	12146514	19670
2006	27721734	1951271	11709654	14060809	22445
2007	33647844	2350971	14440778	16856095	26849
2008	39449148	2628824	17349512	19470812	31203
2009	45026032	2677725	20017952	22330355	35215
2010	55513336	2850910	24809035	27853391	41253
2011	69505786	3273391	31438233	34794162	49438
2012	81389438	3481001	37656163	40252274	57624
2013	91088904	3531673	41814908	45742323	63977
2014	100565926	3570705	45085303	51909918	70019
2015	108011633	3731535	47234926	57045172	74273

2-2 历年地区生产总值构成及增长速度

Composition and Growth Rate of Gross Domestic Product over the Years

年 份	三次产业构成(%)			增长速度(%)				地区生产总值发展指数(1949=100)
	第一产业	第二产业	第三产业	地 区 生产总值	第一产业	第二产业	第三产业	
1949	73.4	9.7	16.9					
1950	72.8	9.6	17.6	5.0	4.5	4.5	8.9	105.0
1951	70.7	11.7	17.6	8.0	6.0	32.8	8.9	113.4
1952	69.3	12.7	18.0	10.5	9.0	21.1	13.7	125.4
1953	63.0	14.8	22.2	14.0	4.9	41.9	49.9	142.9
1954	62.9	14.2	22.9	5.5	5.3	1.5	8.7	150.8
1955	60.8	15.3	23.9	4.1	1.7	13.4	8.5	157.0
1956	56.4	18.3	25.3	11.7	5.6	36.6	20.2	175.3
1957	53.4	21.5	25.1	8.5	2.3	33.9	12.6	190.3
1958	47.5	28.5	24.0	12.0	2.4	52.3	9.8	213.2
1959	32.7	42.9	24.4	11.0	-20.5	81.8	22.5	236.6
1960	23.8	52.5	23.7	-2.6	-26.8	23.8	-0.9	230.4
1961	36.2	33.1	30.7	-38.1	-14.8	-61.0	-23.9	142.6
1962	45.2	28.4	26.4	-2.4	17.2	-16.9	-16.8	139.2
1963	49.8	27.3	22.9	10.4	20.0	5.5	-4.8	153.6
1964	48.3	30.0	21.7	21.6	19.2	34.7	13.5	186.7
1965	43.5	33.4	23.1	29.1	17.6	45.6	38.8	241.1
1966	37.9	39.3	22.8	20.6	7.1	43.3	20.6	290.7
1967	44.2	30.6	25.2	-10.8	2.3	-32.0	-3.1	259.3
1968	50.5	22.6	26.9	-17.5	-7.0	-40.4	-14.0	213.9
1969	41.4	35.0	23.6	23.6	3.9	96.5	11.8	264.4
1970	33.4	44.5	22.1	31.8	8.9	71.4	26.3	348.5
1971	31.3	45.6	23.1	11.6	4.0	15.7	18.3	389.0
1972	32.3	42.8	24.9	-4.1	-2.6	-9.6	3.9	373.0
1973	34.0	41.4	24.6	3.5	8.9	-0.1	1.0	386.1
1974	37.4	37.3	25.3	-4.6	2.1	-13.6	-1.4	368.3
1975	33.6	44.6	21.8	9.7	-1.8	33.5	-3.8	404.0
1976	36.7	39.5	23.8	-10.6	-4.1	-20.8	-2.2	361.2
1977	31.5	45.9	22.6	26.0	8.8	48.8	19.9	455.1
1978	31.8	47.2	21.0	19.2	10.2	28.7	14.6	542.5
1979	30.6	47.4	22.0	13.8	8.3	14.6	20.2	617.4
1980	27.2	49.7	23.1	10.9	-1.7	17.1	15.1	684.7

注:增长速度以上年为基期,按可比价格计算。

2－2 续表

年份	三次产业构成(%)			增长速度(%)				地区生产总值发展指数(1949＝100)
	第一产业	第二产业	第三产业	地区生产总值	第一产业	第二产业	第三产业	
1981	26.6	48.8	24.6	4.1	2.9	3.1	7.7	712.7
1982	29.4	48.4	22.2	10.3	15.4	11.7	2.0	786.1
1983	27.6	50.3	22.1	11.2	6.0	14.5	10.4	874.2
1984	26.6	48.3	25.1	11.4	6.2	8.6	24.3	973.8
1985	24.2	48.6	27.2	18.4	3.0	24.3	22.6	1153.0
1986	23.7	46.1	30.2	5.2	3.7	3.6	9.8	1213.0
1987	23.6	44.6	31.8	12.0	6.2	16.3	8.5	1358.5
1988	22.0	46.9	31.1	12.7	-0.9	20.2	8.2	1531.1
1989	21.0	45.2	33.8	2.7	3.1	0.9	6.5	1572.4
1990	20.9	39.7	39.4	4.8	4.6	0.8	13.9	1647.9
1991	17.8	37.8	44.4	14.1	2.6	10.8	23.4	1880.2
1992	15.5	37.2	47.3	16.2	5.8	15.9	21.1	2184.8
1993	13.9	38.6	47.5	18.4	4.4	25.9	17.2	2586.9
1994	14.7	39.2	46.1	13.5	3.1	14.8	15.8	2936.1
1995	14.5	38.0	47.5	11.8	3.9	13.6	12.5	3282.5
1996	13.6	37.7	48.7	11.3	4.4	12.2	12.3	3653.5
1997	12.4	37.1	50.5	11.2	3.2	12.8	11.9	4062.7
1998	11.6	36.9	51.5	10.0	3.1	10.3	11.4	4468.9
1999	10.7	36.8	52.5	10.1	3.4	10.0	11.7	4920.3
2000	10.1	36.5	53.4	10.7	4.3	11.3	11.5	5446.8
2001	9.0	37.1	53.9	12.8	4.3	14.9	12.9	6143.9
2002	8.4	37.5	54.0	13.1	5.3	15.7	12.6	6948.8
2003	8.0	38.3	53.7	13.0	5.6	15.8	12.3	7852.1
2004	8.3	39.7	52.0	13.6	5.7	17.9	11.6	8920.0
2005	7.5	41.4	51.1	14.0	5.7	17.4	12.6	10168.8
2006	7.0	42.3	50.7	14.2	4.8	17.1	13.2	11612.8
2007	7.0	42.9	50.1	15.7	5.5	18.1	15.0	13436.0
2008	6.6	44.0	49.4	12.4	4.4	14.9	11.2	15102.1
2009	5.9	44.5	49.6	14.7	3.7	17.7	13.4	17322.1
2010	5.1	44.7	50.2	15.0	4.1	19.8	11.8	19920.4
2011	4.7	45.2	50.1	15.2	3.7	19.8	12.4	22948.3
2012	4.3	46.2	49.5	13.0	3.8	15.6	11.5	25931.6
2013	3.9	45.9	50.2	10.2	3.6	12.2	8.8	28576.6
2014	3.6	44.8	51.6	8.9	3.4	9.8	8.6	31119.9
2015	3.5	43.7	52.8	7.9	3.9	7.2	9.0	33578.4

2－3 历年支出法地区生产总值

Gross Domestic Product by Expenditure Approach over the Years

年 份	支出法地区生产总值（万元）	#最终消费	#资 本形成总额	最终消费率（%）	资本形成率（%）
1978	359356	170906	80326	47.6	22.4
1979	413577	210317	83971	50.9	20.3
1980	462957	253687	86934	54.8	18.8
1981	490129	290307	101708	59.2	20.8
1982	554095	308727	130072	55.7	23.5
1983	627673	342830	139400	54.6	22.2
1984	712035	422163	168301	59.3	23.6
1985	864945	520571	262097	60.2	30.3
1986	948905	595148	283415	62.7	29.9
1987	1158644	711667	373801	61.4	32.3
1988	1464911	953240	454188	65.1	31.0
1989	1639063	1038328	547435	63.3	33.4
1990	1940857	1128800	727239	58.2	37.5
1991	2327841	1298167	870581	55.8	37.4
1992	2925556	1519164	1191319	51.9	40.7
1993	3885838	1900524	1702254	48.9	43.8
1994	5073962	2643753	2145035	52.1	42.3
1995	6472632	3363453	2823044	52.0	43.6
1996	7722699	3967385	3465512	51.4	44.9
1997	8754888	4617586	3842845	52.7	43.9
1998	9618871	4942999	4443042	51.4	46.2
1999	10449059	5235461	4979985	50.1	47.7
2000	11567929	5825144	5553157	50.4	48.0
2001	13220544	6487929	6559727	49.1	49.6
2002	14887638	7079540	7634479	47.6	51.3
2003	17052732	7992132	8885391	46.9	52.1
2004	20310663	9408665	10723814	46.3	52.8
2005	23759858	10457264	13115156	44.0	55.2
2006	27721734	11754910	16142977	42.4	58.2
2007	33647844	14398185	19961699	42.8	59.3
2008	39449148	17377791	24897549	44.1	63.1
2009	45026032	20182729	33788975	44.8	75.0
2010	55513336	24603824	37790353	44.3	68.1
2011	69505786	30388473	44950790	43.7	64.7
2012	81389438	34629275	51650295	42.5	63.5
2013	91088904	38994327	58907056	42.8	64.7
2014	100565926	43389168	60642002	43.1	60.3
2015	108011633	48012041	64101783	44.5	59.3

2-4 历年支出法地区生产总值结构

Structure of Gross Domestic Product by Expenditure Approach over the Years

年 份	最终消费				资本形成总额			
	绝对额(万元)		比重(%)		绝对额(万元)		比重(%)	
	居民消费	政府消费	居民消费	政府消费	固定资本形成总额	存货增加	固定资本形成总额	存货增加
1978	128249	42657	75.0	25.0	23388	56938	29.1	70.9
1979	156184	54133	74.3	25.7	40323	43648	48.0	52.0
1980	190888	62799	75.2	24.8	44360	42574	51.0	49.0
1981	217958	72349	75.1	24.9	58293	43415	57.3	42.7
1982	228428	80299	74.0	26.0	75803	54269	58.3	41.7
1983	252809	90021	73.7	26.3	85363	54037	61.2	38.8
1984	312113	110050	73.9	26.1	116457	51844	69.2	30.8
1985	390488	130083	75.0	25.0	192491	69606	73.4	26.6
1986	448823	146325	75.4	24.6	198036	85379	69.9	30.1
1987	536428	175239	75.4	24.6	243153	130648	65.0	35.0
1988	712527	240713	74.7	25.3	290270	163918	63.9	36.1
1989	812590	225738	78.3	21.7	283744	263691	51.8	48.2
1990	892823	235977	79.1	20.9	358766	368473	49.3	50.7
1991	1013675	284492	78.1	21.9	513816	356765	59.0	41.0
1992	1227360	291804	80.8	19.2	764247	427072	64.2	35.8
1993	1520011	380513	80.0	20.0	1204357	497897	70.8	29.2
1994	2108378	535375	79.7	20.3	1577291	567744	73.5	26.5
1995	2710831	652622	80.6	19.4	2087927	735117	74.0	26.0
1996	3167271	800114	79.8	20.2	2696994	768518	77.8	22.2
1997	3670171	947415	79.5	20.5	3106393	736452	80.8	19.2
1998	3861050	1081949	78.1	21.9	3715621	727421	83.6	16.4
1999	3967190	1268271	75.8	24.2	4200054	779931	84.3	15.7
2000	4350956	1474188	74.7	25.3	4710674	842483	84.8	15.2
2001	4739697	1748232	73.1	26.9	5745946	813781	87.6	12.4
2002	5114619	1964921	72.2	27.8	6712748	921731	87.9	12.1
2003	5735507	2256625	71.8	28.2	7879353	1006038	88.7	11.3
2004	6659242	2749423	70.8	29.2	9591183	1132631	89.4	10.6
2005	7139668	3317596	68.3	31.7	11850681	1264475	90.4	9.6
2006	7864648	3890262	66.9	33.1	14672967	1470010	90.9	9.1
2007	9612137	4786048	66.8	33.2	18184929	1776770	91.1	8.9
2008	11514730	5863061	66.3	33.7	22747190	2150359	91.4	8.6
2009	13264317	6918412	65.7	34.3	31596673	2192302	93.5	6.5
2010	15928135	8675689	64.7	35.3	34763934	3026419	92.0	8.0
2011	20619647	9768826	67.9	32.1	40752886	4197904	90.7	9.3
2012	23316974	11312301	67.3	32.7	47479989	4170306	91.9	8.1
2013	25600563	13393764	65.7	34.3	52406605	6500451	89.0	11.0
2014	28214033	15175135	65.0	35.0	53776044	6865958	88.7	11.3
2015	31122116	16889925	64.8	35.2	58168315	5933468	90.7	9.3

2-5 支出法地区生产总值及构成

Gross Domestic Product and Its Composition by Expenditure Approach

年　　份	绝对额(万元)		增长速度(%)
	2014 年	2015 年	
地区生产总值	**100565926**	**108011633**	**7.9**
一、最终消费	43389168	48012041	8.8
1、居民消费	28214033	31122116	8.4
农村居民消费	4898450	5481914	10.3
城镇居民	23315583	25640202	7.9
2、政府消费	15175135	16889925	9.7
二、资本形成总额	60642002	64101783	6.9
1、固定资本形成总额	53776044	58168315	9.4
第一产业	422240	465915	
第二产业	10490149	11452316	
工　　业	10461953	11384621	
建 筑 业	28196	67695	
第三产业	42863655	46250084	
交通运输、仓储和邮政业	4858571	4673395	
批发和零售业	1328406	1164253	
其他行业	36676678	40412436	
2、存货增加	6865958	5933468	-12.7
第一产业	141326	161435	
第二产业	1973663	2039710	
工　　业	1286591	1482330	
建 筑 业	687072	557380	
第三产业	4750969	3732323	
交通运输、仓储和邮政业	47387	57719	
批发和零售业	4008521	3023709	
其他行业	695061	650895	
三、货物和服务净出口	-3465244	-4102191	2.6

2－6 历年分产业地区

Gross Domestic Product and Its composition

	1978 年	1980 年	1985 年	1990 年
绝 对 额 (万元)				
地区生产总值	**359356**	**462957**	**864945**	**1940857**
第一产业	114449	126040	209288	405650
第二产业	169748	229767	420508	770657
工 业	163508	215974	370931	679216
建 筑 业	6240	13793	49577	91441
第三产业	75159	107150	235149	764550
交通运输、仓储和邮政业	15280	20028	38538	122114
信息传输、计算机服务和软件业	1978	2656	6800	25514
批发和零售业	19648	28314	57145	165873
住宿和餐饮业	5548	8230	17042	57601
金 融 业	5602	8072	16853	71529
房地产业	1822	2969	10272	35660
租赁和商务服务业	2125	3181	8102	24652
科学研究、技术服务和地质勘查业	2860	4445	13004	45933
水利、环境和公共设施管理业	1192	1718	4167	14699
居民服务和其他服务业	5329	7881	18372	53175
教 育	4516	6773	15977	52747
卫生、社会保障和社会福利业	1666	2444	6188	20498
文化、体育和娱乐业	2564	3536	8115	25754
公共管理和社会组织	5029	6903	14574	48801
构 成 (%)				
地区生产总值	**100.0**	**100.0**	**100.0**	**100.0**
第一产业	31.8	27.2	24.2	20.9
第二产业	47.2	49.7	48.6	39.7
工 业	45.5	46.7	42.9	35.0
建 筑 业	1.7	3.0	5.7	4.7
第三产业	21.0	23.1	27.2	39.4
交通运输、仓储和邮政业	4.2	4.3	4.5	6.3
信息传输、计算机服务和软件业	0.6	0.6	0.8	1.3
批发和零售业	5.5	6.1	6.6	8.5
住宿和餐饮业	1.5	1.8	2.0	3.0
金 融 业	1.6	1.7	2.0	3.7
房地产业	0.5	0.6	1.2	1.8
租赁和商务服务业	0.6	0.7	0.9	1.3
科学研究、技术服务和地质勘查业	0.8	0.9	1.5	2.4
水利、环境和公共设施管理业	0.3	0.4	0.5	0.8
居民服务和其他服务业	1.5	1.7	2.1	2.7
教 育	1.3	1.5	1.8	2.7
卫生、社会保障和社会福利业	0.5	0.5	0.7	1.1
文化、体育和娱乐业	0.7	0.8	0.9	1.3
公共管理和社会组织	1.4	1.5	1.7	2.5

注:从2014年起,行业分类执行《国民经济行业分类》(GB/T 4754－2011),产业分类执行《三次产业划分规定》(国统字〔2012〕108号)。

生产总值及构成

by Industry over the Years

1995 年	2000 年	2005 年	2010 年	2014 年	2015 年
6472632	**11567929**	**23759858**	**55513336**	**100565926**	**108011633**
941089	1163651	1771481	2850910	3570705	3731535
2462805	4221275	9841863	24809035	45085303	47234926
2063821	3287170	7509476	20628175	38554295	40561918
398984	934105	2332387	4180860	7056223	7225572
3068738	6183003	12146514	27853391	51909918	57045172
390036	712203	1234810	2603524	4366197	4701372
194641	535748	1012315	2217779	3583071	3957562
672624	1210087	2219522	4939955	7540389	7783427
221758	527235	1047486	2075352	3292494	3596749
345705	657144	1210959	4372812	10718095	12542262
203601	515438	1409487	3316866	5785109	5977068
92470	167334	393417	1228084	3701948	4055493
153074	316443	653060	1508100	2353275	2906787
50887	82831	134809	144332	290431	295361
187987	344324	584912	791181	1210127	1309439
198265	383268	792489	1513276	2688367	2750015
74414	167512	332693	834289	1469232	1671498
91391	175145	355542	796590	1517982	1737174
191885	388291	765013	1511251	2730359	3060491
100.0	**100.0**	**100.0**	**100.0**	**100.0**	**100.0**
14.5	10.1	7.5	5.1	3.6	3.5
38.0	36.5	41.4	44.7	44.8	43.7
31.9	28.4	31.6	37.2	38.3	37.6
6.1	8.1	9.8	7.5	7.0	6.7
47.5	53.4	51.1	50.2	51.6	52.8
6.0	6.1	5.2	4.7	4.3	4.4
3.0	4.6	4.3	4.0	3.6	3.7
10.4	10.5	9.3	8.9	7.5	7.2
3.4	4.6	4.4	3.8	3.3	3.3
5.3	5.7	5.1	7.9	10.7	11.6
3.2	4.5	5.9	6.0	5.8	5.5
1.4	1.4	1.7	2.2	3.7	3.8
2.4	2.7	2.7	2.7	2.3	2.7
0.8	0.7	0.6	0.3	0.3	0.3
2.9	3.0	2.5	1.4	1.2	1.2
3.1	3.3	3.3	2.7	2.7	2.5
1.2	1.4	1.4	1.5	1.5	1.5
1.4	1.5	1.5	1.4	1.5	1.6
3.0	3.4	3.2	2.7	2.7	2.8

2－7 各时期地区生产总值
Gross Domestic Product by Period

单位:万元

时　　期	地区生产总值	第一产业	第二产业	第三产业
“一五”时期	368457	216703	63280	88474
“二五”时期	514945	184811	199256	130878
1963 - 1965 年	325586	151903	100010	73673
“三五”时期	790493	320111	282033	188349
“四五”时期	1157720	390419	490716	276585
“五五”时期	1744957	538626	815140	391191
“六五”时期	3248877	865330	1586600	796947
“七五”时期	7152380	1570804	3153016	2428560
“八五”时期	20685829	3093729	7920557	9671543
“九五”时期	48113446	5543961	17769952	24799533
“十五”时期	89231435	7264349	34911164	47055922
“十一五”时期	201358094	12459701	88326931	100571462
“十二五”时期	450561687	17588305	203229533	229743849

注:各计划时期对应年份为:“一五”1953 - 1957 年;“二五”1958 - 1962 年;“三五”1966 - 1970 年;“四五”1971 - 1975 年;“五五”1976 - 1980 年;“六五”1981 - 1985 年;“七五”1986 - 1990 年;“八五”1991 - 1995 年;“九五”1996 - 2000 年;“十五”2001 - 2005 年;“十一五”2006 - 2010 年;“十二五”2011 - 2015 年。

2－8 各时期地区生产总值结构
Structure of Gross Domestic Product by Period

单位:%

时　　期	地区生产总值	第一产业	第二产业	第三产业
“一五”时期	100.0	58.8	17.2	24.0
“二五”时期	100.0	35.9	38.7	25.4
1963 - 1965 年	100.0	46.7	30.7	22.6
“三五”时期	100.0	40.5	35.7	23.8
“四五”时期	100.0	33.7	42.4	23.9
“五五”时期	100.0	30.9	46.7	22.4
“六五”时期	100.0	26.6	48.9	24.5
“七五”时期	100.0	22.0	44.1	33.9
“八五”时期	100.0	15.0	38.3	46.7
“九五”时期	100.0	11.5	36.9	51.6
“十五”时期	100.0	8.2	39.1	52.7
“十一五”时期	100.0	6.2	43.9	49.9
“十二五”时期	100.0	3.9	45.1	51.0

2-9 地区生产总值构成项目(2015年)

Composition of Gross Domestic Product(2015)

单位:万元

	增加值	劳动者报酬	固定资产折旧	生产税净额	营业盈余
地区生产总值	**108011633**	**49722536**	**12817157**	**13447213**	**32024727**
农、林、牧、渔业	3879445	3763058	116387	0	0
工　业	40561918	14916659	5278963	4639462	15726834
#开采辅助活动	461767	169815	60097	52817	179038
#金属制品、机械和设备修理业	90797	33391	11817	10385	35204
建筑业	7225572	3961048	417607	1501569	1345348
交通运输、仓储和邮政业	4701372	2243969	1353157	500012	604234
信息传输、软件和信息技术服务业	3957562	1152854	775634	269401	1759673
批发和零售业	7783427	2964966	316398	2323474	2178589
住宿和餐饮业	3596749	3047024	194937	262238	92550
金融业	12542262	4810697	497755	1672072	5561738
房地产业	5977068	918623	1653220	1256120	2149105
租赁和商务服务业	4055493	1953616	881240	438227	782410
科学研究和技术服务业	2906787	1362695	243093	228874	1072125
水利、环境和公共设施管理业	295361	128912	128857	16287	21305
居民服务、修理和其他服务业	1309439	1175182	28958	62711	42588
教　育	2750015	2207837	361045	9736	171397
卫生和社会工作	1671498	1318405	142936	12256	197901
文化、体育和娱乐业	1737174	1172114	168146	231124	165790
公共管理、社会保障和社会组织	3060491	2624877	258824	23650	153140
第一产业	3731535	3619585	111950	0	0
第二产业	47234926	18674501	5624656	6077829	16857940
第三产业	57045172	27428450	7080551	7369384	15166787

主要统计指标解释

国内生产总值 是按市场价格计算的国内生产总值的简称。它是一个国家(地区)所有常住单位在一定时期内生产活动的最终成果。国内生产总值有三种表现形态,即价值形态、收入形态和产品形态。从价值形态看,它是所有常住单位在一定时期内所生产的全部货物和服务价值超过同期投入的全部非固定资产货物和服务价值的差额,即所有常住单位的增加值之和;从收入形态看,它是所有常住单位在一定时期内所创造并分配给常住单位和非常住单位的初次分配收入之和;从产品形态看,它是最终使用的货物和服务减去进口货物和服务。在实际核算中,国内生产总值的三种表现形态表现为三种计算方法,即生产法、收入法和支出法。三种方法分别从不同的方面反映国内生产总值及其构成。

行业分类执行《国民经济行业分类》(GB/T 4754 - 2011),产业分类执行《三次产业划分规定》(国统字〔2012〕108 号)。第一产业指农、林、牧、渔业(不含农、林、牧、渔服务业);第二产业指采矿业(不含开采辅助活动),制造业(不含金属制品、机械和设备修理业),电力、热力、燃气及水生产和供应业,建筑业;第三产业指除第一产业、第二产业以外的其他行业。

按照国家统计局的统一规定,从 2004 年起省及以下 GDP 的中文称谓改为“地区生产总值”。

支出法国内生产总值 指一个国家(或地区)所有常住单位在一定时期内用于最终消费、资本形成总额,以及货物和服务的净出口总额,它反映本期生产的国内生产总值的使用构成。

最终消费 指常住单位在一定时期内对于货物和服务的全部最终消费支出,也就是常住单位为满足物质、文化和精神生活的需要,从本国经济领土和国外购买的货物和服务的支出。它不包括非常住单位在本国经济领土内的消费支出。最终消费分为居民消费和政府消费。

资本形成总额 指常住单位在一定时期内获得减去处置的固定资产和存货的净额,包括固定资产形成总额和存货增加两项。

三 人口及劳动力

简 要 说 明

主要内容

本部分反映了全市人口总量，构成及变动情况、婚姻状况、计划生育情况、劳动力资源配置、从业人员构成、工资总额等基本情况。

资料来源

人口资料来源于成都市公安局户籍统计年报资料

婚姻状况资料来源于成都市民政局、成都市中级人民法院。

计划生育资料来源于成都市人口计划生育委员会。

城镇登记失业资料及其职业介绍机构资料来源于成都就业服务管理局。

劳动仲裁受理及保险福利费用等资料来源于成都市人力资源和社会保障局。

劳动力资源配置、从业人员、工资等资料来源于成都市统计局。

年末户籍总人口（万人）

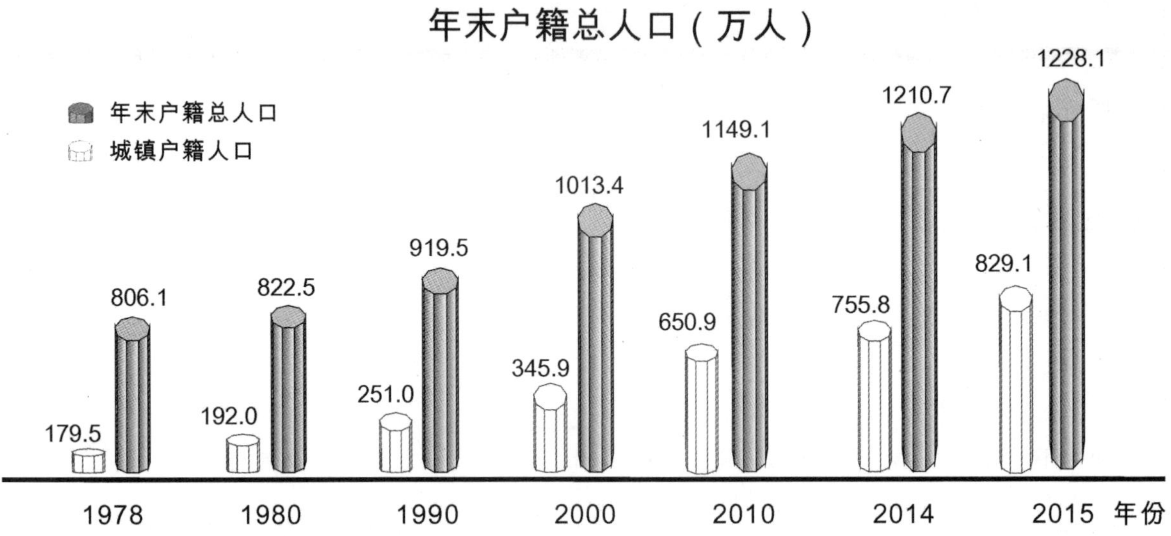

年末从业人员构成（%）

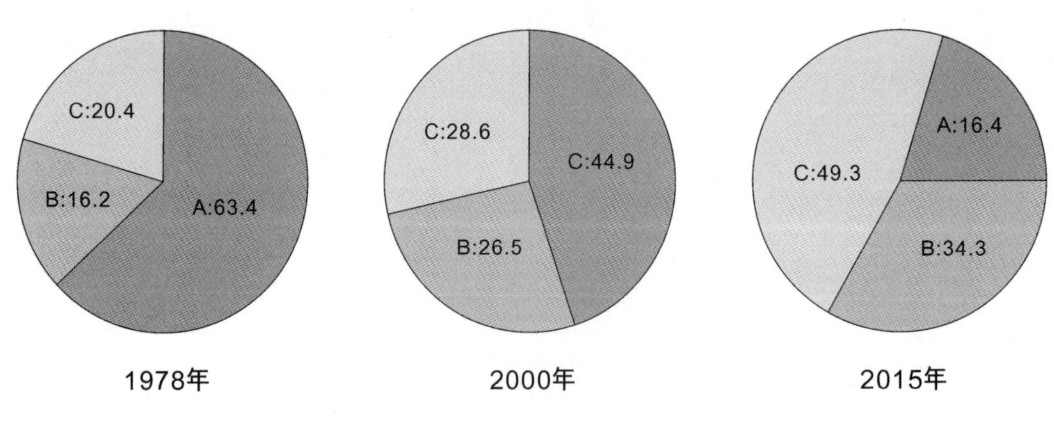

3-1 历年全市年末户籍总户数、总人口数

Total Registered Households and Population over the Years(Year - end)

年 份	总户数（万户）	市区	县（市）	总人口（万人）	市区	县（市）
1949	105.83	24.35	81.48	501.32	112.50	388.82
1950	109.24	24.51	84.73	504.80	112.43	392.37
1951	111.39	26.10	85.29	507.07	109.67	397.40
1952	115.56	27.25	88.31	511.96	113.18	398.78
1953	118.02	27.84	90.18	523.51	117.68	405.83
1954	124.56	31.11	93.45	535.98	130.23	405.75
1955	126.30	32.14	94.16	549.77	136.22	413.55
1956	129.59	34.66	94.93	577.00	155.11	421.89
1957	132.10	36.41	95.69	594.19	162.69	431.50
1958	131.47	35.91	95.56	597.06	167.22	429.84
1959	131.51	38.11	93.40	595.79	180.41	415.38
1960	127.34	35.30	92.04	570.11	179.94	390.17
1961	129.27	36.56	92.71	552.59	174.85	377.74
1962	132.84	37.13	95.71	551.34	171.65	379.69
1963	134.17	38.07	96.10	572.14	178.56	393.58
1964	137.65	39.85	97.80	588.15	181.51	406.64
1965	138.74	40.38	98.36	609.38	188.83	420.55
1966	140.88	41.50	99.38	626.22	191.54	434.68
1967	142.91	42.29	100.62	641.81	195.60	446.21
1968	146.05	43.56	102.49	663.32	200.42	462.90
1969	151.85	45.10	106.75	676.44	199.14	477.30
1970	155.95	46.95	109.00	695.21	202.84	492.37
1971	159.29	47.47	111.82	719.81	207.57	512.24
1972	161.92	48.37	113.55	735.78	210.69	525.09
1973	165.76	49.40	116.36	752.25	214.24	538.01
1974	170.24	50.85	119.39	766.04	216.94	549.10
1975	175.16	52.03	123.13	781.97	218.71	563.26
1976	180.27	53.25	127.02	789.92	220.44	569.48
1977	184.15	54.38	129.77	798.60	223.06	575.54
1978	185.56	55.46	130.10	806.06	228.80	577.26
1979	188.15	56.70	131.45	815.81	234.90	580.91
1980	192.24	58.01	134.23	822.54	238.31	584.23

3－1 续表1

年 份	总户数（万户）	市区	县（市）	总人口（万人）	市区	县（市）
1981	200.00	61.39	138.61	833.41	242.77	590.64
1982	203.94	63.44	140.50	843.25	247.25	596.00
1983	208.06	65.02	143.04	848.85	250.54	598.31
1984	212.47	67.23	145.24	854.00	253.96	600.04
1985	218.24	69.08	149.16	862.68	258.31	604.37
1986	224.18	71.15	153.03	874.73	264.24	610.49
1987	233.36	73.76	159.60	887.30	269.43	617.87
1988	244.41	76.25	168.16	898.57	273.65	624.92
1989	254.37	79.20	175.17	908.59	277.62	630.97
1990	262.61	81.12	181.49	919.50	280.81	638.69
1991	268.15	82.69	185.46	927.73	284.18	643.55
1992	274.56	84.93	189.63	936.86	288.28	648.58
1993	278.42	86.55	191.87	947.30	293.35	653.95
1994	285.05	89.83	195.22	960.39	301.47	658.92
1995	289.51	92.62	196.89	971.60	307.86	663.74
1996	295.50	96.95	198.55	980.74	317.12	663.62
1997	300.08	99.93	200.15	989.19	321.92	667.27
1998	304.29	102.16	202.13	997.00	325.98	671.02
1999	309.93	106.95	202.98	1003.56	330.29	673.27
2000	317.20	110.84	206.36	1013.35	335.86	677.49
2001	320.63	112.08	208.55	1019.90	341.52	678.38
2002	325.35	145.33	180.02	1028.48	439.79	588.69
2003	336.12	152.60	183.52	1044.31	452.57	591.74
2004	350.53	159.69	190.84	1059.69	464.54	595.15
2005	366.72	168.31	198.41	1082.03	482.07	599.96
2006	382.22	174.54	207.68	1103.40	497.15	606.25
2007	391.58	178.26	213.32	1112.28	502.70	609.58
2008	405.20	183.30	221.90	1124.96	510.16	614.80
2009	417.87	190.14	227.73	1139.63	520.86	618.77
2010	430.68	199.88	230.80	1149.07	535.15	613.92
2011	439.69	205.37	234.32	1163.28	544.78	618.50
2012	446.85	210.62	236.23	1173.35	554.18	619.17
2013	455.05	216.55	238.50	1187.99	564.94	623.05
2014	467.16	226.01	241.15	1210.74	581.63	629.11
2015	475.99	271.28	204.71	1228.05	698.14	529.91

注:2015年双流县改为双流区,市区人口统计中包含双流区和天府新区。

3－1 续表2

年 份	在总人口中：		在总人口中：		性别比（女＝100）
	农业人口（万人）	非农业人口（万人）	男（万人）	女（万人）	
1949	399.63	101.69	259.23	242.09	107.08
1950	404.11	100.69	258.71	246.09	105.13
1951	410.71	96.36	258.90	248.17	104.32
1952	417.73	94.23	260.03	251.93	103.22
1953	427.82	95.69	265.89	257.62	103.21
1954	428.52	107.46	274.83	261.15	105.24
1955	436.71	113.06	281.21	268.56	104.71
1956	447.93	129.07	299.38	277.62	107.84
1957	455.80	138.39	305.46	288.73	105.79
1958	445.35	151.71	308.46	288.60	106.88
1959	424.82	170.97	311.51	284.28	109.58
1960	398.62	171.49	297.64	272.47	109.24
1961	391.59	161.00	284.32	268.27	105.98
1962	402.63	148.71	282.06	269.28	104.75
1963	418.06	154.08	292.06	280.08	104.28
1964	433.65	154.50	302.29	285.86	105.75
1965	446.20	163.18	311.45	297.93	104.54
1966	462.83	163.39	320.60	305.62	104.90
1967	476.23	165.58	329.52	312.29	105.52
1968	492.82	170.50	340.07	323.25	105.20
1969	512.04	164.40	344.94	331.50	104.05
1970	530.09	165.12	355.77	339.44	104.81
1971	553.70	166.11	368.47	351.34	104.88
1972	567.16	168.62	375.90	359.88	104.45
1973	581.71	170.54	384.26	367.99	104.42
1974	594.98	171.06	391.14	374.90	104.33
1975	611.03	170.94	398.20	383.77	103.76
1976	619.28	170.64	402.39	387.53	103.83
1977	625.44	173.16	406.66	391.94	103.76
1978	626.60	179.46	410.51	395.55	103.78
1979	627.99	187.82	415.43	400.38	103.76
1980	630.50	192.04	418.95	403.59	103.81

3-1 续表3

年 份	在总人口中:		在总人口中:		性别比(女=100)
	乡村人口(万人)	城镇人口(万人)	男(万人)	女(万人)	
1981	635.67	197.74	424.56	408.85	103.84
1982	639.51	203.74	429.91	413.34	104.01
1983	639.99	208.86	432.94	415.91	104.09
1984	628.50	225.50	435.70	418.30	104.16
1985	627.75	234.93	440.43	422.25	104.31
1986	647.48	227.25	447.02	427.71	104.51
1987	654.09	233.21	453.80	433.50	104.68
1988	658.41	240.16	459.70	438.87	104.75
1989	663.25	245.34	465.21	443.38	104.92
1990	668.51	250.99	471.00	448.50	105.02
1991	671.69	256.04	475.11	452.62	104.97
1992	670.12	266.74	479.67	457.19	104.92
1993	671.16	276.14	485.09	462.21	104.95
1994	669.41	290.98	491.01	469.38	104.61
1995	670.74	300.86	496.78	474.82	104.62
1996	670.59	310.15	501.16	479.58	104.50
1997	670.69	318.50	505.50	483.69	104.51
1998	669.71	327.29	508.64	488.36	104.15
1999	667.41	336.15	511.54	492.02	103.97
2000	667.45	345.90	515.80	497.55	103.67
2001	665.12	354.78	518.89	501.01	103.57
2002	662.76	365.72	523.61	504.87	103.71
2003	658.08	386.23	531.77	512.54	103.75
2004	605.96	453.73	538.17	521.52	103.19
2005	538.10	543.93	548.40	533.63	102.77
2006	531.90	571.50	558.28	545.12	102.41
2007	516.72	595.56	561.37	550.91	101.90
2008	512.88	612.08	566.68	558.28	101.50
2009	510.25	629.38	572.74	566.89	101.03
2010	498.16	650.91	575.75	573.32	100.42
2011	457.62	705.66	582.05	581.23	100.14
2012	456.63	716.72	585.97	587.38	99.76
2013	459.28	728.71	592.16	595.83	99.38
2014	454.97	755.77	602.47	608.27	99.05
2015	398.97	829.08	610.17	617.88	98.75

注:2015年起公安户籍上的农业人口和非农业人口不再统计,变更为乡村人口和城镇人口;2014年及以前仍为农业人口和非农业人口。

3-2 历年户籍总人口自然变动

Statistics on Natural Changes of Total Registered Population over the Years

年份	出生		死亡		自然增长	
	人数(人)	出生率(‰)	人数(人)	死亡率(‰)	人数(人)	增长率(‰)
1949	133811		64491		69320	
1950	136426	27.1	65826	13.1	70600	14.0
1951	149622	29.6	77248	15.3	72374	14.3
1952	153469	30.1	73919	14.5	79550	15.6
1953	164276	31.7	67181	13.0	97095	18.7
1954	169748	32.1	58411	11.1	111337	21.0
1955	164417	30.3	62931	11.6	101486	18.7
1956	167416	29.7	58275	10.3	109141	19.4
1957	184963	31.6	74356	12.8	110607	18.8
1958	168719	28.3	115344	19.5	53375	8.8
1959	104306	17.5	230527	38.7	-126221	-21.2
1960	73974	12.7	307248	52.7	-233274	-40.0
1961	71568	12.8	151448	27.0	-79880	-14.2
1962	155735	28.2	76576	13.9	79159	14.3
1963	285634	50.9	57550	10.3	228084	40.6
1964	225550	38.9	52393	9.0	173157	29.9
1965	220307	36.8	52840	8.8	167467	28.0
1966	217252	35.3	45189	7.3	172063	27.9
1967	201477	31.8	42980	6.8	158497	25.0
1968	236703	36.3	46239	7.1	190464	29.2
1969	239366	35.8	46560	7.0	192806	28.8
1970	245224	35.9	45844	6.7	199380	29.2
1971	251582	35.7	57740	8.2	193842	27.5
1972	214835	29.5	58511	8.0	156324	21.5
1973	190465	25.6	51523	6.9	138942	18.7
1974	183811	24.2	55571	7.3	128240	16.9
1975	175745	22.7	54341	7.0	121404	15.7
1976	143973	18.3	53190	6.8	90783	11.5
1977	114031	14.4	54087	6.8	59944	7.6
1978	82372	10.3	48141	6.0	34231	4.3
1979	94811	11.7	49048	6.1	45763	5.6
1980	91450	11.2	49604	6.1	41846	5.1

3-2 续表

年 份	出 生		死 亡		自然增长	
	人 数 (人)	出生率 (‰)	人 数 (人)	死亡率 (‰)	人 数 (人)	增长率 (‰)
1981	99299	12.0	40714	4.9	58585	7.1
1982	102489	12.2	41856	5.0	60633	7.2
1983	88709	10.5	51015	6.0	37694	4.5
1984	81265	9.5	51675	6.1	29590	3.4
1985	102427	11.9	51485	6.0	50942	5.9
1986	138763	15.9	51408	5.9	87355	10.0
1987	139874	15.9	52454	6.0	87420	9.9
1988	120285	13.5	57256	6.4	63029	7.1
1989	119200	13.2	56848	6.3	62352	6.9
1990	119446	13.1	58223	6.4	61223	6.7
1991	110067	11.9	58447	6.3	51620	5.6
1992	107086	11.5	61394	6.6	45692	4.9
1993	109881	11.7	58918	6.3	50963	5.4
1994	106333	11.2	58300	6.1	48033	5.1
1995	104362	10.8	61084	6.3	43278	4.5
1996	99279	10.2	60043	6.2	39236	4.0
1997	88460	9.0	57551	5.8	30909	3.1
1998	91112	9.2	61019	6.1	30093	3.0
1999	81729	8.2	59435	5.9	22294	2.2
2000	97092	9.6	66354	6.6	30738	3.1
2001	72504	7.1	56381	5.6	16123	1.6
2002	68338	6.6	65941	6.4	2397	0.2
2003	67966	6.6	62638	6.0	5328	0.5
2004	71601	6.8	62426	5.9	9175	0.9
2005	74638	7.0	56843	5.3	17795	1.7
2006	74226	6.8	50839	4.7	23387	2.1
2007	92522	8.4	96046	8.7	-3524	-0.3
2008	100976	9.0	52889	4.7	48087	4.3
2009	91520	8.1	62950	5.6	28570	2.5
2010	97877	8.6	99671	8.7	-1794	-0.1
2011	105248	9.1	53227	4.6	52021	4.5
2012	116941	10.0	115510	9.9	1431	0.1
2013	106725	9.0	74779	6.3	31946	2.7
2014	121212	10.1	65290	5.4	55922	4.7
2015	141056	11.6	74899	6.1	66157	5.4

注:2007年和2010年全市集中开展户口应注销未注销人员清理与注销专项工作,全年死亡注销户口人数较往年大幅增加。

3－3 户籍人口构成及变动(2015年)

Composition of Registered Population and Its Variations(2015)

	单位	全市	市区	县(市)
总人口	人	**12280485**	**6981366**	**5299119**
人口构成				
按性别分				
男性	人	6101727	3447474	2654253
女性	人	6178758	3533892	2644866
性别比例(以女性为100)		98.75	97.55	100.35
按农业、非农业人口分				
农业人口	人	8290754	5904374	2386380
非农业人口	人	3989731	1076992	2912739
人口自然变动				
出生人口	人	141056	84407	56649
死亡人口	人	74899	36135	38764
出生率	‰	11.57	13.19	9.78
死亡率	‰	6.14	5.65	6.69
自然增长率	‰	5.43	7.54	3.09
人口机械变动				
迁入人口	人	234697	193526	41171
迁出人口	人	127733	86445	41288
迁入率	‰	19.25	30.24	7.10
迁出率	‰	10.48	13.51	7.12
机械变动增长率	‰	8.77	16.73	-0.02
附:总户数	户	**4759924**	**2712868**	**2047056**

3-4 常住人口及城镇化率(2000—2015年)

Resident Population and Rate of Urban Population (2000—2015)

年 份	常住人口(万人)	城 镇	乡 村	城镇化率(%)
2000	1110.85	596.75	514.10	53.72
2001	1134.22	619.96	514.26	54.66
2002	1157.41	640.63	516.78	55.35
2003	1173.40	674.94	498.46	57.52
2004	1194.13	693.91	500.22	58.11
2005	1221.72	731.20	490.52	59.85
2006	1248.50	768.20	480.30	61.53
2007	1257.94	787.22	470.72	62.58
2008	1270.62	807.86	462.76	63.58
2009	1286.60	834.36	452.24	64.85
2010	1404.76	923.70	481.06	65.75
2011	1407.08	942.74	464.34	67.00
2012	1417.78	970.26	447.52	68.44
2013	1429.76	992.25	437.51	69.40
2014	1442.75	1015.26	427.49	70.37
2015	1465.75	1047.57	418.18	71.47

注:根据第六次人口普查结果,2010年城镇化率有修正。

3－5 婚姻登记和离婚情况

Number of Marriages and Divorces

	单 位	2010 年	2011 年	2012 年	2014 年	2015 年
准予登记结婚	对	119408	134297	124891	128441	125085
#初　婚	人	175077	200237	181763	181612	174258
再　婚	人	63739	68357	68019	75270	75912
结 婚 率	%	2. 08	2. 31	2. 13	2. 12	2. 04
离婚登记	对	49238	58154	53362	62205	52726
离 婚 率	%	0. 86	1. 00	0. 91	1. 03	0. 86

3－6 计划生育情况(2015 年)

Conditions of Family Planning(2015)

	单 位	全 市	市 区	县 (市)
符合政策生育率	%	94. 82	94. 21	95. 39
一 孩 率	%	68. 69	72. 25	65. 29
已婚育龄妇女人数	人	2370925	1063199	1307726
综合避孕率	%	83. 68	83. 42	83. 88

3－7 历年全市年末从业人员情况(按产业分)

Number of Year－end Employees in City over the Years (According to Industry Points)

年份	从业人员(人)				从业人员构成(%)		
		第一产业	第二产业	第三产业	第一产业	第二产业	第三产业
1978	3722994	2358518	602615	761861	63.4	16.2	20.4
1979	3764661	2383030	609875	771756	63.3	16.2	20.5
1980	3931217	2488349	634664	808204	63.3	16.1	20.6
1981	4118652	2607106	679578	831968	63.3	16.5	20.2
1982	4276459	2732657	731275	812527	63.9	17.1	19.0
1983	4465414	2866943	785303	813168	64.2	17.6	18.2
1984	4728724	2796695	1061878	870151	59.1	22.5	18.4
1985	4933036	2736616	1315398	881022	55.5	26.7	17.8
1986	5085687	2780993	1348568	956126	54.7	26.5	18.8
1987	5268072	2884365	1353518	1030189	54.8	25.7	19.5
1988	5389769	2877430	1409976	1102363	53.4	26.2	20.4
1989	5511830	2966603	1436504	1108723	53.8	26.1	20.1
1990	5626680	3010955	1457603	1158122	53.5	25.9	20.6
1991	5809154	3046286	1531561	1231307	52.4	26.4	21.2
1992	5941185	3039578	1587082	1314525	51.2	26.7	22.1
1993	5959391	3019385	1514713	1425293	50.7	25.4	23.9
1994	6029501	2878742	1720745	1430014	47.8	28.5	23.7
1995	6037492	2835200	1806794	1395498	47.0	29.9	23.1
1996	6045850	2732497	1774346	1539007	45.2	29.3	25.5
1997	6064707	2691771	1764825	1608111	44.4	29.1	26.5
1998	5948366	2680317	1646067	1621982	45.0	27.7	27.3
1999	5829821	2538904	1529615	1761302	43.6	26.2	30.2
2000	5741347	2576208	1519515	1645624	44.9	26.5	28.6
2001	5758033	2410214	1481423	1866396	41.9	25.7	32.4
2002	5844215	2315113	1583001	1946101	39.6	27.1	33.3
2003	5932727	2209537	1666227	2056963	37.2	28.1	34.7
2004	6039731	2107853	1808403	2123475	34.9	29.9	35.2
2005	6190374	2001677	1905898	2282799	32.3	30.8	36.9
2006	6401398	1887612	1966586	2547200	29.5	30.7	39.8
2007	6871337	1793309	2102606	2975422	26.1	30.6	43.3
2008	7044940	1733032	2151504	3160404	24.6	30.5	44.9
2009	7295164	1627873	2329109	3338182	22.3	31.9	45.8
2010	7527799	1526985	2501175	3499639	20.3	33.2	46.5
2011	7731668	1445000	2675589	3611079	18.7	34.6	46.7
2012	7937488	1418336	2755449	3763703	17.9	34.7	47.4
2013	8211913	1376271	2886709	3948933	16.8	35.2	48.1
2014	8206783	1351486	2772776	4082521	16.5	33.8	49.7
2015	8264127	1352716	2835483	4075929	16.4	34.3	49.3

3-8 全市年末从业人员情况(按行业分)

Number of Year-end Employees in City (According to Sector Classification)

单位:万人

	2011 年	2012 年	2013 年	2014 年	2015 年
从业人员总计	**773.17**	**793.75**	**821.19**	**820.68**	**826.41**
按国民经济行业分组					
农、林、牧、渔业	144.5	141.83	137.63	135.15	135.27
采矿业	1.19	1.15	0.88	0.82	0.77
制造业	140.71	145.34	151.30	152.30	152.69
电力、燃气及水的生产和供应业	2.94	2.82	3.10	3.44	3.48
建筑业	122.73	126.24	133.40	120.72	126.62
交通运输、仓储和邮政业	31.23	31.77	36.83	38.81	31.98
信息传输、计算机服务和软件业	10.98	11.33	17.63	18.33	19.54
批发和零售业	107.28	110.80	110.88	111.65	118.92
住宿和餐饮业	57.76	60.75	60.92	64.04	56.59
金融业	6.02	7.21	7.01	7.94	8.89
房地产业	12.91	13.27	15.67	16.14	17.21
租赁和商务服务业	26.5	26.72	27.06	27.12	27.37
科学研究、技术服务和地质勘查业	9.05	10.24	12.15	13.66	14.44
水利、环境和公共设施管理业	3.37	3.62	4.39	4.66	4.35
居民服务和其他服务业	41.30	41.53	41.60	41.94	41.72
教育	19.71	22.52	22.93	23.70	24.18
卫生、社会保障和社会福利业	11.94	13.41	13.83	15.31	16.49
文化、体育和娱乐业	5.22	5.08	5.35	5.85	6.17
公共管理和社会组织	17.83	18.12	18.65	19.12	19.76

3－9 历年全市年末从业人员情况(按经济类型分)

Situation of Year－end Employees in City over the Years (According to Economic Style)

单位:人

年　份	从业人员合计	城　镇	国有经济	集体经济	其他经济	私营与个体	农　村
1978	3722994	1101925	832123	267769		2033	2621069
1979	3764661	1126661	862966	261680		2015	2638000
1980	3931217	1165499	896191	262787		6521	2765718
1981	4118652	1224652	934221	277176		13255	2894000
1982	4276459	1273459	971687	284267		17505	3003000
1983	4465414	1292205	982389	284893		24923	3173209
1984	4728724	1470071	981600	319406	129084	39981	3258653
1985	4933036	1538595	1017857	328212	146153	46373	3394441
1986	5085687	1594578	1056750	330413	154719	52696	3491109
1987	5268072	1659937	1099618	329053	160442	70824	3608135
1988	5389769	1715929	1133013	327634	169043	86239	3673840
1989	5511830	1738376	1157857	315211	175880	89428	3773454
1990	5626680	1803394	1188123	334923	183003	97345	3823286
1991	5809154	1887157	1240718	339265	196276	110898	3921997
1992	5941185	1938010	1268306	340176	207887	121641	4003175
1993	5959391	1974864	1245842	334379	259041	135602	3984527
1994	6029501	2027232	1246100	309200	278232	193700	4002269
1995	6037492	2060424	1246900	305100	290389	218035	3977068
1996	6045850	2106542	1239409	301505	301971	263657	3939308
1997	6064707	2115747	1234089	282361	307860	291437	3948960
1998	5948366	2058912	1101636	237310	358713	361253	3889454
1999	5829821	1902480	988500	185650	361577	366753	3927341
2000	5741347	1862139	934427	171193	380722	375797	3879208
2001	5758033	1868360	884121	118072	421546	444621	3889673
2002	5844215	1980767	818698	124313	494919	542837	3863448
2003	5932727	2127096	826105	126804	507949	666238	3805631
2004	6039731	2382938	790021	121984	466426	1004507	3656793
2005	6190374	2765412	789867	108614	624188	1242743	3424962
2006	6401398	3100921	807318	101998	762300	1429305	3300477
2007	6871337	3601730	842776	99528	800211	1859215	3269607
2008	7044940	3822301	857658	83319	991910	1889414	3222639
2009	7295164	4094964	919600	85540	1051030	2038794	3200200
2010	7527799	4336984	977789	79937	1125011	2154247	3190815
2011	7731668	4663818	1019384	87634	1295162	2261638	3067850
2012	7937488	4897782	1083925	79689	1397334	2336834	3039706
2013	8211913	5246325	1078808	60313	1962932	2144272	2965588
2014	8206783	5282266	979957	55641	1972043	2274625	2924517
2015	8264127	5360593	970109	50284	1951224	2388976	2903534

3－10 企业、事业、机关单位数(2015年末)

Number of Enterprises, Institutions and Agencies Organizations (End of 2015)

单位:个

	合 计	国有经济	集体经济	其他经济
总　计	**12348**	**5332**	**601**	**6415**
按企业、事业、机关分组				
企　业	7107	668	339	6100
事　业	3132	2791	258	83
机　关	1864	1864		
民间非盈利组织	196		2	194
其　他	49	9	2	38
按三次产业分组				
第一产业	74	69	1	4
第二产业	2551	131	112	2308
第三产业	9723	5132	488	4103
按国民经济行业分组				
农、林、牧、渔业	74	69	1	4
采 矿 业	4			4
制 造 业	1779	52	64	1663
电力、燃气及水的生产和供应业	92	17	2	73
建 筑 业	676	62	46	568
批发和零售业	1119	105	116	898
交通运输、仓储和邮政业	282	90	8	184
住宿和餐饮业	457	37	10	410
信息传输、计算机服务和软件业	226	15		211
金 融 业	271	171	57	43
房地产业	1314	43	5	1266
租赁和商务服务业	446	105	35	306
科学研究、技术服务和地质勘查业	554	357	5	192
水利、环境和公共设施管理业	169	122	5	42
居民服务和其他服务业	56	13	3	40
教　育	1714	1387	2	325
卫生、社会保障和社会福利业	661	325	231	105
文化、体育和娱乐业	333	242	10	81
公共管理和社会组织	2121	2120	1	

3－11　城镇非私营单位分行业年末从业人员数(2015年末)

Number of Employed Persons in Urban Units by Sector (End of 2015)

单位:人

	总　计	国有经济	集体经济	其他经济
总　　计	**2646617**	**925109**	**50284**	**1671224**
按企业、事业、机关分组				
企　　业	2024416	349060	28376	1646980
事　　业	438286	403379	21427	13480
机　　关	171394	171394		
民间非盈利组织	7735		269	7466
其　　他	4786	1276	212	3298
按三次产业分组				
第一产业	1694	1529	19	146
第二产业	1149281	197338	22006	929937
第三产业	1495642	726242	28259	741141
按国民经济行业分组				
农、林、牧、渔业	1694	1529	19	146
采 矿 业	637			637
制 造 业	594843	36221	4732	553890
电力、燃气及水的生产和供应业	28661	3334	138	25189
建 筑 业	525140	157783	17136	350221
批发和零售业	160036	9814	1184	149038
交通运输、仓储和邮政业	170159	47799	1231	121129
住宿和餐饮业	59532	4036	671	54825
信息传输、计算机服务和软件业	121562	3797		117765
金 融 业	70874	38573	2347	29954
房地产业	110142	2335	251	107556
租赁和商务服务业	66630	24770	345	41515
科学研究、技术服务和地质勘查业	117605	71294	141	46170
水利、环境和公共设施管理业	34353	19098	1748	13507
居民服务和其他服务业	7939	675	42	7222
教　　育	227941	198636	51	29254
卫生、社会保障和社会福利业	138728	104537	19690	14501
文化、体育和娱乐业	29627	20384	538	8705
公共管理和社会组织	180514	180494	20	

3－12 城镇非私营单位女性从业人员数(2015年末)

Number of Female Employed Persons in Urban Units (End of 2015)

单位:人

	总　计	国有经济	集体经济	其他经济
总　　计	**961267**	**350414**	**19647**	**591206**
按企业、事业、机关分组				
企　　业	664004	78992	6712	578300
事　　业	227822	208482	12678	6662
机　　关	62143	62143		
民间非盈利组织	4911		228	4683
其　　他	2387	797	29	1561
按三次产业分组				
第一产业	625	531	11	83
第二产业	291883	24566	4087	263230
第三产业	668759	325317	15549	327893
按国民经济行业分组				
农、林、牧、渔业	625	531	11	83
采 矿 业	271			271
制 造 业	217517	9964	1487	206066
电力、燃气及水的生产和供应业	9649	928	57	8664
建 筑 业	64446	13674	2543	48229
批发和零售业	90195	3042	482	86671
交通运输、仓储和邮政业	55493	18476	106	36911
住宿和餐饮业	28122	2013	395	25714
信息传输、计算机服务和软件业	48365	1483		46882
金 融 业	38786	19063	1226	18497
房地产业	43357	1013	11	42333
租赁和商务服务业	20721	3077	147	17497
科学研究、技术服务和地质勘查业	34211	20891	32	13288
水利、环境和公共设施管理业	14211	6430	714	7067
居民服务和其他服务业	3693	172	26	3495
教　　育	124812	108665	12	16135
卫生、社会保障和社会福利业	86280	65022	11979	9279
文化、体育和娱乐业	13826	9290	412	4124
公共管理和社会组织	66687	66680	7	

3－13 职业介绍机构及工作情况

Basic Conditions of Employment Services

	单 位	2011 年	2012 年	2013 年	2014 年	2015 年
年末职业介绍机构	个	188	151	259	213	286
#劳动部门办	个	42	21	22	22	22
非劳动部门办	个	146	130	237	191	264
求职登记总数	人次	964000	855700	952083	990761	969135
#介绍成功人数	人次	281600	346100	297132	243715	252654
用人登记总数（市人才市场及民办职介结构求职登记人数）	人次	473789	504737	555457	579741	705248
城镇登记失业人数（市就业局登记失业人数）	万人	6.65	6.45	13.96	15.33	17.05

3－14 历年全市年末城镇非私营单位在岗职工人数及构成(按经济类型分)

Number of Year－end Employees in Non Private Urban Units and Their Compositions (According to Economic Style)

年份	在岗职工人数(人)	国有经济单位	城镇集体经济单位	其他经济单位	构成(%) 国有经济单位	城镇集体经济单位	其他经济单位
1978	1099892	832123	267769		75.7	24.3	
1979	1124646	862966	261680		76.7	23.3	
1980	1158978	896191	262787		77.3	22.7	
1981	1211397	934221	277176		77.1	22.9	
1982	1255954	971687	284267		77.4	22.6	
1983	1267282	982389	284893		77.5	22.5	
1984	1302262	981600	319406	1256	75.4	24.5	0.1
1985	1347588	1017858	328212	1518	75.5	24.4	0.1
1986	1388267	1056750	330413	1104	76.1	23.8	0.1
1987	1430713	1099618	329053	2042	76.9	23.0	0.1
1988	1463385	1133013	327634	2738	77.4	22.4	0.2
1989	1476727	1157857	315211	3659	78.4	21.3	0.3
1990	1527114	1188123	334923	4068	77.8	21.9	0.3
1991	1588060	1240718	339265	8077	78.1	21.4	0.5
1992	1618676	1268306	340172	10198	78.4	21.0	0.6
1993	1610430	1225842	334379	50209	76.1	20.8	3.1
1994	1594135	1217480	302369	74286	76.4	19.0	4.6
1995	1615166	1230768	300071	84327	76.2	18.6	5.2
1996	1540594	1148671	268049	123874	74.6	17.4	8.0
1997	1450610	1103500	248945	98165	76.0	17.2	6.8
1998	1340520	994736	198221	147563	74.2	14.8	11.0
1999	1299774	953582	182005	164187	73.4	14.0	12.6
2000	1245294	896721	166909	181664	72.0	13.4	14.6
2001	1173195	841870	115574	215751	71.8	9.8	18.4
2002	1213477	791372	119343	302762	65.2	9.8	25.0
2003	1216720	786691	119736	310293	64.7	9.8	25.5
2004	1232511	757038	117561	357912	61.4	9.5	29.1
2005	1295541	755951	105167	434423	58.4	8.1	33.5
2006	1349987	779719	98073	472195	57.8	7.3	34.9
2007	1409270	807239	97299	504732	57.3	6.9	35.8
2008	1498938	818230	80700	600008	54.6	5.4	40.0
2009	1573561	870229	82071	621261	55.3	5.2	39.5
2010	1648431	879641	75562	693228	53.4	4.6	42.0
2011	1710406	790694	82279	837433	46.2	4.8	49.0
2012	1776322	790785	68933	916604	44.5	3.9	51.6
2013	2197981	753002	52980	1391999	34.3	2.4	63.3
2014	2201939	742443	46868	1412628	33.7	2.1	64.2
2015	2188409	718392	42212	1427805	32.8	1.9	65.3

3－15　城镇全部单位就业人员工资总额(2015 年)

Total Wages Bill of Fully Employed Persons in Urban Units(2015)

单位:万元

	从业人员工资总额	国有经济	集体经济	私营经济	其他经济
总　　计	**22626222**	**6970008**	**274957**	**4890467**	**10490790**
按企业、事业、机关分					
企　　业	17784481	2388175	142324	4890467	10363515
事　　业	3425978	3215598	129029		81351
机　　关	1356862	1356862			
民间非盈利组织	34237		2082		32155
其　　他	24664	9373	1523		13769
按三次产业分					
第一产业	49171	12537	235	36087	312
第二产业	9049658	1134597	100873	2410651	5403536
第三产业	13527393	5822874	173849	2443729	5086941
按国民经济行业分					
农、林、牧、渔业	49171	12537	235	36087	312
采 矿 业	12103			5279	6824
制 造 业	5198102	293015	24065	1534124	3346899
电力、燃气及水的生产和供应业	301262	29240	1347	25193	245482
建 筑 业	3538191	812342	75462	846055	1804332
批发和零售业	1493533	102813	6535	635176	749009
交通运输、仓储和邮政业	1413801	378330	4295	112877	918298
住宿和餐饮业	460272	15714	1820	221928	220810
信息传输、计算机服务和软件业	1289679	20379		195594	1073706
金 融 业	801763	424251	24430	36920	316163
房地产业	946123	17144	1287	293092	634601
租赁和商务服务业	840324	125240	2453	427959	284672
科学研究、技术服务和地质勘查业	1165331	542396	822	103636	518476
水利、环境和公共设施管理业	214594	125299	5026	27138	57131
居民服务和其他服务业	227142	3202	234	194337	29369
教　　育	1734352	1533165	320	46234	154633
卫生、社会保障和社会福利业	1270319	971278	124011	91876	83153
文化、体育和娱乐业	241313	135008	2421	56964	46920
公共管理和社会组织	1428848	1428654	194		

3－16 城镇全部单位就业人员平均工资(2015年)

Average Wage of Fully Employed Persons in Urban Units(2015)

单位:元

	总计	国有经济	集体经济	私营经济	其他经济
总计	**57480**	**77284**	**58013**	**37074**	**62896**
按企业、事业、机关分					
企业	53471	71096	52800	37074	63037
事业	80135	81530	64692		61751
机关	79693	79693			
民间非盈利组织	44679		77405		43488
其他	50677	72601	67075		41113
按三次产业分					
第一产业	36060	82265	123737	30211	21088
第二产业	50115	61509	49462	36097	57909
第三产业	63902	81338	64429	38223	69238
按国民经济行业分					
农、林、牧、渔业	36060	82265	123737	30211	21088
采矿业	52599			31898	105635
制造业	49878	73168	51029	34974	59900
电力、燃气及水的生产和供应业	87259	86973	96892	42904	97599
建筑业	48681	57592	48563	38170	51765
批发和零售业	43850	102383	55947	35126	50419
交通运输、仓储和邮政业	70437	74930	28185	36369	78042
住宿和餐饮业	36035	38629	28981	32651	40101
信息传输、计算机服务和软件业	76876	53418		46683	87974
金融业	103004	113354	103252	39818	109882
房地产业	54962	74410	61267	44130	61485
租赁和商务服务业	48908	50618	71104	40495	69348
科学研究、技术服务和地质勘查业	86424	78755	58721	51607	113341
水利、环境和公共设施管理业	51279	64338	28605	37992	42404
居民服务和其他服务业	33203	48741	55786	32040	41616
教育	72900	77507	62784	40382	54073
卫生、社会保障和社会福利业	84444	100636	68116	43455	57068
文化、体育和娱乐业	53184	66859	46032	36135	52778
公共管理和社会组织	79604	79602	97100		

主要统计指标解释

总人口 指一定时点、一定地区范围内的有生命的个人的总和。

年度统计的年末总人口是指每年12月31日24时的人口数。

出生率 指在一定时期内(通常为一年)平均每千人所出生的人数的比率,一般用千分率表示。计算公式:

$$出生率=\frac{年出生人数}{年平均人数}\times 1000‰$$

死亡率 指在一定时期内(通常为一年)一定地区的死亡人数与同期平均人数(或期中人数)之比,一般用千分率表示。计算公式:

$$死亡率=\frac{年死亡人数}{年平均人数}\times 1000‰$$

人口自然增长率 指在一定时期内(通常为一年)人口自然增加数(出生人数减死亡人数)与该时期内平均人数(或期中人数)之比,一般用千分率表示。计算公式:

$$人口自然增长率=\frac{本年出生人数-本年死亡人数}{年平均人数}\times 100‰$$

$$人口自然增长率=人口出生率-人口死亡率$$

从业人员 指从事一定社会劳动并取得劳动报酬或经营收入的人员。包括:

(1)全部职工

(2)再就业的离退休人员

(3)私营业主

(4)个体户主

(5)私营和个体从业人员

(6)乡镇企业从业人员

(7)农村从业人员

(8)其他从业人员(包括民办教师、宗教职业者、现役军人等)

这一指标反映了一定时期内全部劳动力资源的实际利用情况,是研究我国基本国情国力的重要指标。

各单位的从业人员是指在各级国家机关、政党机关、社会团体及企业、事业单位中工作,并取得劳动报酬的全部人员。包括在岗职工、再就业的离退休人员、民办教师以及在各单位中工作的外方人员和港、澳、台方人员。

各单位的从业人员反映了各单位实际参加生产或工作的全部劳动力。因此,从1998年开始,各单位的从业人员不包括离开本单位仍保留劳动关系的职工。

平均工资 指报告期内单位发放工资的人均水平。计算公式为:

$$平均工资=\frac{报告期工资总额}{报告期平均人数}$$

城镇私营和个体从业人员 城镇私营从业人员指在工商管理部门注册登记,其经营地址设在县城关镇(含城关镇)以上的私营企业从业人员。包括:私营企业投资者和雇工。城镇个体从业人员指在工商管理部门注册登记,并持有城镇户口或在城镇长期居住,经批准从事个体工商经营的从业人员。包括:个体经营者和在个体工商户劳动的家庭帮工和雇工。

城镇登记失业人员及失业率 指有非农业户口，在一定的劳动年龄内，有劳动能力，无业而要求就业，并在当地就业服务机构进行求职登记的人员。城镇登记失业率，指城镇登记失业人数同城镇从业人数与城镇登记失业人数之和的比。计算公式为：

$$城镇登记失业率=\frac{城镇登记失业人数}{城镇从业人数+城镇登记失业人数}\times 100\%$$

四 固定资产投资 建筑业

简 要 说 明

主要内容

固定资产投资包括：全社会范围内的固定资产投资总额、发展速度及构成；更新改造投资额及构成情况、资金状况；房地产开发投资情况等。

建筑业包括：全市建筑施工企业生产情况、财务状况及其他主要指标。

资料来源

固定资产投资和建筑业资料来源于成都市统计局。

其他需要说明的问题

建筑业统计范围：1995年以前为城镇集体及国有建筑企业;1996年起为具有建筑业资质等级四级及四级以上的各种经济类型的建筑企业。

建筑业统计原则:凡公司所在地在成都的建筑企业(含本公司在外地的生产活动)均纳入统计范围。

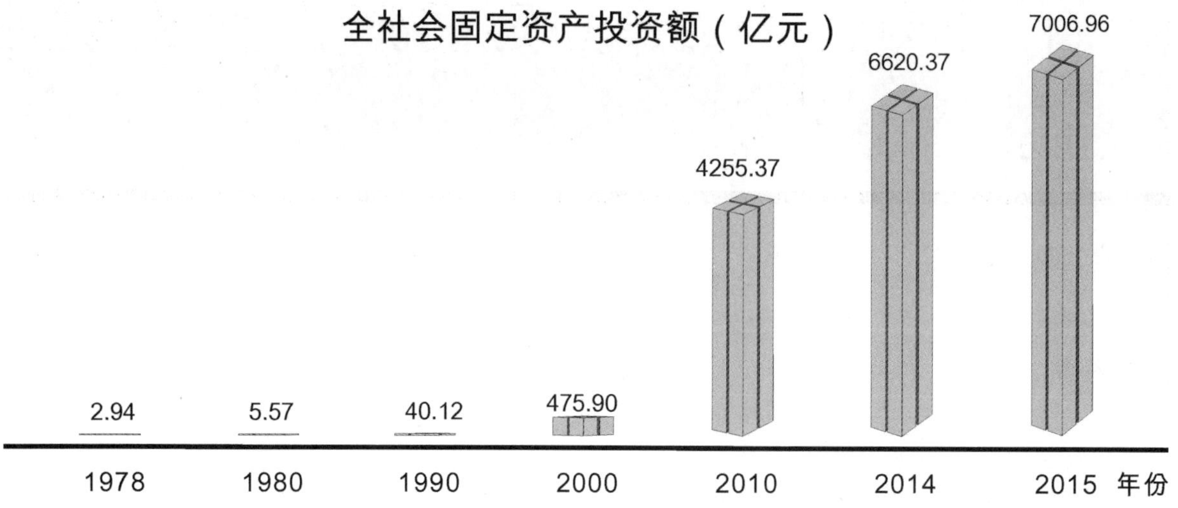
全社会固定资产投资额（亿元）
2.94
5.57
40.12
475.90
4255.37
6620.37
7006.96
1978
1980
1990
2000
2010
2014
2015
年份

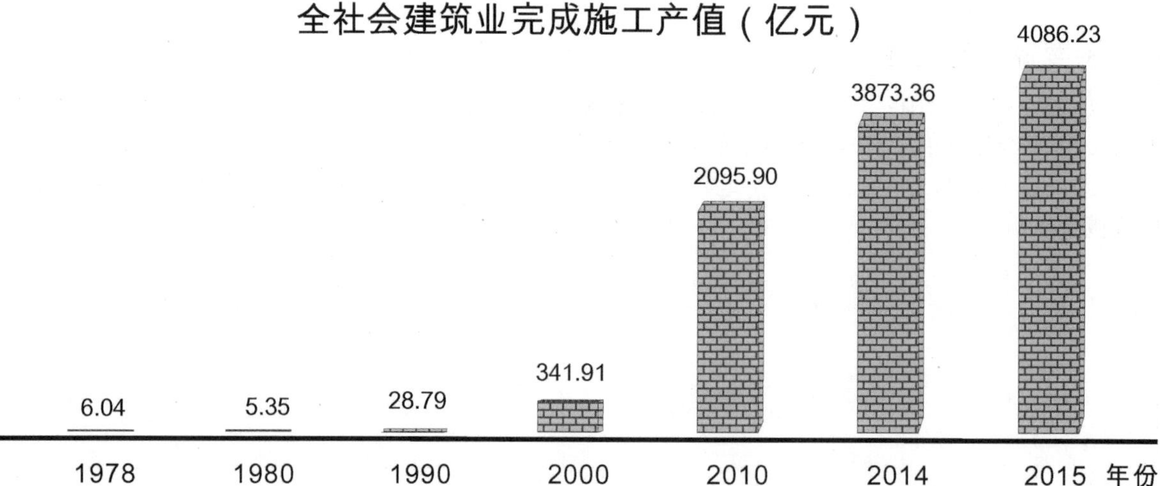
全社会建筑业完成施工产值（亿元）
6.04
5.35
28.79
341.91
2095.90
3873.36
4086.23
1978
1980
1990
2000
2010
2014
2015
年份

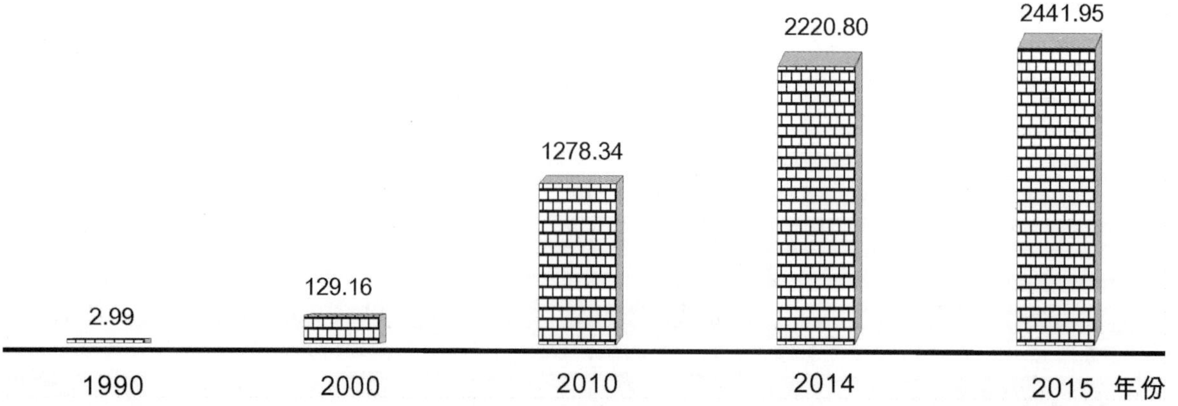
房地产投资完成额（亿元）
2.99
129.16
1278.34
2220.80
2441.95
1990
2000
2010
2014
2015
年份

4－1 历年全社会固定资产投资(按经济类型分)

Total Investment in Fixed Assets by Ownership

单位:万元

年份	总计	# 国有经济	# 集体经济	# 私营及个体经济	在总计中:住宅
1950	58	58			5
1951	440	440			57
1952	1303	1303			157
1953	3913	3913			512
1954	4395	4395			691
1955	4308	4308			903
1956	11275	11275			2724
1957	16124	16124			2180
1958	22197	22197			1003
1959	47190	47190			2207
1960	62127	62127			2124
1961	18784	18784			1050
1962	10653	10653			604
1963	13547	13547			1276
1964	20305	20305			2161
1965	32112	32112			1731
1966	31220	31220			1036
1967	14482	14482			794
1968	11917	11917			479
1969	14293	14293			827
1970	18540	18540			970
1971	19306	19306			1158
1972	23895	23895			1620
1973	20349	20349			1741
1974	13692	13692			1433
1975	17301	17196	105		1474
1976	16504	16403	101		1180
1977	19668	19468	200		2938
1978	29391	28334	1057		4738
1979	50706	48851	1855		13022
1980	55744	52022	3722		18516

4－1 续表

单位:万元

年　份	总　计	# 国有经济	# 集体经济	# 私营及个体经济	在总计中: 住　宅
1981	73229	61295	6800	5134	27456
1982	95271	81874	7100	6297	32273
1983	107318	89160	7723	10435	38566
1984	146399	103594	16667	26138	40609
1985	241874	173565	44316	23993	62835
1986	248741	185426	29631	33684	60259
1987	286695	199733	38558	48404	80648
1988	364892	241474	46717	76701	103857
1989	356684	243455	44230	68999	105130
1990	401156	282024	45853	73279	120688
1991	485147	349698	56475	78794	131234
1992	788038	523473	150423	114142	225462
1993	1413826	757296	340030	126496	380789
1994	1797908	910033	406660	188132	511760
1995	2156272	1081961	550455	217100	672640
1996	2588457	1192478	568105	308000	832200
1997	3100791	1480027	627493	332443	821886
1998	3718700	2101225	526100	364500	951400
1999	4190983	2339883	453457	365256	1064080
2000	4759020	2278569	372682	422201	1386892
2001	5822157	2869402	420045	661221	1810758
2002	7021455	3322330	479117	812526	2074475
2003	8629700	4014537	404889	1054117	2487521
2004	10574474	4417333	500981	1398723	2849689
2005	14586741	5773710	106657	1791346	3989685
2006	18979098	6829070	123274	2174166	5994888
2007	23900461	7378639	76198	3310197	7442067
2008	29938844	10184473	142602	2956647	7796308
2009	40124530	15804556	290579	3991218	9041631
2010	42553662	14296449	390218	3874959	9620925
2011	49956521	14757463	369011	4734064	12206190
2012	58900984	18885083	242747	7206969	13066328
2013	65010801	19844403	346933	8872566	14834999
2014	66203739	20866522	303360	8539481	15822496
2015	70069660	22657121	198410	9134127	18508753

4－2 历年全社会固定资产投资构成(按经济类型分)

Composition of Total Investment in Fixed Assets by Ownership

单位:%

年 份	总 计	# 国有经济	# 集体经济	# 私营及个体经济	在总计中:住 宅
1978	100	96.4	3.6		16.1
1979	100	96.3	3.7		25.7
1980	100	93.3	6.7		33.2
1981	100	83.7	9.3	7.0	37.5
1982	100	85.9	7.5	6.6	33.9
1983	100	83.1	7.2	9.7	35.9
1984	100	70.8	11.4	17.8	27.7
1985	100	71.8	18.3	9.9	26.0
1986	100	74.5	11.9	13.6	24.2
1987	100	69.7	13.4	16.9	28.1
1988	100	66.2	12.8	21.0	28.5
1989	100	68.3	12.4	19.3	29.5
1990	100	70.3	11.4	18.3	30.1
1991	100	72.1	11.6	16.3	27.1
1992	100	66.4	19.1	14.5	28.6
1993	100	53.6	24.0	8.9	27.0
1994	100	50.6	22.6	10.5	28.5
1995	100	50.2	25.5	10.1	31.2
1996	100	46.1	21.9	11.9	32.2
1997	100	47.7	20.2	10.7	26.5
1998	100	56.5	14.1	9.8	25.6
1999	100	55.8	10.8	8.7	25.3
2000	100	47.9	7.8	8.9	29.1
2001	100	49.3	7.2	11.4	31.1
2002	100	47.3	6.8	11.6	29.5
2003	100	46.5	4.7	12.2	28.8
2004	100	41.8	4.7	13.2	26.9
2005	100	39.6	0.7	12.3	27.4
2006	100	36.0	0.6	11.5	31.6
2007	100	30.9	0.3	13.8	31.1
2008	100	34.0	0.5	9.9	26.0
2009	100	39.4	0.7	9.9	22.5
2010	100	33.6	0.9	9.1	22.6
2011	100	29.5	0.7	9.5	24.4
2012	100	32.1	0.4	12.2	22.2
2013	100	30.5	0.5	13.6	22.8
2014	100	31.5	0.5	12.9	23.9
2015	100	32.3	0.3	13.0	26.4

4－3 历年全社会固定资产投资发展速度(按经济类型分)

Development Rates of Total Investment in Fixed Assets by Ownership

单位:%

年 份	总 计	# 国有经济	# 集体经济	# 私营及个体经济	在总计中:住 宅
1978	149.4	145.5	528.5		161.3
1979	172.5	172.4	175.5		274.8
1980	109.9	106.5	200.0		142.2
1981	131.4	117.8	182.7		148.3
1982	130.1	133.6	104.4	122.7	117.5
1983	112.6	108.9	108.8	165.7	119.5
1984	136.4	116.2	215.8	250.5	105.3
1985	165.2	167.5	265.9	91.8	154.7
1986	102.8	106.8	66.9	140.4	95.9
1987	115.3	107.7	130.1	143.7	133.8
1988	127.3	120.9	121.2	158.5	128.8
1989	97.8	100.8	94.7	90.0	101.2
1990	112.5	115.8	103.7	106.2	114.8
1991	120.9	124.0	123.2	107.5	108.7
1992	162.4	149.7	266.3	144.9	171.8
1993	179.4	144.7	226.0	110.8	168.9
1994	127.2	120.2	119.6	148.7	134.4
1995	119.9	118.9	135.4	115.4	131.4
1996	120.0	110.2	103.2	141.9	123.7
1997	119.8	124.1	110.5	107.9	98.8
1998	119.9	142.0	83.8	109.6	115.8
1999	112.7	111.4	86.2	100.2	111.8
2000	113.6	97.4	82.2	115.6	130.3
2001	122.3	125.9	112.7	156.6	130.6
2002	120.6	115.8	114.1	122.9	114.6
2003	122.9	120.8	84.5	129.7	119.9
2004	122.5	110.0	123.7	132.7	114.6
2005	137.9	130.7	121.3	128.1	140.0
2006	130.1	118.3	115.6	121.4	150.3
2007	125.9	108.0	61.8	152.3	124.1
2008	125.3	138.0	187.1	89.3	104.8
2009	134.0	155.2	203.8	135.0	116.0
2010	106.1	90.5	134.3	97.1	106.4
2011	117.4	103.2	94.6	122.2	126.9
2012	117.9	128.0	65.8	152.2	107.0
2013	110.4	105.1	142.9	123.1	113.5
2014	101.8	105.2	87.4	96.2	106.7
2015	105.8	108.6	65.4	107.0	117.0

4-4 历年全社会固定资产投资(按种类和构成分)

Total Investment in Fixed Assets by Channel of Management and Use of Funds

单位:万元

年份	总计	按管理渠道分		按构成分		
		#更改投资	#房地产投资	建筑安装工程	设备工器具购置	其他费用
1978	29391			16670	10602	2119
1979	50706	4167		31002	15770	3934
1980	55744	5336		39649	12617	3478
1981	73229	26000		52427	15634	5168
1982	95271	30000		63219	22659	9393
1983	107318	27651		75420	21700	10198
1984	146399	35723		96268	35330	14801
1985	241874	56004		149299	67021	25554
1986	248741	67889		149833	69875	29033
1987	286695	85352		185231	72314	29150
1988	364892	107003		225847	101739	37306
1989	356684	109019		212140	102570	41974
1990	401156	117733	29883	253113	109338	38705
1991	485147	95843	31021	305714	126972	52461
1992	788038	151885	94446	545039	182227	60772
1993	1413826	202886	207310	939120	281104	193602
1994	1797908	308087	337506	1184909	409941	203058
1995	2156272	224222	545376	1482024	369660	304588
1996	2588457	254270	684379	1950825	304328	333304
1997	3100791	347932	730147	2074831	635973	389987
1998	3718700	469391	799675	2194308	885732	638660
1999	4190983	450020	998565	2613297	923373	654313
2000	4759020	489530	1291611	3129144	803781	826095
2001	5822157	649091	1707554	3998475	868248	955434
2002	7021455	906388	2033104	4163072	1292108	1566275
2003	8629700	1306440	2453991	4779214	1351187	2499299
2004	10574474	1847735	3089697	6280177	1522686	2771611
2005	14586741	2957605	4518628	8189462	2045539	4351740
2006	18979098	3618208	6136351	10720823	2668806	5589469
2007	23900461	5065250	9052800	13107861	3381497	7411103
2008	29938844	6835674	9125057	17268656	4223919	8446269
2009	40124530	9308386	9451356	25652691	6019225	8452614
2010	42553662	9653933	12783390	29402935	6009704	7141023
2011	49956521	10142305	15852771	36759034	6222151	6975336
2012	58900984	11540904	18900420	42857052	7493313	8550619
2013	65010801	12039666	21102665	46903751	8125738	9981312
2014	66203739	11972642	22208023	48244530	6329762	11629447
2015	70069660	13355742	24419542	49615238	8494577	11959845

4－5 历年全社会固定资产投资比重(按种类和构成分)

Proportion of Total Investment in Fixed Assets by Channel of Management and Use of Funds

单位:%

年份	按管理渠道分		按构成分		
	#更改投资	#房地产投资	建筑安装工程	设备工器具购置	其他费用
1978			56.7	36.1	7.2
1979	8.2		61.1	31.1	7.8
1980	9.6		71.1	22.6	6.3
1981	35.5		71.6	21.3	7.1
1982	31.5		66.4	23.8	9.8
1983	25.8		70.3	20.2	9.5
1984	24.4		65.8	24.1	10.1
1985	23.2		61.7	27.7	10.6
1986	27.3		60.2	28.1	11.7
1987	29.8		64.6	25.2	10.2
1988	29.3		61.9	27.9	10.2
1989	30.6		59.5	28.8	11.7
1990	29.3	7.4	63.1	27.3	9.6
1991	19.8	6.4	63.0	26.2	10.8
1992	19.3	12.0	69.2	23.1	7.7
1993	14.4	14.7	66.4	19.9	13.7
1994	17.1	18.8	65.9	22.8	11.3
1995	10.4	25.3	68.7	17.1	14.2
1996	9.8	26.4	75.4	11.8	12.8
1997	11.2	23.5	66.9	20.5	12.6
1998	12.6	21.5	59.0	23.8	17.2
1999	10.7	23.8	62.4	22.0	15.6
2000	10.3	27.1	65.8	16.9	17.3
2001	11.1	29.3	68.7	14.9	16.4
2002	12.9	29.0	59.3	18.4	22.3
2003	15.1	28.4	55.4	15.6	29.0
2004	17.5	29.2	59.4	14.4	26.2
2005	20.3	31.0	56.2	14.0	29.8
2006	19.1	32.3	56.5	14.1	29.4
2007	21.2	37.9	54.8	14.1	31.1
2008	22.8	30.5	57.7	14.1	28.2
2009	23.2	23.6	63.9	15.0	21.1
2010	22.7	30.0	69.1	14.1	16.8
2011	20.3	31.7	73.6	12.4	14.0
2012	19.6	32.1	72.8	12.7	14.5
2013	18.5	32.5	72.1	12.5	15.4
2014	18.1	33.5	72.9	9.6	17.6
2015	19.1	34.9	70.8	12.1	17.1

4-6 历年全社会固定资产投资发展速度(按种类分)

Development Rates of Total Investment In Fixed Assets by Channel of Management

单位:%

年 份	总 计	# 更改投资	# 房地产投资
1978	149.4		
1979	172.5		
1980	109.9	128.1	
1981	131.4	487.3	
1982	130.1	115.4	
1983	112.6	92.2	
1984	136.4	129.2	
1985	165.2	156.8	
1986	102.8	121.2	
1987	115.3	125.7	
1988	127.3	125.4	
1989	97.7	101.9	
1990	112.5	108.0	
1991	120.9	81.4	103.8
1992	162.4	158.5	304.5
1993	179.4	133.6	219.5
1994	127.2	151.8	162.8
1995	119.9	72.8	161.6
1996	120.0	113.4	125.5
1997	119.8	136.8	106.7
1998	119.9	134.9	109.5
1999	112.7	95.9	124.9
2000	113.6	108.8	129.3
2001	122.3	132.6	132.2
2002	120.6	139.6	119.1
2003	122.9	144.1	120.7
2004	122.5	141.4	125.9
2005	137.9	160.1	146.2
2006	130.1	122.3	135.8
2007	125.9	140.0	147.5
2008	125.3	135.0	100.8
2009	134.0	136.2	103.6
2010	106.1	103.7	135.3
2011	117.4	105.1	124.0
2012	117.9	113.8	119.2
2013	110.4	104.3	111.7
2014	101.8	99.4	105.2
2015	105.8	111.6	110.0

4-7 历年全社会固定资产投资效果主要指标

Main Indicators of Total Investment Results in Fixed Assets over the Years

年　份	施工项目（个）	全部建成投产项目（个）	建设项目投产率（%）	新增固定资产（万元）	固定资产交付使用率（%）	房屋面积竣工率（%）	住宅面积竣工率（%）
1978	693	171	24. 6	29345	99. 8	52. 6	56. 9
1979	1067	323	30. 3	38966	76. 8	49. 4	50. 7
1980	1228	535	43. 6	49430	88. 7	53. 9	53. 0
1981	1289	548	42. 5	64474	87. 8	68. 1	70. 1
1982	1633	750	45. 9	71030	74. 6	66. 4	69. 3
1983	2427	1482	61. 1	82754	77. 1	76. 2	83. 5
1984	1708	863	50. 5	116641	79. 7	76. 7	86. 8
1985	2386	1290	54. 1	170909	70. 7	72. 1	79. 7
1986	1861	929	49. 9	201450	80. 9	74. 2	82. 9
1987	1940	788	40. 6	217055	75. 7	71. 8	80. 9
1988	1855	881	47. 5	271395	74. 4	74. 7	84. 8
1989	1328	640	48. 2	268313	75. 2	76. 2	86. 8
1990	1654	736	44. 5	330572	82. 4	73. 8	78. 3
1991	2476	1431	57. 8	383200	78. 9	73. 9	79. 3
1992	3822	2089	54. 7	519400	65. 9	58. 8	66. 7
1993	4493	2639	58. 7	836800	59. 2	57. 5	63. 8
1994	3516	2305	65. 6	1230700	68. 5	58. 1	67. 2
1995	3553	2438	68. 6	1379900	63. 9	52. 8	63. 5
1996	3161	2156	68. 2	1768600	68. 3	59. 1	68. 9
1997	2948	1937	65. 7	2289851	73. 8	60. 9	72. 2
1998	4106	2826	68. 8	2572400	69. 1	53. 2	61. 9
1999	3190	2068	64. 8	3180245	75. 8	57. 8	61. 2
2000	2992	1988	66. 4	3237100	68. 0	56. 8	61. 8
2001	2145	1266	59. 0	4101094	70. 4	53. 6	59. 9
2002	2137	1251	58. 5	4542637	64. 7	57. 5	63. 6
2003	1774	668	37. 7	4498586	52. 1	52. 6	59. 2
2004	2126	1132	53. 2	5704363	53. 9	47. 3	48. 2
2005	3697	1451	39. 2	5254965	36. 0	30. 1	29. 2
2006	3820	1984	51. 9	8375907	44. 1	30. 2	26. 6
2007	4952	2746	55. 5	9527738	39. 9	24. 9	20. 3
2008	4682	2007	42. 9	9960505	33. 3	17. 0	15. 0
2009	6700	3653	54. 5	26042535	64. 9	26. 9	26. 4
2010	5229	2248	43. 0	27546488	64. 7	24. 2	24. 2
2011	4820	2168	45. 0	32103672	64. 3	24. 3	18. 0
2012	4684	2249	48. 0	37280127	63. 3	24. 3	18. 0
2013	4983	2283	45. 8	36893488	56. 7	16. 1	16. 4
2014	5522	2656	48. 1	38204182	57. 7	13. 3	15. 1
2015	6198	3482	56. 2	40784349	58. 2	11. 9	9. 9

4-8 历年国有经济单位固定资产投资

Total Investment in Fixed Assets of State - owned Units over the Years

单位:万元

年 份	总 计	# 更改投资	# 房地产投资	在总计中: 住 宅
1978	28334			4706
1979	48851	4167		12895
1980	52022	5336		18198
1981	61295	26000		21722
1982	81874	30000		26020
1983	89160	27651		28034
1984	103594	35723		22963
1985	173565	56004		38995
1986	185426	67889		32100
1987	199733	85352		36557
1988	241474	107003		35276
1989	243455	109019		42230
1990	282024	117733	29883	52012
1991	349698	95843	31021	60897
1992	523473	151885	94446	128486
1993	757296	202886	106647	195111
1994	910033	270687	125555	209795
1995	1081961	211501	191869	304617
1996	1192478	189582	231519	324655
1997	1480027	273403	162647	253833
1998	2101225	379701	234362	356386
1999	2339883	319915	336366	447865
2000	2278569	192205	340974	441863
2001	2869402	242981	437594	577866
2002	3322330	265369	423496	566357
2003	4014537	395262	380273	513320
2004	4417333	387299	126432	646390
2005	5773710	563727	240896	772045
2006	6829070	623377	273939	1316574
2007	7378639	922934	375647	1291316
2008	10184473	1000913	410405	1699619
2009	15804556	1259753	916583	2633883
2010	14296449	1942669	734597	1643057
2011	14757463	2017610	568498	1592932
2012	18885083	2411544	888922	1488336
2013	19844403	2197029	690170	1501863
2014	20866522	2157856	659706	1557023
2015	22657121	2040214	999753	1300298

4－9　历年国有经济单位固定资产投资效果主要指标

Main Indicators of Total Investment Results in Fixed Assets of State－owned Units over the Years

年　份	施工项目（个）	全部建成投产项目（个）	建设项目投产率（%）	新　增固定资产（万元）	固定资产交付使用率（%）	房屋面积竣工率（%）	住宅面积竣工率（%）
1978	667	158	23. 7	28365	100. 1	49. 0	53. 2
1979	1026	314	30. 6	37637	77. 0	48. 9	50. 6
1980	1135	484	42. 6	45634	87. 7	50. 2	52. 2
1981	1202	513	42. 7	51242	83. 6	53. 6	50. 8
1982	1541	710	46. 1	57503	70. 2	49. 0	49. 7
1983	2234	1356	60. 7	65508	73. 5	57. 1	66. 5
1984	1405	671	47. 8	78120	75. 4	49. 2	60. 7
1985	1969	1009	51. 2	108007	62. 2	46. 9	52. 8
1986	1532	792	51. 7	141620	76. 4	48. 1	56. 5
1987	1647	742	45. 1	137999	69. 1	43. 1	44. 4
1988	1855	881	47. 5	157657	65. 3	41. 6	69. 4
1989	1328	640	48. 2	173883	71. 4	46. 2	54. 2
1990	1488	685	46. 0	202219	71. 7	43. 5	46. 6
1991	1553	723	46. 6	226324	64. 7	44. 8	47. 1
1992	1397	542	38. 8	331491	63. 3	31. 0	30. 2
1993	1672	477	28. 5	416878	55. 0	39. 1	40. 7
1994	1070	424	39. 6	656545	72. 1	40. 1	43. 2
1995	990	437	44. 1	714788	66. 1	41. 0	45. 8
1996	1057	533	50. 4	894062	75. 0	44. 4	54. 8
1997	940	393	41. 8	1147845	77. 6	45. 5	54. 3
1998	1258	595	47. 3	1307070	62. 2	36. 3	33. 3
1999	1009	531	52. 6	1752261	74. 8	43. 4	46. 3
2000	962	470	48. 9	1450128	63. 6	49. 9	54. 5
2001	830	322	38. 8	2126044	74. 1	45. 6	53. 2
2002	794	301	37. 9	1884759	56. 7	41. 1	47. 1
2003	734	251	34. 2	1766630	44. 0	31. 5	39. 9
2004	662	282	42. 6	2044878	46. 3	30. 6	26. 1
2005	1081	294	27. 2	1854286	32. 1	18. 8	9. 9
2006	1296	625	48. 2	2711640	39. 7	25. 1	21. 3
2007	1437	798	55. 5	3053096	41. 4	25. 1	25. 5
2008	1451	541	37. 3	2642377	25. 9	52. 7	35. 9
2009	2442	1313	53. 8	9397628	59. 5	24. 2	19. 7
2010	1716	787	45. 7	10156982	71. 1	37. 7	43. 6
2011	1272	665	52. 3	11239382	76. 2	31. 5	37. 9
2012	1541	833	54. 1	12377919	65. 5	31. 4	30. 2
2013	1548	925	59. 8	13664593	68. 9	22. 0	32. 0
2014	3171	1291	40. 7	23396414	54. 3	12. 1	13. 4
2015	2170	1334	61. 5	14174967	59. 9	17. 1	18. 0

4－10 历年更新改造投资资金来源情况

Investment in Innovation by Source of Funds

单位:万元

年 份	总 计	#国 家 预算内资金	#国内贷款	#利用外资	#自筹资金	#其他资金
1979	4167	612	624		2733	198
1980	5336	500	2000		2836	
1981	26000	2000	5000		17480	1520
1982	30000	2000	7000	300	18837	1863
1983	27651	1890	6495		18946	320
1984	35723	3016	10076	410	20833	1388
1985	56004	4003	15939	177	32655	3230
1986	67889	4073	24448	234	35282	3852
1987	87950	5271	29923	1601	44498	5228
1988	109334	3812	32137	3236	58954	11195
1989	98853	1085	30569	12716	50475	4008
1990	132356	841	54677	12023	61650	3165
1991	130875	678	59296	9620	57847	3434
1992	159697	2769	76969	3571	72176	4212
1993	206824	663	75125	589	112834	16129
1994	295427	2943	93976	25927	153916	18315
1995	224227	980	57365	18437	127089	20356
1996	282475	408	71125	19158	175668	16116
1997	363442	290	80797	26166	236442	17191
1998	455994		34298	9513	408991	3192
1999	479459	3979	118405	38740	278121	40214
2000	521816	12001	118679	13857	302408	30041
2001	659214	38523	106580	20562	421719	71830
2002	1008256	22133	179011	34290	650067	43426
2003	1410116	32175	276903	20533	979744	32839
2004	1961679	3438	388709	87319	1368631	31035
2005	2938958	14487	426747	150695	2160724	106094
2006	3961313	70390	455457	300963	2899398	116881
2007	5270855	32189	822019	283921	3721032	212644
2008	6981849	53456	727513	56998	5703363	219153
2009	9459400	70427	729299	16407	8419568	223699
2010	10536882	265048	911213	10032	8597723	519747
2011	10165823	69537	234766	5413	9627894	73855
2012	11945548	459738	190153	19253	10973122	41059
2013	12528536	160180	276234	175388	11464984	103469
2014	12562101	77018	130838	58476	11922951	234274
2015	13836310	209743	263037	189632	12603945	413487

4-11 历年更新改造投资资金来源构成

Composition of Investment in Innovation by Source of Funds

单位:%

年份	总计	#国家预算内资金	#国内贷款	#利用外资	#自筹资金	#其他资金
1979	100	14.7	14.9		65.6	4.8
1980	100	9.4	37.5		53.1	
1981	100	7.7	19.2		67.3	5.8
1982	100	6.7	23.3	1.0	62.8	6.2
1983	100	6.8	23.5		68.5	1.2
1984	100	8.4	28.2	1.1	58.4	3.9
1985	100	7.1	28.5	0.3	58.3	5.8
1986	100	6.0	36.0	0.3	51.9	5.7
1987	100	6.0	34.0	1.8	50.6	6.0
1988	100	3.5	29.4	3.0	53.9	10.2
1989	100	1.1	30.9	12.8	51.1	4.1
1990	100	0.6	41.3	9.1	46.6	2.4
1991	100	0.5	45.3	7.4	44.2	2.6
1992	100	1.7	48.2	2.2	45.3	2.6
1993	100	0.3	36.3	0.3	54.6	7.8
1994	100	1.0	31.8	8.8	52.1	6.3
1995	100	0.4	25.6	8.2	56.7	9.1
1996	100	0.1	25.2	6.8	62.2	5.7
1997	100	0.1	22.2	7.2	65.1	4.7
1998	100		7.5	2.1	89.7	0.7
1999	100	0.8	24.7	8.1	58.0	8.5
2000	100	2.3	22.7	2.7	58.0	5.8
2001	100	5.8	16.2	3.1	64.0	10.9
2002	100	2.2	17.8	3.4	64.5	4.3
2003	100	2.3	19.6	1.5	69.5	2.3
2004	100	0.2	19.8	4.5	69.8	1.6
2005	100	0.5	14.5	5.1	73.5	3.6
2006	100	1.8	11.5	7.6	73.2	3.0
2007	100	0.6	15.6	5.4	70.6	4.0
2008	100	0.8	10.4	0.8	81.7	3.1
2009	100	0.7	7.7	0.2	89.0	2.4
2010	100	2.5	8.6	0.1	81.6	4.9
2011	100	0.7	2.3	0.1	94.7	0.7
2012	100	3.8	1.6	0.2	91.9	0.3
2013	100	1.3	2.2	1.4	91.5	0.8
2014	100	0.6	1.0	0.5	94.9	1.9
2015	100	1.5	1.9	1.4	91.1	3.0

4－12 分行业固定资产投资完成情况

Total Investment in Fixed Assets by Sector

单位:万元

	2014 年固定资产投　资	#更新改造	2015 年固定资产投　资	#更新改造
总　　计	**43498166**	**11972642**	**45270073**	**13355742**
农、林、牧、渔业	678086	17202	801800	30043
采 掘 业	11000		39409	25601
制 造 业	12660088	9781642	13760739	10454645
电力、煤气及自来水生产和供应业	1376139	430318	1468303	441477
#电　　力	671697	282627	537371	160067
#燃气生产和供应	110760	63441	196000	164093
#水的生产和供应	593682	84250	734932	117317
建 筑 业	74512	53933	241801	94945
交通运输、仓储及邮政业	5498289	448047	5539885	514988
#交通运输业	4879503	427067	4767244	497895
#仓 储 业	618786	20980	760641	17093
#邮 政 业			12000	0
信息传输、计算机服务软件业	319652	68662	782299	388968
#电信和其他信息传输服务业	290155	54587	587846	363101
批发和零售贸易业	1522633	115020	1434366	87404
住宿和餐饮业	945095	42102	1066872	34914
金融、保险业	214980	42566	139556	17047
房地产业	8664994	136715	6587133	295879
租赁和商务服务业	1028644	116762	859109	49017
科学研究、技术服务、地质查业	500677	153951	894647	195320
水利、环境公共设施管理业	7198218	151353	8665481	447141
#水利管理业	665879	12373	453759	19732
#环境管理业	134239	37265	139663	23018
#公共设施管理业	6398100	101715	8072059	404391
居民服务和其他服务业	46432	1898	68194	390
教　　育	1177737	78050	1316307	64288
卫生、社会保障和其他服务业	615788	249396	700065	136047
文化、体育和娱乐业	642541	6043	596629	44521
公共管理和社会组织	322661	78982	307478	33107

4－13 历年市及市以下固定资产投资情况

Investment in Fixed Assets belong to Municipal & Below over the Years

单位：万元

年 份	总 计	在总计中：			在总计中：		在总计中：住 宅
		#国有经济	#集体经济	#私营及个体经济	#更改投资	#房地产投 资	
1978	9813	8756	1057				1600
1979	22323	20468	1855		4167		6455
1980	24761	21039	3722		5336		6895
1981	38746	24761	6800	5134	13000		8179
1982	50100	35539	7100	6297	15300		12635
1983	51823	32414	7723	10435	13528		10933
1984	82830	40025	16667	26138	19858		10124
1985	142377	70672	44316	23993	35218		19843
1986	154182	82849	29631	33684	44414		16141
1987	181954	84177	38558	48404	50934		16504
1988	263637	131235	46286	76701	82042		18059
1989	247025	120828	44230	68999	74868		22365
1990	289200	170113	45767	73279	92138	24403	37041
1991	320729	185609	56326	78794	68595	25272	42781
1992	637847	340589	150223	114142	108665	84830	194332
1993	1017088	542521	325551	126496	160845	107523	260734
1994	1240816	507611	399651	188132	136031	268622	408201
1995	1680532	643704	542426	217100	122801	509766	584518
1996	1943400	747600	545813	308000	183200	649700	765500
1997	2424949	852287	592978	324055	252409	683755	712747
1998	2897000	1451349	514500	358869	365366	720000	812675
1999	3212600	1458975	450457	365256	351443	861888	854463
2000	3707885	1443782	365419	369997	414750	1134904	942477
2001	4598998	3076144	409415	618949	478493	1533082	1616888
2002	5091006	2450773	476841	812526	721808	1842127	1915622
2003	7241321	3025894	394281	1054117	1014286	2255542	2256700
2004	9151191	3099998	500981	1346427	1560198	2672341	2625044
2005	12689408	4125996	105657	1777804	2476698	4346824	3857221
2006	16771098	5287883	114598	2287029	3125596	5843999	5683626
2007	21857418	5876360	71499	3136082	4434612	8584797	5633792
2008	27168971	8464394	142602	2863249	5999274	8610311	7358756
2009	36073329	12949092	273974	3991218	8382222	9048815	9099811
2010	37470650	10942272	383218	3874959	8493380	11911618	8863855
2011	43482055	10344780	337516	4734064	9120572	14900663	11365149
2012	53516917	14478772	301021	7206969	10903399	18111779	12440624
2013	60183648	16761622	337930	8864479	11413007	19885281	13808276
2014	60855881	16666572	293978	8539481	10616462	21304946	15138237
2015	65043806	18726873	182092	9134127	12305308	23297315	15388669

4－14 历年全社会房屋建筑情况

Total Construction of Buildings over the Years

单位:万平方米

年 份	施工面积	# 住 宅	竣工面积	# 住 宅
1978	192. 63	83. 55	101. 35	47. 54
1979	362. 89	212. 11	179. 27	107. 54
1980	448. 85	275. 03	242. 15	145. 77
1981	647. 35	498. 82	440. 98	349. 49
1982	827. 20	607. 12	548. 85	421. 02
1983	982. 43	649. 33	748. 67	542. 22
1984	1143. 56	730. 29	877. 53	634. 37
1985	1375. 25	860. 68	990. 97	686. 02
1986	1331. 19	800. 09	988. 15	663. 62
1987	1490. 86	911. 27	1070. 43	737. 40
1988	1503. 38	998. 10	1123. 70	846. 20
1989	1305. 19	870. 37	994. 42	755. 68
1990	1430. 50	1031. 50	1056. 22	807. 44
1991	1436. 46	993. 20	1061. 68	788. 02
1992	1717. 90	1180. 60	1010. 14	787. 97
1993	2348. 62	1262. 79	1350. 48	806. 04
1994	2936. 40	1572. 49	1706. 14	1056. 89
1995	3177. 41	1682. 58	1677. 18	1068. 87
1996	3274. 28	1916. 11	1936. 29	1320. 17
1997	3177. 66	1950. 47	1937. 89	1408. 19
1998	3180. 07	1991. 26	1690. 54	1232. 48
1999	3462. 30	2203. 34	2000. 57	1348. 21
2000	3627. 93	2502. 18	2062. 11	1545. 80
2001	4147. 85	2833. 15	2223. 60	1696. 85
2002	5011. 98	3425. 59	2881. 39	2176. 93
2003	5808. 96	3960. 84	3052. 94	2344. 61
2004	6624. 12	4096. 87	3133. 47	1975. 64
2005	7271. 86	4306. 92	2188. 60	1257. 50
2006	10491. 10	6238. 64	3172. 77	1659. 36
2007	12629. 09	7565. 93	3148. 19	1534. 11
2008	15417. 99	8642. 48	2616. 89	1294. 56
2009	18934. 16	10941. 24	5102. 53	2886. 43
2010	18645. 24	9663. 36	4503. 37	2334. 61
2011	22627. 50	11336. 63	5497. 33	2044. 27
2012	23187. 71	11729. 23	5638. 04	2110. 39
2013	25259. 95	12348. 97	4074. 33	2027. 81
2014	26240. 91	12982. 94	3491. 63	1957. 61
2015	26442. 11	12751. 42	3148. 70	1262. 00

4－15　全社会固定资产投资主要指标(2015 年)

Main Indicators of Total Investment in Fixed Assets(2015)

	单　位	合　计	#更新改造	#房地产开发
建设项目个数				
施工项目	个	6198	1391	1513
全部建成投产项目	个	3482	1043	354
建成项目投产率	%	56.2	75.0	23.4
投资完成额	**万元**	**70069660**	**13355742**	**24419542**
按构成分				
建筑工程	万元	43988422	5329080	14768992
安装工程	万元	5626816	1386724	2184599
设备、工具、器具购置	万元	8494577	6016525	438868
其他费用	万元	11959845	623413	7027083
本年新增固定资产	**万元**	**40784349**	**12124010**	**6393509**
固定资产交付使用率	%	58.2	90.8	26.2
房屋建筑面积				
施工面积	万平方米	26442.11	1763.15	18378.46
#住　　宅	万平方米	12751.42	88.61	11096.88
竣工面积	万平方米	3148.70	451.19	1463.43
#住　　宅	万平方米	1262.00	39.05	885.40
房屋竣工率	%	11.9	25.6	8.0
#住　　宅	%	9.9	44.1	8.0

4－16 房地产开发投资情况(1990－2015年)

Real Estate Development(1990－2015)

单位:万元

年份	本年投资完成额	按构成分				#住宅投资	本年新增固定资产
		建筑安装工程	设备工具器具购置	其他费用	土地购置费		
1990	29883	20726	18	9139		23374	16543
1991	31021	19406	302	11313		25863	26278
1992	94446	47386	80	46980		74207	29717
1993	207310	123726	63	83521	67759	172211	59411
1994	337506	227361	2250	107895	53932	226016	69206
1995	545376	375634	8660	161082	73045	319019	212255
1996	684379	497252	36277	150850	65116	372952	451813
1997	730147	511129	36188	182830	57437	349139	540428
1998	799675	525943	19554	254178	172775	455224	441452
1999	998565	649077	33270	316218	257849	554029	791459
2000	1291611	842613	16968	432030	333655	867561	617708
2001	1707554	1247879	40810	418865	260481	1228045	954046
2002	2033104	1298970	33977	700157	445444	1488834	1428225
2003	2453991	1604109	24344	825538	579929	1890935	1249370
2004	3089697	1778861	45143	1265693	923860	1899704	1081187
2005	4518628	2524226	136904	1857498	1376528	2953364	1351383
2006	6136351	3495221	83366	2557764	1630964	4419478	2251461
2007	9052800	4752560	134529	4165711	2920798	5989351	2557663
2008	9125057	5548833	129783	3446441	2290995	6021184	2635238
2009	9451356	6664714	150884	2635758	1455072	6348234	4731138
2010	12783390	8828111	126808	3828471	2312584	8042936	5330101
2011	15852771	11957872	141890	3753009	2391004	10363125	5627297
2012	18900420	13615834	402850	4881736	3204476	11726003	8321899
2013	21102665	14890491	582932	5629242	4065126	12907209	8100343
2014	22208023	15132150	405956	6669917	5680883	13533974	8450183
2015	24419542	16953591	438868	7027083	5874264	14781679	6393509

4-16 续表

单位:万元

年份	本年资金来源合计	#资金来源小计						
		预算内资金	国内贷款	债券	利用外资	自筹资金	其他资金	定金及预收款
1991	59299	462	9969			18605	13987	
1992	207851	1000	46276		1437	71642	7391	
1993	329465		72470	6783	5265	128268	68004	
1994	472142		77716	13538	20100	138614	139987	
1995	923929	1630	176119	5726	32625	203744	357226	233879
1996	1018722	200	187832	4961	46143	276698	335559	202868
1997	1152949		255653	8278	41694	264529	403460	299650
1998	1205556		256554	533	34733	296355	413933	293054
1999	1406368		270707	5000	6164	455686	451019	363095
2000	1889031		307800	3020	19996	525043	757371	521799
2001	2408900		398929		15980	444538	1142603	770449
2002	2923740		632302		17263	693930	1181835	990684
2003	3832082		682418		5857	901263	1706931	1477360
2004	4606693		555037		16910	1028008	2364846	1929043
2005	6113568		592766		140601	2139824	2479102	1804209
2006	9759911		1086355		261226	3632142	3915844	2963387
2007	15091650		2279336		575108	4727057	5977707	3810750
2008	13610612		1945289		901289	4300534	4023316	2080414
2009	18676549		2500705		119268	4534096	9119141	4587377
2010	25226376		3141389		331378	7305073	8959237	4577534
2011	40631081		3390441		664182	9980745	11299455	7605884
2012	32769750		3344414		169309	9393406	12493849	7605391
2013	39693341		5145514		323252	11106585	14360570	9429460
2014	43801428		5718632		393355	13324335	14346128	9250006
2015	45827730		6842258		9715	15065473	13468184	8150614

4－17 房地产开发投资(按资金来源分、2015年)

Real Estate Development by Source of Funds(2015)

单位:万元

	按资质等级分				
	一级	二级	三级	四级	其他
本年资金来源合计	**1743740**	**6958314**	**22282767**	**233059**	**14609850**
上年末结余资金	**330337**	**1453075**	**5887498**	**35256**	**2735934**
本年资金来源小计	**1413403**	**5505239**	**16395269**	**197803**	**11873916**
国内贷款	434498	872039	3199085	40000	2296636
利用外资	0	0	9715	0	0
#外商直接投资	0	0	9615	0	0
自筹资金	267944	2712021	6733988	115139	5236381
#自有资金	125294	2203807	3211765	26850	3016562
其他资金来源	710961	1921179	6452481	42664	4340899
#定金及预收款	471962	1205429	3642752	25563	2804908
本年各项应付款合计	**214824**	**618584**	**3956529**	**54786**	**1581612**
#工 程 款	166688	380241	1938581	17472	823855

4-18 房地产投资(按工程用途分、2015年)

Investment in Real Estate by Use(2015)

单位:万元

按经济类型分	本年完成投资	按工程用途分			
		住宅	办公楼	商业营业用房	其他
合计	**24419542**	**14781679**	**1716213**	**4132705**	**3788945**
#国有	403087	216475	0	40782	145830
集体	11405	903	2640	3037	4825
股份制经济	554546	370924	46140	85003	52479
私营个体经济	4882716	2647915	521959	919017	793825
港澳台投资	1635985	1096133	104867	273181	161804
外商投资	1111982	650777	138176	166400	156629

4-19 房地产开发主要指标(按资质等级分、2015年)

Main Indicators of Real Estate Development by Qualification Grades(2015)

按资质等级分	本年完成投资(万元)	#住宅	施工面积(万平方米)	#住宅	竣工面积(万平方米)	#住宅	销售面积(万平方米)	#住宅
一级	1000278	713065	936.74	611.40	25.66	11.63	106.26	91.07
二级	2517462	1709924	2563.87	1729.78	295.28	201.12	390.48	316.23
三级	12556834	7726740	9959.05	6113.99	751.12	424.62	1639.19	1329.78
四级	164970	43325	68.80	32.26	6.35	4.60	16.98	14.81
其他	8179998	4588625	4850.00	2609.45	385.02	243.43	866.50	722.72

4－20 房地产开发面积情况

Floor Space of Buildings of Real Estate Development

单位：万平方米

	2011 年	2012 年	2013 年	2014 年	2015 年
施工房屋面积	**12619.54**	**14141.60**	**15240.83**	**17229.48**	**18378.46**
按用途分					
住　　宅	9355.13	9861.89	10116.11	10720.82	11096.88
办 公 楼	538.90	760.67	790.49	1045.68	1155.69
商业营业用房	1006.04	1469.59	1772.77	2211.46	2453.50
其　　他	1719.46	2049.45	2561.46	3251.52	3672.39
房屋新开工面积	**3173.86**	**3558.17**	**4056.71**	**4651.56**	**3792.63**
按用途分					
住　　宅	2250.76	2231.37	2555.67	2719.44	2225.99
办 公 楼	122.14	286.88	177.49	335.34	244.89
商业营业用房	280.87	455.17	561.83	642.23	521.18
其　　他	520.08	584.76	761.73	954.55	800.57
房屋竣工面积	**1573.20**	**2098.96**	**1887.76**	**2103.15**	**1463.43**
按用途分					
住　　宅	1194.15	1590.22	1361.34	1376.79	885.40
办 公 楼	48.15	105.60	86.70	123.64	80.23
商业营业用房	109.59	143.07	153.35	230.63	201.72
其　　他	221.30	260.07	286.37	372.09	296.08

4－21 房地产开发销售情况

Selling of Real Estate Development

	单　　位	2011 年	2012 年	2013 年	2014 年	2015 年
商品房实际销售面积	**万平方米**	**2704.36**	**2845.23**	**2948.03**	**2950.17**	**3019.40**
按用途分						
住　　宅	万平方米	2311.20	2427.71	2555.42	2475.87	2474.61
办 公 楼	万平方米	79.89	147.45	105.36	122.30	93.47
商业营业用房	万平方米	161.50	171.90	173.29	209.87	232.42
其　　他	万平方米	151.77	98.17	113.96	142.13	218.90
商品房实际销售额	**万元**	**18057047**	**20698994**	**21216129**	**20721358**	**20661948**
按用途分						
住　　宅	万元	14586288	16188880	17149257	16182537	16208172
办 公 楼	万元	804529	1356312	1063011	965406	713980
商业营业用房	万元	2018135	2799090	2562125	2999161	3002300
其　　他	万元	648095	354712	441736	574254	737496
商品房待售面积	**万平方米**	**458.92**	**556.83**	**696.82**	**1088.72**	**1256.95**
按用途分						
住　　宅	万平方米	232.88	299.95	326.17	526.17	535.45
办 公 楼	万平方米	14.94	15.47	26.01	67.17	80.59
商业营业用房	万平方米	67.66	69.50	96.59	163.02	228.35
其　　他	万平方米	143.45	171.90	248.05	332.36	412.56

4－22 历年全社会建筑企业基本情况

Basic Conditions of Construction Enterprises over the Years

年 份	企业数（个）	建筑业总产值（万元）	计算劳动生产率平均人数（人）	劳动生产率（元/人）	房屋建筑施工面积（万平方米）	房屋建筑竣工面积（万平方米）
1978	44	60412	185515	3256		287. 55
1979	50	47391	136867	3463		150. 18
1980	53	53531	148347	3608		165. 39
1981	100	61993	157881	3926	416. 18	212. 61
1982	103	76414	172985	4417	642. 27	246. 19
1983	106	88100	178687	4930	500. 82	247. 33
1984	110	124050	183170	6772	557. 91	292. 13
1985	111	142044	192228	7389	656. 88	266. 83
1986	117	174456	212918	8194	784. 67	324. 43
1987	118	208230	226041	9212	830. 09	355. 96
1988	112	230928	228992	10085	833. 64	325. 93
1989	112	252416	215544	11711	764. 69	299. 21
1990	121	287922	225079	12792	771. 76	348. 72
1991	137	290981	210500	13823	805. 84	334. 78
1992	148	379295	229000	16563	995. 60	376. 70
1993	164	643554	240481	26761	1323. 50	548. 40
1994	168	834061	248604	33549	1652. 50	608. 00
1995	166	1080921	257069	42048	2120. 20	571. 20
1996	600	1963802	524996	37406	3413. 10	1409. 90
1997	669	2299019	505480	45482	3369. 39	1458. 69
1998	715	2554229	528796	48302	3347. 05	1456. 40
1999	879	2970103	586161	50670	3296. 47	1644. 62
2000	1017	3419146	577153	59242	3794. 68	1860. 41
2001	1001	3822085	659773	57930	4447. 66	2246. 85
2002	1005	4639105	718981	64523	5044. 39	2542. 58
2003	1112	5709221	832419	68586	5590. 85	2801. 74
2004	1522	6376470	654709	97394	5918. 69	2821. 62
2005	1461	7211773	617644	116762	7287. 73	2618. 62
2006	1343	8677195	620056	139942	9353. 15	2748. 42
2007	1347	10447809	728320	143451	9918. 17	3055. 10
2008	1364	12417244	863981	143721	10994. 54	4681. 56
2009	1512	16121795	938371	171806	11220. 13	3968. 36
2010	1524	20958969	1285343	163061	12668. 80	3726. 60
2011	1528	28057968	1816109	154495	15945. 53	4864. 35
2012	1499	33239335	—	—	17266. 37	5174. 79
2013	1431	36531697	—	—	22115. 29	5787. 99
2014	1158	38733555	—	—	22463. 04	5870. 98
2015	1172	40862308	—	—	23852. 51	5985. 54

4-23 分月固定资产投资主要经济指标(2015年)

Main Indicators of Investment in Fixed Assets of Each Month(2015)

单位:亿元

	固定资产投资	#更新改造	#房地产
1-2月	678.50	121.00	254.10
1-3月	1402.00	247.50	511.90
1-4月	1940.90	335.30	700.50
1-5月	2633.10	457.10	946.10
1-6月	3503.00	638.20	1229.10
1-7月	4025.60	734.50	1421.50
1-8月	4590.00	839.80	1637.80
1-9月	5251.40	980.00	1855.80
1-10月	5779.40	1088.80	2052.40
1-11月	6383.50	1214.20	2280.10
1-12月	7006.97	1335.57	2441.95

主要统计指标解释

全社会固定资产投资 以货币形式表现的在一定时期内全社会建造和购置固定资产的工作量以及与此有关的费用的总称。该指标是反映固定资产投资规模、结构和发展速度的综合性指标，又是观察工程进度和考核投资效果的重要依据。全社会固定资产投资按登记注册类型可分为国有、集体、联营、股份制、私营和个体、港澳台商、外商、其他等。

房地产开发投资 包括各种经济类型的房地产开发公司、商品房建设公司及其他房地产开发单位统一开发的包括统代建、拆迁还建的住宅、厂房、仓库、饭店、宾馆、度假村、写字楼、办公楼等房屋建筑物和配套的服务设施、土地开发工程，如道路、给水、排水、供电、供热、通讯、平整场地等基础设施工程的投资。包括非房地产企业实际从事房地产开发或经营活动，不包括单纯的土地交易活动。

建筑工程 是指各种房屋、建筑物的建造工程，又称建筑工作量。这部分投资额必须兴工动料，通过施工活动才能实现，是固定资产投资额的重要组成部分。

安装工程 指各种设备、装置的安装工程，又称安装工作量。在安装工程中，不包括被安装设备本身价值。

设备工器具购置 是指报告期内购置或自制的，达到固定资产标准的设备、工具、器具的价值。新建单位及扩建单位的新建车间，按照设计或计划要求购置或自制的全部设备、工具、器具，不论是否达到固定资产标准均计入“设备工器具购置”中。

其他费用 指在固定资产建造和购置过程中发生的，除建筑安装工程和设备、工器具购置投资完成额以外的应当分摊计入固定资产投资的费用，不指经营中财务上的其他费用。

新增固定资产 指已经完成建造和购置过程，并已交付生产或使用单位的固定资产的价值，包括已经建成投入生产或交付使用的工程投资和达到固定资产标准的设备、工具、器具的投资及有关应摊入的费用。属于增加固定资产价值的其他建设费用，应随同交付使用的工程一并计入新增固定资产。

建设项目投产率 指一定时期内全部建成投入生产项目个数占同期正式施工项目个数的比率。它是从项目建设速度的角度反映投资效果的指标。

固定资产交付使用率 指一定时期新增固定资产与同期完成投资额的比率。它是反映各个时期固定资产动用速度，衡量建设过程中投资效果的一个综合性指标。

未完工程占用率 指年末未完工程累计完成投资额占全年实际完成投资额的比率。它反映未完工程的相对规模，并可从资金占用的角度反映固定资产投资效果。由于未完工程是指已经开工，但尚未建成交付使用的工程，有个跨年度问题，因此未完工程占用率会出现大于1的情况。

建筑业总产值 指以货币表现的建筑业企业在一定时期内生产的建筑业产品和服务的总和。建筑业总产值包括建筑工程产值、安装工程产值和其他产值三部分内容。

房屋施工面积 指报告期内施工的全部房屋建筑面积。包括本期新开工的房屋建筑面积、上期跨入本期继续施工的房屋建筑面积、上期停缓建在本期恢复施工的房屋建筑面积、本期竣工的房屋建筑面积以及本期施工后又停缓建的房屋建筑面积。多层建筑应填各层建筑面积之和。

房屋新开工面积 指报告期内新开工建设的房屋建筑面积，以单位工程为核算对象，即整栋房屋的全部建筑面积，不能分割计算。不包括在上期开工跨入报告期继续施工的房屋建筑面积和上期停缓建而在本期恢复施工的房屋建筑面积。房屋的开工应以房屋正式开始破土刨槽（地基处理或打永久桩）的日期为准。

房屋竣工面积 指报告期内房屋建筑按照设计要求已全部完工，达到住人和使用条件，经验收鉴定合格或达到竣工验收标准，可正式移交使用的各栋房屋建筑面积的总和。

竣工面积以房屋单位工程（栋）为核算对象，在整栋房屋符合竣工条件后按其全部建筑面积一次性计算，而不是按各栋施工房屋中已完成的部分或层次分割计算。

计算房屋竣工面积，要求严格执行房屋竣工验收标准。民用建筑一般应按设计要求在土建工程和房屋本身附属的水、电、卫（包括设计中有的煤气、暖气）工程已经完工，通风、电梯等设备已经安装完毕，做到水通、灯亮，经验收鉴定合格，并正式交付给使用单位后，才能计算竣工面积。工业及科研等生产性房屋建筑一般应按设计要求在土建工程（包括水、暖、电、卫、通风）及属于房屋组成部分的生活间、操作间等已经完成（不包括安装设备的基础工程），可以进行工艺设备和管线安装时，方可计算房屋竣工面积。

商品房销售面积 指报告期内出售商品房屋的合同总面积(即双方签署的正式买卖合同中所确定的建筑面积)。本月销售面积指从本月1日起至本月最后一天止出售商品房屋的合同总面积。商品房销售面积由现房销售面积和期房销售面积两部分组成。现房销售面积:指在报告期内正式签订买卖合同、已经竣工达到入住条件的商品房屋建筑面积。包括以一次性付款方式和分期付款方式销售的现房建筑面积。期房销售面积:指在报告期内正式签订买卖合同、正在建设尚未竣工交付使用的商品房屋建筑面积。包括以一次性付款方式和分期付款方式销售的商品房屋建筑面积。期房销售建筑面积竣工后不再结转为现房销售建筑面积。

商品房销售额 指报告期内出售商品房屋的合同总价款(即双方签署的正式买卖合同中所确定的合同总价)。本月销售额指从本月1日起至本月最后一天止出售商品房屋的合同总价款。该指标与商品房销售面积同口径,由现房销售额和期房销售额两部分组成。现房销售额:指报告期内销售的已竣工商品房屋的合同总价款。包括现房销售前期预收的定金、预收款、首付款及全部按揭贷款的本金等款项。该指标与现房销售面积同口径。期房销售额:指报告期内销售的正在建设尚未竣工的商品房屋的合同总价款。包括预售房屋前期预收的定金、预收款、首付款及全部按揭贷款的本金等项。该指标与期房销售面积同口径。

五　能源购进、消费与库存

简 要 说 明

主要内容

本部分资料反映成都市能源基本情况。包括规模以上工业企业万元工业总产值综合能源消费量,主要能源购进、消费与库存，主要能源按工业行业分组消费量，工业企业综合能源消费量按行业分类，工业企业水消费按行业分类等资料。

资料来源

本部分资料来源于成都市统计局。

5－1 规模以上工业企业万元工业总产值综合能源消费量

Per 10000 Yuan Gross Industrial Output Value Consumption of Energy

项　目	能源合计（吨标煤）	原　煤（吨）	原　油（吨）	焦　炭（吨）	天然气（立方米）	汽　油（吨）	煤　油（吨）	柴　油（吨）	电　力（千瓦时）
2005 年	0.4590	0.3414		0.0572	104.3185	0.0013	0.0008	0.0019	435.4632
2006 年	0.4210	0.2249		0.0658	91.7754	0.0023	0.0007	0.0020	558.3733
2007 年	0.3032	0.1821		0.0430	71.9796	0.0010	0.0005	0.0016	379.3602
2008 年	0.2245	0.1380		0.0304	60.9299	0.0011	0.0004	0.0015	304.5253
2009 年	0.1937	0.1228		0.0231	50.1368	0.0004	0.0004	0.0009	280.0156
2010 年	0.1657	0.1090		0.0196	40.4926	0.0003	0.0004	0.0008	268.0947
2011 年	0.1328	0.1017		0.0131	33.7243	0.0005	0.0003	0.0009	224.3223
2012 年	0.1200	0.0847		0.0120	29.0640	0.0005	0.0002	0.0008	217.6970
2013 年	0.1042	0.0612		0.0088	28.4607	0.0004	0.0002	0.0007	183.6400
2014 年	0.1162	0.0473	0.0597	0.0070	24.4414	0.0003	0.0001	0.0005	167.9165
2015 年	0.1157	0.0400	0.0687	0.0016	20.8583	0.0003	0.0001	0.0005	170.6851

5－2 规模以上工业企业主要能源购进、消费及库存(2015 年)

Energy Purchasing Consumption and Inventory of Industrial Enterprises above the Set Scale (2015)

项　　目	购进量	消费量合　计	#工业生产消　　费	年末库存
原煤(吨)	3993304	4368670	4366992	278284
洗精煤(吨)	85397	90673	90511	4021
其他洗煤(吨)	64986	64982	64977	4213
煤制品(吨)	24640	24655	24655	153
焦炭(吨)	150216	174090	174040	9939
天然气(万立方米)	227156	228091	226200	15
原油(吨)	7438705	7515956	7515895	417089
汽油(吨)	29973	30582	12111	168
煤油(吨)	8788	8661	8648	139
柴油(吨)	51175	52108	37151	1459
燃料油(吨)	1990	104338	104303	52
液化石油气(吨)	68296	163793	163777	
其他石油制品(吨)	187786	135926	135926	85804
热力(百万千焦)	1641532	17005149	17003680	
电力(万千瓦时)	1711390	1866492	1847556	
煤矸石用于燃料(吨)	332236	325149	325149	42023
城市垃圾用于燃料(吨)	1404621	1810253	1810253	12471
其他燃料(吨标准煤)	60492	60681	60614	5

5－3　主要能源按工业行业分组消费量(2015 年)

Volume of Main Energy Consumption by Industrial Sector (2015)

行业分类	原煤(吨)	天然气(万立方米)	汽油(吨)	柴油(吨)	燃料油(吨)	电力(万千瓦时)
总　　计	**4368670**	**228091.37**	**30582**	**52108**	**104338**	**1866492.39**
#石油和天然气开采业						455.60
农副食品加工业	67966	3798.91	1216	1298	199	34362.01
食品制造业	33527	6011.03	1098	872		37183.44
饮料制造业	31677	4480.43	396	1568		32905.08
烟草制品业		1329.03	302	42		8573.81
纺 织 业	6530	452.56	240	170		10547.25
纺织服装、鞋、帽制造业	1697	188.47	176	98		1722.00
皮革、毛皮、羽毛(绒)及其制品业	26512	997.20	1128	719		13209.90
木材加工及木、竹、藤、棕、草制品业	7759	386.37	133	652	15	38233.88
家具制造业		1597.09	673	2092		68690.01
造纸及纸制品业	137170	2239.28	687	1167		57666.35
印刷业和记录媒介的复制	39802	841.17	671	448		27262.55
文教体育用品制造业	16	74.20	28	14	3	1246.85
石油加工、炼焦及核燃料加工业	1637	63182.27	22		102366	160620.20
化学原料及化学制品制造业	177587	44488.02	1803	1491		148096.32
医药制造业	59679	6344.38	1477	737		47626.11
化学纤维制造业	97124	630.22	75	30		11543.08
橡胶和塑料制品业	7121	1391.55	1032	1730		80407.42
非金属矿物制品业	1449092	49439.95	2505	29090	1754	237271.87
黑色金属冶炼及压延加工业	73506	13453.07	375	768		230977.13
有色金属冶炼及压延加工业	4151	3268.65	504	663		22764.25
金属制品业	725	4230.97	2311	899		63280.22
通用设备制造业	198	3688.84	2268	772		53328.15
专用设备制造业	356	2145.11	1584	1361		43321.64
汽车制造业	209	8174.19	3232	2503		114386.65
其他运输设备制造业	5290	162.49	335	76		6818.12
电气机械及器材制造业	2737	2656.97	2228	608		70240.84
通信设备、计算机及其他电子设备	32	1122.12	1082	190		135790.20
仪器仪表制造业	112	501.74	450	58		4999.10
其他制造业		91.65	212	74		2582.37
废弃资源综合利用业	704					1950.93
金属制品、机械和设备修理业		120.67	286	979		1709.97
电力、热力的生产和供应业	2135734	89.41	569	337		65136.86
燃气生产和供应业		505.38	800	16		5492.46
水的生产和供应业	23	1.31	623	279		26022.14

5－4　规模以上工业企业综合能源消费量按行业分类

Volume of Overall Energy Consumption of Industrial Enterprises above the Set Scale by Sector

单位:吨标准煤

	2012 年	2013 年	2014 年	2015 年
总　计	**9445854**	**9554385**	**12058562**	**12655287**
#石油和天然气开采业	2870	1329	619	560
农副食品加工业	205034	214446	155707	167652
食品制造业	166600	167985	159218	155946
饮料制造业	152614	172849	131995	137112
烟草制品业	29700	28625	27450	25693
纺 织 业	72035	64032	50588	44058
纺织服装、鞋、帽制造业	11670	9812	8568	6801
皮革、毛皮、羽毛(绒)及其制品业	81805	71042	53976	47464
木材加工及木、竹、藤、棕、草制品业	49566	104613	97434	113859
家具制造业	126291	118041	106110	109897
造纸及纸制品业	175158	193820	192942	211814
印刷业和记录媒介的复制	99138	81992	78700	77147
文教体育用品制造业	3550	2612	2506	3309
石油加工、炼焦及核燃料加工业	39961	321745	4050981	5193121
化学原料及化学制品制造业	1411729	1448565	895443	877964
医药制造业	340945	246901	191697	189748
化学纤维制造业	62336	63323	86548	87421
橡胶和塑料制品业	159340	136234	124963	128176
非金属矿物制品业	2074537	2269392	2012864	2055149
黑色金属冶炼及压延加工业	1618584	1412027	1258605	621669
有色金属冶炼及压延加工业	138669	114074	90584	85417
金属制品业	146161	168643	134908	142428
通用设备制造业	171794	161227	130238	115837
专用设备制造业	128380	85833	87370	93744
汽车制造业	158149	230167	251969	262139
其他交通运输设备制造业	85180	91421	20034	18483
电气机械及器材制造业	164838	122671	140024	125419
通信设备、计算机及其他电子设备	159382	143618	134315	178261
仪器仪表制造业	18183	11950	11938	15808
其他制造业	5050	6122	14197	15286
废弃资源综合利用业	5034	6741	5582	3902
金属制品、机械和设备修理业	29372	24420	8152	6413
电力、热力的生产和供应业	1321588	1229718	1305651	1290676
燃气生产和供应业	12532	8585	6958	13672
水的生产和供应业	18073	19809	28709	32535

5－5 规模以上工业企业水消费按行业分类(2015年)

Volume of Water Consumption of Industrial Enterprises above the Set Scale by Sector (2015)

单位:万立方米

行业分类	工业取水总量			重复用水总量
	合　计	#自来水	#地下及地表水	
总　计	**162314.82**	**63361.72**	**96586.28**	**185061.15**
#石油和天然气开采业	8.41	8.18	0.22	0.00
农副食品加工业	510.97	298.70	205.81	26.23
食品制造业	698.17	430.63	251.80	26.72
饮料制造业	1176.40	990.86	179.64	1446.20
烟草制品业	79.95	49.65	30.10	19.37
纺 织 业	321.85	42.93	278.92	85.13
纺织服装、鞋、帽制造业	98.16	79.45	18.70	0.08
皮革、毛皮、羽毛(绒)及其制品业	251.83	52.63	198.19	17.91
木材加工及木、竹、藤、棕、草制品业	138.83	90.04	48.79	15.55
家具制造业	291.31	144.50	146.48	43.94
造纸及纸制品业	465.31	138.76	325.49	899.02
印刷业和记录媒介的复制	626.55	84.45	540.33	483.79
文教体育用品制造业	20.49	19.90	0.59	0.01
石油加工、炼焦及核燃料加工业	1549.36	1546.27	3.09	125121.19
化学原料及化学制品制造业	3828.96	570.45	1029.52	10629.40
医药制造业	1295.33	938.98	353.05	353.26
化学纤维制造业	475.06	9.57	465.50	4425.68
橡胶和塑料制品业	277.35	170.48	106.06	855.56
非金属矿物制品业	1374.94	622.23	751.84	10710.11
黑色金属冶炼及压延加工业	803.58	330.19	377.74	12268.40
有色金属冶炼及压延加工业	224.63	183.97	40.55	738.33
金属制品业	378.75	334.43	43.89	55.11
通用设备制造业	350.81	303.41	47.28	57.28
专用设备制造业	345.30	251.04	93.94	94.76
汽车制造业	946.01	784.17	160.90	5328.37
其他交通运输设备制造业	67.28	63.34	3.93	0.86
电气机械及器材制造业	503.35	443.70	57.66	1961.09
通信设备、计算机及其他电子设备	1437.25	1421.42	15.75	4637.16
仪器仪表制造业	58.96	56.55	2.41	3.97
其他制造业	60.55	2.97	57.55	0.01
废弃资源综合利用业	3.75	2.16	1.59	1.09
金属制品、机械和设备修理业	51.73	47.06	4.67	130.93
电力、热力的生产和供应业	1510.54	51.04	1458.88	4623.39
燃气生产和供应业	31.85	31.80	0.04	1.25
水的生产和供应业	142039.96	52763.11	89276.85	0.00

5-6 规模以上工业企业工业产值综合能耗按行业分类(2015年)

Overall Energy Consumption of Industrial Enterprises above the Set Scale by Sector (2015)

	综合能源消费量(吨标准煤)	产值能耗(吨标准煤/万元)
总　　计	**12655287**	**0.1157**
#石油和天然气开采业	560	0.0097
农副食品加工业	167652	0.0390
食品制造业	155946	0.0535
饮料制造业	137112	0.0633
烟草制品业	25693	0.0096
纺 织 业	44058	0.1461
纺织服装、鞋、帽制造业	6801	0.0296
皮革、毛皮、羽毛(绒)及其制品业	47464	0.0435
木材加工及木、竹、藤、棕、草制品业	113859	0.1884
家具制造业	109897	0.0332
造纸及纸制品业	211814	0.2594
印刷业和记录媒介的复制	77147	0.0603
文教体育用品制造业	3309	0.0083
石油加工、炼焦及核燃料加工业	5193121	1.2109
化学原料及化学制品制造业	877964	0.2773
医药制造业	189748	0.0481
化学纤维制造业	87421	0.7874
橡胶和塑料制品业	128176	0.0627
非金属矿物制品业	2055149	0.5756
黑色金属冶炼及压延加工业	621669	0.2174
有色金属冶炼及压延加工业	85417	0.0515
金属制品业	142428	0.0365
通用设备制造业	115837	0.0336
专用设备制造业	93744	0.0288
汽车制造业	262139	0.0176
其他交通运输设备制造业	18483	0.0165
电气机械及器材制造业	125419	0.0240
通信设备、计算机及其他电子设备	178261	0.0063
仪器仪表制造业	15808	0.0385
其他制造业	15286	0.0540
废弃资源综合利用业	3902	0.0550
金属制品、机械和设备修理业	6413	0.0356
电力、热力的生产和供应业	1290676	0.4912
燃气生产和供应业	13672	0.0038
水的生产和供应业	32535	0.0973

主要统计指标解释

能源购进量 根据企业生产、经营性质划分,购进量分两种情况,一种是能源经销企业(批发、零售企业)用于销售的能源购进数量,另一种是能源使用企业用于消费的能源购进数量,分别在不同表式中统计。

能源经销企业能源购进量,指能源经销企业在报告期内购入的、用于销售的各种一次能源和二次能源。能源经销企业能源购进量由能源经销企业(批发、零售企业)填报。

能源使用企业能源购进量,指能源使用单位在报告期内外购的、用于企业消费的各种一次能源和二次能源。能源使用企业能源购进量由能源使用企业填报。

购进量金额 指本单位在报告期实际购进的、已办理验收入库手续的各种一次能源和二次能源的金额。其金额以购货发票上的总金额(含增值税)计算,统计原则、范围与购进量相同。

能源消费量 指能源使用单位在报告期内实际消费的一次能源或二次能源的数量。

能源消费量统计的原则是:

(1)谁消费、谁统计。

(2)何时投入使用,何时计算消费量。

(3)在计算综合能源消费量时,不应重复计算,应扣除二次能源的产出量和余热、余能的回收利用量。

(4)耗能工质(如水、氧气、压缩空气等),不论是外购的还是自产自用的,均不统计在能源消费量中(计算单位产品能耗时应根据具体的指标规定将某些耗能工质包括在内)。

(5)企业自产的能源,凡作为企业生产另一种产品的原材料、燃料,又分别计算产量的,消费量要统计,但产品生产过程中消费的半成品和中间产品,不统计消费量。

工业企业能源消费量 工业企业能源消费包括工业企业在生产过程中作为燃料、动力、原料、辅助材料使用的能源以及工艺用能、非生产用能;作为能源加工转换企业,还要包括能源加工转换的投入量.

工业生产能源消费 指工业企业为进行工业生产活动所使用的能源。

综合能源消费量 指报告期内工业企业在工业生产活动中实际消费的各种能源的总和净值。计算综合能源消费量时,需要先将使用的各种能源折算成标准燃料后再进行计算。

能源库存量 本制度中所涉及的能源库存量是指企业能源库存量,它是企业在报告期的某时间点所拥有的各种能源数量。根据企业的生产经营活动性质,企业库存量分为生产企业产成品库存、经销企业(批发、零售企业)用于经营销售的库存、使用企业用于消费的库存。

库存量的核算原则:(1)时点性原则;(2)实际数量原则;(3)库存量的核算,以验收合格、办理完入库手续为准,未经验收或不合格的不能计入库存;(4)能源生产企业产成品库存和能源经销企业(批发、零售企业)用于经营销售的库存按照能源的所有权原则统计,能源使用企业用于消费的库存按照能源的使用权原则统计(建筑业库存按照“谁管理,谁统计”的原则统计)。

工业取水总量 指工业企业法人单位从各种水源提取的新水量。

六 财政、金融和保险

简 要 说 明

主要内容

本部分包括全市财政收支情况;全市税收情况、金融机构及国家银行信贷收支情况；全市保险机构在本市的保险业务开办情况。

资料来源

财政资料来源于成都市财政局。

税收资料来源于成都市国家税务局和成都市地方税务局。

金融资料来源于中国人民银行成都分行营业管理部。

保险资料来源于四川省保险行业协会。

其他需要说明的问题

金融机构及国家银行信贷收支统计数含省级在蓉金融机构和国家银行在本市发生的信贷收支数。

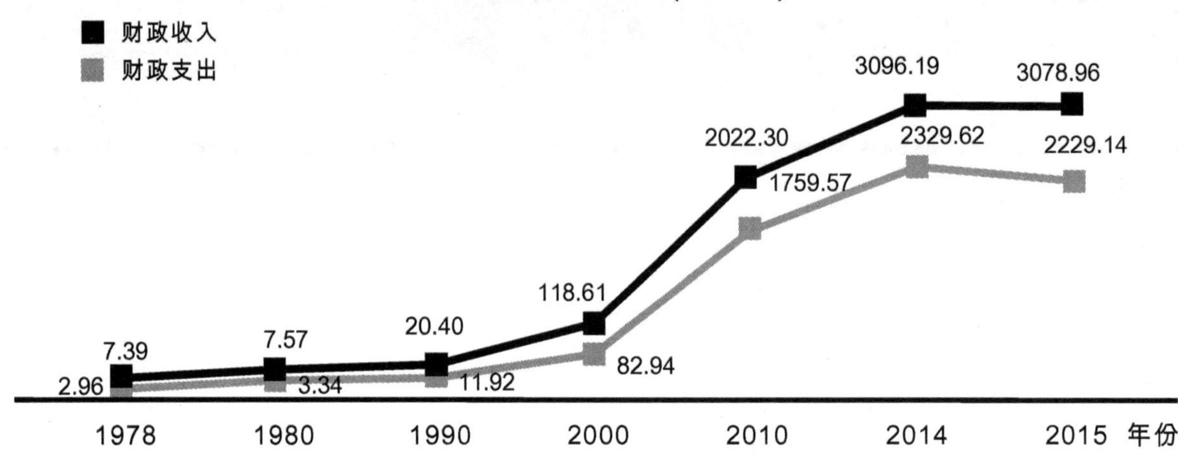
财政收入与支出（亿元）
财政收入
财政支出
7.39
2.96
7.57
3.34
20.40
11.92
118.61
82.94
2022.30
1759.57
3096.19
2329.62
3078.96
2229.14
1978
1980
1990
2000
2010
2014
2015
年份

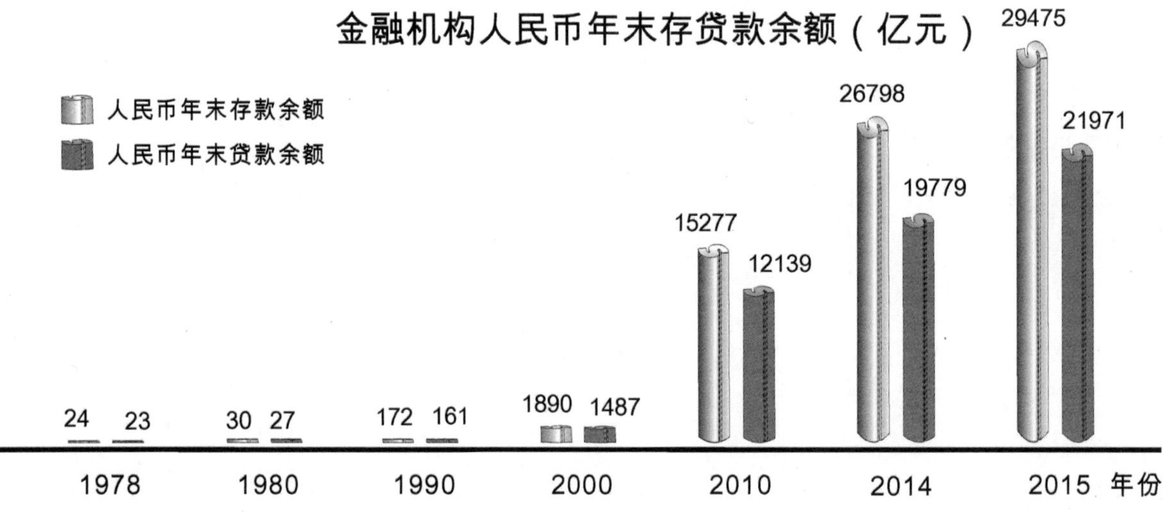
金融机构人民币年末存贷款余额（亿元）
人民币年末存款余额
人民币年末贷款余额
24
23
30
27
172
161
1890
1487
15277
12139
26798
19779
29475
21971
1978
1980
1990
2000
2010
2014
2015
年份

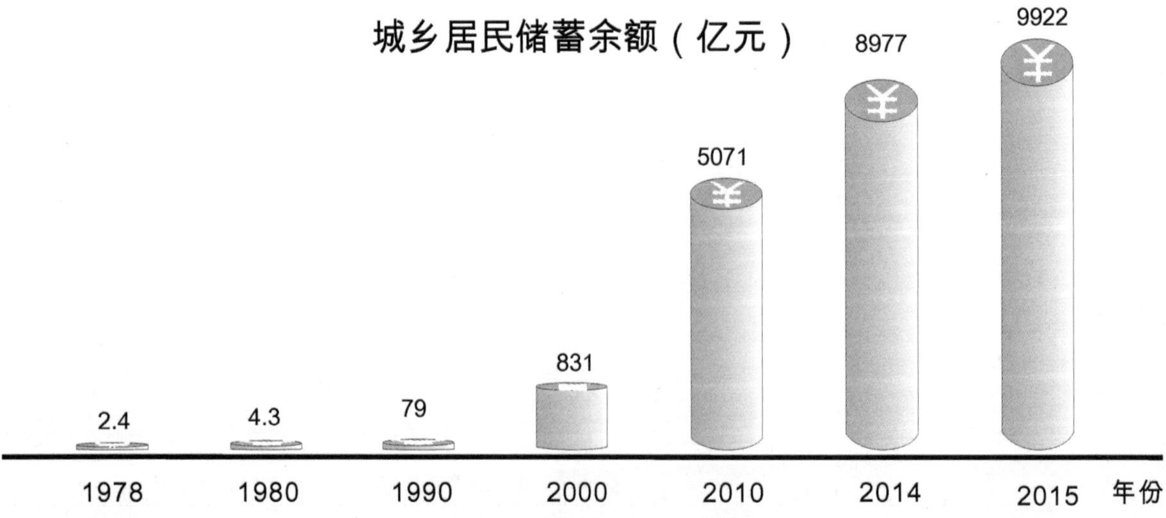
城乡居民储蓄余额（亿元）
2.4
4.3
79
831
5071
8977
9922
1978
1980
1990
2000
2010
2014
2015
年份

6－1 历年财政收入与财政支出

Government Financial Revenue and Expenditures over the Years

年份	财政收入（万元）	财政支出（万元）	财政收支差额（万元）	增长速度（%）		相当于本地生产总值比例（%）	
				财政收入	财政支出	财政收入	财政支出
1950	52	83	-31			0.1	0.2
1951	282	463	-181	4.4倍	4.6倍	0.6	1
1952	794	1407	-613	1.8倍	2.0倍	1.6	2.8
1953	9409	2723	6686	10.9倍	93.5	15.1	4.4
1954	9614	2887	6727	2.2	6.0	14.5	4.4
1955	10520	3188	7332	9.4	10.4	15.1	4.6
1956	12141	4635	7506	15.4	45.4	15.3	5.8
1957	15334	4923	10411	26.3	6.2	17.0	5.5
1958	25431	12174	13257	65.8	1.5倍	24.5	11.7
1959	40407	17679	22728	58.9	45.2	32.2	14.1
1960	60046	26489	33557	48.6	49.8	46.9	20.7
1961	21690	8613	13077	-63.9	-67.5	27.2	10.8
1962	14346	4997	9349	-33.9	-42.0	18.5	6.5
1963	20010	5996	14014	39.5	20.0	23.6	7.1
1964	19321	10375	8946	-3.4	73.0	18.5	10.0
1965	21776	11314	10462	12.7	9.1	16.0	8.3
1966	25184	11583	13601	15.7	2.4	15.1	6.9
1967	18501	9730	8771	-26.5	-16.0	12.6	6.6
1968	9991	7327	2664	-46.0	-24.7	8.4	6.1
1969	18803	12430	6373	88.2	69.6	12.4	8.2
1970	27519	13991	13528	46.4	12.6	13.4	6.8
1971	33571	17326	16245	22.0	23.8	14.5	7.5
1972	35024	18636	16388	4.3	7.6	15.7	8.3
1973	33229	17077	16152	-5.1	-8.4	14.4	7.4
1974	29519	15734	13785	-11.2	-7.9	13.3	7.1
1975	40904	18989	21915	38.6	20.7	16.5	7.7
1976	39098	20009	19089	-4.4	5.4	17.6	9.0
1977	50167	21368	28799	28.3	6.8	17.5	7.5
1978	73882	29626	44256	47.3	38.7	20.6	8.3
1979	74864	34597	40267	1.3	16.8	18.1	8.4
1980	75687	33359	42328	1.1	-3.6	16.4	7.2

注：①增长速度为同口径可比增速；②1950－1952年属新中国建立初期经济恢复时期，我市尚未建立地方级财政，该时期主要税收均由国家、省直接征收，地方仅有极少部份税收项目收入，故数据偏小。

6－1 续表

年份	财政收入(万元)	财政支出(万元)	财政收支差额(万元)	增长速度(%)		相当于本地生产总值比例(%)	
				财政收入	财政支出	财政收入	财政支出
1981	70933	30410	40523	－6.3	－8.8	14.5	6.2
1982	73839	30466	43373	4.2	0.2	13.3	5.5
1983	86090	35018	51072	16.6	15.0	13.7	5.6
1984	95642	45790	49852	11.1	30.8	13.4	6.4
1985	116497	59707	56790	21.8	30.4	13.5	6.9
1986	133535	68105	65430	14.6	14.1	14.1	7.2
1987	138508	72036	66472	3.7	5.8	12.0	6.2
1988	163280	81158	82122	17.9	12.7	11.2	5.6
1989	195905	105061	90844	20.0	29.2	12.0	6.4
1990	203981	119179	84802	4.1	13.4	10.5	6.1
1991	224354	144965	79389	10.0	21.6	9.6	6.2
1992	249041	167589	81452	11.0	15.6	8.5	5.7
1993	337751	244909	92842	35.6	46.1	8.7	6.3
1994	458905	284996	173909	35.9	16.4	9.0	5.6
1995	528933	352085	176848	15.3	23.5	8.2	5.4
1996	654185	444024	210161	23.7	26.1	8.5	5.7
1997	772534	528323	244211	18.1	19.0	8.8	6.0
1998	894140	600676	293464	15.7	13.7	9.3	6.2
1999	1047867	722136	325731	17.2	20.2	10.0	6.9
2000	1186106	829432	356674	15.3	14.9	10.3	7.2
2001	1453175	1056589	396586	22.5	27.4	11.0	8.0
2002	1819760	1296823	522937	22.8	22.7	12.2	8.7
2003	2161256	1545576	615680	15.1	19.5	12.7	9.1
2004	2751491	1875653	875838	27.1	21.4	13.5	9.2
2005	3657817	2417938	1239879	28.8	27.2	15.4	10.2
2006	4890756	3369189	1521567	30.0	37.3	17.6	12.2
2007	9966100	7536223	2429877	36.0	38.7	29.6	22.4
2008	11322983	9322280	2000703	12.2	22.8	28.7	23.6
2009	12793694	10458917	2334777	14.3	11.5	28.4	23.2
2010	20222972	17595722	2627250	58.1	74.4	36.4	31.7
2011	22694571	17942741	4751830	13.6	2.6	32.7	25.8
2012	23312621	17704420	5608201	3.8	－1.2	28.6	21.8
2013	28100196	21508149	6592047	19.2	22.8	30.8	23.6
2014	30961856	23296247	7665609	10.2	8.3	30.8	23.2
2015	30789634	22291350	8498284	－0.6	－4.3	28.5	20.6

6－2 分级地方公共财政收支情况(2015年)

Revenue and Expenditures in Local Public Finance by Grade and Source(2015)

单位:万元

	全市	分级收支		占全市比重(%)	
		市本级	区县级	市本级	区县级
一般公共预算收入	**11576393**	**3279880**	**8296513**	**28.3**	**71.7**
增值税	1024362	218216	806146	21.3	78.7
营业税	1816329	293251	1523078	16.1	83.9
企业所得税	1039536	308222	731314	29.6	70.4
个人所得税	359871	82466	277405	22.9	77.1
其他收入	7336295	2377725	4958570	32.4	67.6
一般公共预算支出	**14684242**	**3436136**	**11248106**	**23.4**	**76.6**
#一般公共服务支出	1533158	242378	1290780	15.8	84.2
公共安全支出	940936	240784	700152	25.6	74.4
教育支出	2283411	339697	1943714	14.9	85.1
社会保障和就业支出	1052074	222032	830042	21.1	78.9
医疗卫生与计划生育支出	971512	326038	645474	33.6	66.4
城乡社区支出	3013178	572143	2441035	19.0	81.0
资源勘探信息等支出	1169063	289791	879272	24.8	75.2
粮油物资储备支出	19493	609	18884	3.1	96.9
商业服务业等支出	238663	81289	157374	34.1	65.9
金融支出	73584	18926	54658	25.7	74.3

6－3 全市税收情况(2015年)

Main Indicators of Taxes Revenue(2015)

单位:万元

	合 计	内资企业			
		小 计	#国有企业	#集体企业	#联营企业
总 计	**21378045**	**16975144**	**1953396**	**39060**	**4832**
#增 值 税	5134359	4180034	1117468	11024	351
消 费 税	1979888	1662523	156937	60	
营 业 税	3403304	3065441	106127	9946	2267
企业所得税	3700710	2901452	215785	8283	642
个人所得税	1384120	1068184	52069	3211	480
资 源 税	9620	7482	1844	34	
城市维护建设税	624720	520779	42383	1277	325
房 产 税	430148	322790	20977	1571	133
印 花 税	143922	121917	9700	310	35
城镇土地使用税	332075	297365	12960	920	177
土地增值税	953580	659564	11700	29	
车船使用税	129115	125940	16660		
车船购置税	867222	68133	24126	832	105

6－3 续表

	内 资 企 业		港澳台外商投资企业	个体经营
	#股份公司	#私营企业		
总 计	**12051827**	**1445033**	**3097319**	**1305582**
#增 值 税	2572231	456085	850211	104114
消 费 税	1503352	2173	316804	562
营 业 税	2301850	289041	277965	59898
企业所得税	2309198	316523	799258	
个人所得税	699756	112395	204263	111673
资 源 税	5290	291	2085	53
城市维护建设税	407614	43854	99001	4940
房 产 税	232756	41024	101681	5677
印 花 税	93105	12147	20750	1255
镇土地使用税	245439	30204	33879	831
土地增值税	509987	90675	287955	6061
车船使用税	64785	345	3016	159
车船购置税	42247	30	569	798521

6－4 各项税收

Taxes of All Kinds

单位:万元

指标	2013年		2014年		2015年	
	数值	增长%	数值	增长%	数值	增长%
产业税收	**17662176**	**11.0**	**19857723**	**12.4**	**21378045**	**7.7**
第一产业	53310	57.3	88712	66.4	28855	－67.5
第二产业	5976033	9.0	6913397	15.7	7650862	10.7
采矿业	125862	－15.3	118681	－5.7	139926	17.9
制造业	4494648	10.7	5284952	17.6	5672093	7.3
电力、燃气及水的生产和供应业	303898	－4.8	323593	6.5	461147	42.5
建筑业	1051626	10.4	1186171	12.8	1377696	16.1
第三产业	11632833	11.9	12855614	10.5	13698327	6.6
交通运输、仓储及邮政业	341677	10.3	296467	－13.2	369400	24.6
批发和零售业	1990616	4.7	1954158	－1.8	2300547	17.7
金融业	1250981	15.8	1572211	25.7	1664783	5.9
信息传输、计算机服务和软件业	512326	28.8	539967	5.4	539161	－0.1
租赁和商务服务业	647646	6.6	737854	13.9	869012	17.8
房地产业	4530952	27.4	4801157	6.0	4662245	－2.9
其他行业	2672451	5.1	2953800	10.5	3293178	11.5

6-5 国税税收收入
Revenue of National Taxation

单位:万元

项目	2012年	2013年	2014年	2015年
税收收入合计	**7505803**	**8725557**	**10163402**	**10629934**
按税种分				
#增值税收入	3660469	4310195	4172040	5134359
#一般纳税人	2943993	3424357	3975199	4214466
消费税收入	1124766	1478687	1808646	1979888
企业所得税	2162539	2234096	2498165	2648397
个人所得税	854	371	73	67
按行业分				
第一产业	29242	48295	85510	22034
第二产业	3619933	4177953	4889739	5168346
#工业	3546710	4112094	4813893	5064654
第三产业	3856628	4499309	5188153	5439553
#交通运输仓储及邮政业	30287	88682	173667	213023

6-6 地税税收收入
Revenue of Local Taxation

单位:万元

项目	2012年	2013年	2014年	2015年
税收收入合计	**8406681**	**8936619**	**9694321**	**10748111**
按税种分				
#营业税	3498360	3854372	3633122	3403304
企业所得税	876432	1005235	1060601	1052313
个人所得税	887385	1074122	1228668	1384053
城市维护建设税	545500	602976	633834	624720
房产和城市房地产税	244293	294498	368997	430148
印花税	127666	144960	158460	143922
城镇土地使用税	235526	248291	286794	332075
土地增值税	546944	704036	837134	953580
按行业分				
第一产业	4656	5567	3202	6821
第二产业	1862210	2082291	2023658	2482516
#工业	982911	1037912	913333	1208512
第三产业	6539815	7642944	7667461	8258774
#交通运输仓储及邮政业	279354	252995	122800	156377

6-7 历年信贷及现金收支情况

Income and Expenditures on Credit and Cash over the Years

单位:万元

年 份	金融机构信贷收支		国家银行现金收支		净投放(+) 净回笼(-)
	年末存款余额	年末贷款余额	现金收入	现金支出	
1950	2510	51	3361	4082	721
1951	4641	404	8338	10083	1745
1952	11245	716	13534	15058	1524
1953	8843	6958	18325	20657	2332
1954	18101	40420	30256	29425	-831
1955	22201	23503	34121	33743	-378
1956	14481	18563	45538	47125	1587
1957	20936	21878	55374	54497	-877
1958	38853	37297	63388	63251	-137
1959	103889	79316	70858	67662	-3196
1960	77298	143748	75006	73085	-1921
1961	101189	130652	73303	71947	-1356
1962	70450	90614	60100	55569	-4531
1963	74314	61371	64128	60651	-3477
1964	69339	68163	70908	69027	-1881
1965	88541	90464	78669	77925	-744
1966	112231	126901	84284	82863	-1421
1967	103697	125694	89287	85540	-3747
1968	102058	145786	78624	79804	1180
1969	106782	159196	87936	84430	-3506
1970	143296	169548	89822	82611	-7211
1971	161042	182252	95408	89627	-5781
1972	168218	178822	106045	101187	-4858
1973	158311	187762	114147	108213	-5934
1974	164467	186970	115292	110170	-5122
1975	158736	195459	118666	111249	-7417
1976	156813	183154	114897	111929	-2968
1977	223387	193600	122723	116698	-6025
1978	237967	225304	144048	139022	-5026
1979	281399	250258	184524	180083	-4441
1980	303681	274013	230362	224825	-5537
1981	324079	294740	257694	247998	-9696

6－7 续表

单位:万元

年　份	金融机构信贷收支		国家银行现金收支		净投放(＋) 净回笼(－)
	年末存款余额	年末贷款余额	现金收入	现金支出	
1982	375890	297258	285665	274832	－10833
1983	414984	301860	336814	324651	－12163
1984	561629	631535	419970	416516	－3454
1985	590613	539559	591895	575088	－16807
1986	814434	797886	673159	654730	－18429
1987	1000047	942447	913920	887621	－26299
1988	1121097	1139779	1358685	1388848	30163
1989	1327700	1322547	1545823	1467073	－78750
1990	1723157	1605300	1751065	1616964	－134101
1991	2227217	1996183	2256416	2046852	－209564
1992	2975379	2485056	3356674	3199444	－157230
1993	3494672	3091224	5237439	5097752	－139687
1994	4522346	3880226	7241492	6982354	－259138
1995	6019448	4978719	10189352	9467860	－721492
1996	7596120	5990567	12919604	11849209	－1070395
1997	9068225	7022430	15063348	13661810	－1401538
1998	10870715	8160632	16789857	15762008	－1027849
1999	16364174	13742177	24126046	22950528	－1175518
2000	18904394	14871362	28189459	27026857	－1162602
2001	22571432	17622699	33919325	33100139	－819186
2002	26356135	21817846	41130487	40728767	－401720
2003	32407873	25879425	48819720	48347133	－472587
2004	37715442	28598705	53991306	52923407	－1067899
2005	44774948	30187025	58027002	57195480	－831522
2006	54853432	36313698	68830779	66898658	－1932121
2007	63932505	41192044	70844015	68400632	－2443383
2008	83170849	54097178	68423488	66097068	－2326420
2009	124159316	98694021	—	—	—
2010	152772464	121394256	—	—	—
2011	170980221	137668497	—	—	—
2012	203541672	156303941	—	—	—
2013	236622059	176175139	—	—	—
2014	267975023	197789312	—	—	—
2015	294749203	219706426	—	—	—

6－8 金融机构信贷收入与支出

Credit Income and Expenditures of Financial Institutions

单位:万元

	2012年	2013年	2014年	2015年
年末存款余额	**203541672**	**236622059**	**267975023**	**294749203**
#企业存款	116547303	134865147	144211924	105420004
城乡居民储蓄存款	71570368	81515890	89769401	99221841
#城镇居民储蓄存款	70600314	67899135	74173589	
年末贷款余额	**156303941**	**176175139**	**197789312**	**219706426**
#短期贷款	42720315	52425815	57878891	56526570
#个人贷款及透支	5573216	9153995	12546821	11046974
单位普通贷款及透支	35325908	41536570	43808233	45479596
#固定资产贷款	513006	373411	137495	382819
中长期贷款	110888849	121101733	136836923	157625805
#个人贷款	28880511	33630358	38757586	43923106
单位普通贷款	71327652	74208045	82649111	113702699

6－9 国家银行信贷收入与支出

Credit Income and Expenditures of State Banks

单位:万元

	2012年	2013年	2014年	2015年
年末存款余额	**90304820**	**102200521**	**110374887**	**121538016**
#企业存款	45949444	52693601	57066964	61400357
城镇居民储蓄存款	41556982	46555667	50551429	55097215
年末贷款余额	**62704433**	**69638330**	**77724443**	**85240166**
#短期贷款	9537487	11731244	13499673	13265793
#个人贷款及透支	1469185	1826392	3126162	2963782
单位普通贷款及透支	7526178	9267127	9759784	10302010
#固定资产贷款	31990	51929	39090	57798
中长期贷款	52982560	57712186	63824871	70750334
#个人贷款	17275890	20222618	23992181	27911125
单位普通贷款	32782979	33798367	35701133	42839210

6－10 国家银行分机构信贷收入与支出(2015年)

Credit Income and Expenditures of State Banks by Institutions(2015)

单位:万元

	合　计	# 工商银行	# 农业银行	# 中国银行	# 建设银行
年末各项存款	**121538016**	**35231041**	**25936324**	**17786089**	**42584562**
#企业存款	61400357	18239651	9806769	9956270	23397667
城镇储蓄存款	55097215	15424655	14906579	7463156	17302825
年末各项贷款	**85240166**	**24962775**	**20297900**	**14553103**	**25426388**
#短期贷款	13265793	2995125	5054560	2430312	2785796
中长期贷款	70750334	21682823	15213667	11984372	21869472

6－11 全市金融机构外汇信贷收支情况

Foreign exchange credit revenue & disbursement of Financial Institutions

单位:万美元

	2014 年	2015 年		2014 年	2015 年
年末存款余额	**984619**	**1304189**	境内贷款	1073574	761763
单位存款	884620	1097457	短期贷款	625370	369641
其中:活期存款	205135	184266	其中:个人贷款及透支	1280	1174
个人存款	95412	153982	单位普通贷款及透支	270810	368467
其中:储蓄存款	91000	153797	中长期贷款	429767	387268
委托存款	83		其中:个人贷款	39	37
年末贷款余额	**1223534**	**908514**	单位普通贷款	345289	387230

6－12 保 险 业 务

Economic and Technical Indicators of Insurance Companies

单位:万元

	保费		赔付支出	
	2014 年	2015 年	2014 年	2015 年
总　计	**4746721**	**5745823**	**1538243**	**1889449**
财产保险	1840710	2084216	947088	1053132
#企业财产险	86367	87979	56482	39494
机动车辆险	1485086	1723965	774747	880355
货物运输险	9737	7187	5750	4377
人寿保险	2906011	3661607	591155	836317
#意外伤害险	58934	72921		
健 康 险	247704	318826		
寿　险	2599373	3269860		
#满期给付			357945	528036
死伤医疗给付			66890	79116

主要统计指标解释

财政收入 包括:(1)各项税收包括增值税、营业税、消费税、土地增值税、城市维护建设税、资源税、城市土地使用税、印花税、固定资产投资方向调节税、个人所得税、企业所得税、关税、农牧业税和耕地占用税等。(2)专项收入包括征收排污费、征收城市水资源费收入,教育费附加收入等。(3)其他收入包括基本建设贷款归还收入、国家能源交通重点建设基金收入、国家预算调节基金等。(4)国有企业计划亏损补贴这项为负收入,冲减财政收入。

财政支出 主要包括:基本建设支出、企业挖潜改造资金、地质勘探费用、科技三项费用、支援农村生产支出、农林水利气象等部门的事业费用、工业交通商业等部门的事业费用、文教科学卫生事业费、抚恤和社会福利救济费、国际支出、行政管理费、价格补贴支出等。

属于地方财政的收入包括营业税、地方企业所得税、个人所得税、城镇土地使用税、固定资产投资方向调节税、城镇维护建设税、房产税、车船使用税、印花税、屠宰税、农牧业税、农业特产税、耕地占用税、契税、增值税25%部分,证券交易税(印花税)的50%部分和除海洋石油资源税以外的其他资源税。

地方财政支出 地方财政支出主要包括地方行政管理和各项事业费,地方统筹的基本建设、技术改造支出,支援农村生产支出,城市维护和建设经费,价格补贴支出等。

预算外资金收支 预算外资金是有关单位凭借国家权力或由国家授权而取得的没有纳入国家预算管理的财政性资金。其收入包括地方财政部门的各项附加收入,集中事业收入,专项收入等,事业行政单位的专用基金,经营性服务纯收入,行政事业性收费,专项资金,中小学勤工俭学收入,税收分成等。其支出包括固定资产投资支出,城市维护支出,福利奖励支出,行政事业支出等。

信贷资金 国家银行用于发放贷款的资金叫信贷资金。中国人民银行信贷资金的来源有各项存款、对国际金融机构负债、流通中货币、银行自有资金及当年结益等。信贷资金的运用有各项贷款、黄金占款、外汇占款、财政借款及在国际金融机构中的资产等。

存款 企业、机关、团体或居民根据可以收回的原则,把货币资金存入银行或其他信用机构保管并取得一定利息的一种信用活动形式。根据存款对象的不同可划分为企业存款、财政存款、机关团体存款、基本建设存款、城镇储蓄存款、农村存款等科目。它是银行信贷资金的主要来源。

贷款 银行或其他信用机构根据必须归还的原则,按一定利率,为企业、个人等提供资金的一种信用活动形式。我国银行贷款分为流动资金贷款、固定资产贷款、城乡个体工商户贷款以及农业贷款等科目。

保费 又叫保险费。是保险人根据保险合同的有关规定,为被保险人取得因约定危险事故发生所造成的经济损失补偿(或给付)权利,付给保险人的代价。包括财产险和人身险储金收入。

赔付支出 事故发生后,经查证确属保险责任范围以内的保险标的损失,保险人根据保险合同的规定履行赔偿义务,给予被保险人的款项叫做赔款。赔款可分为已决赔款和未决赔款两种。

七 人民生活、物价

简 要 说 明

主要内容

本部分反映人民生活状况与物价变动情况。主要包括：市区居民家庭抽样调查的人口、收入、支出总量与结构指标；城市居民家庭人均食物消费量、穿用商品及耐用消费品拥有量情况。农村居民家庭的人口、文化程度、收支、居住情况以及农村居民家庭消费结构、消费量和耐用消费品拥有量。历年城市居民消费价格指数及商品零售价格指数等。

资料来源

本部分统计资料来源于国家统计局成都调查队。

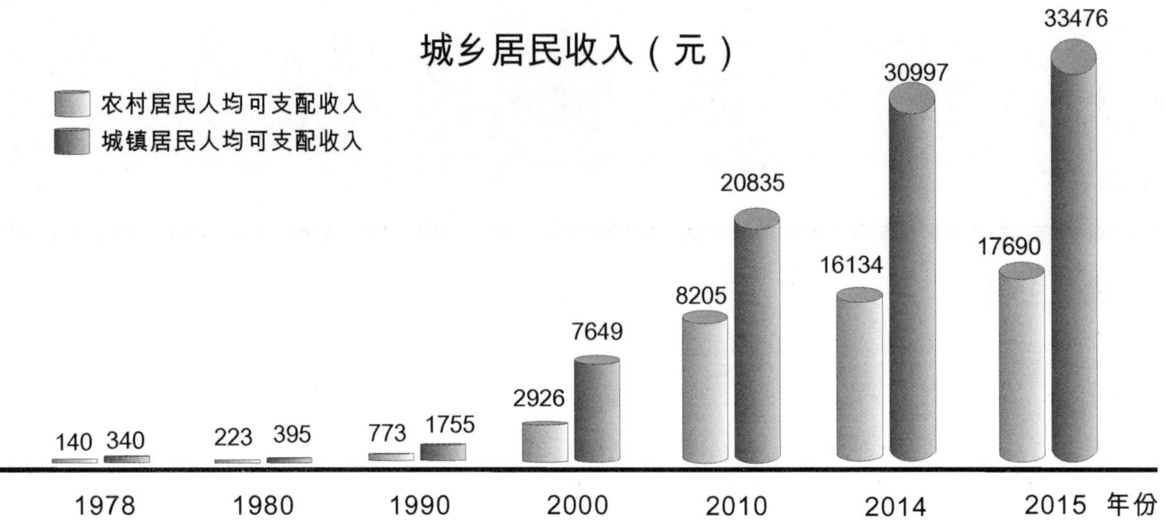

城乡居民人均生活消费支出构成（%）

城镇居民

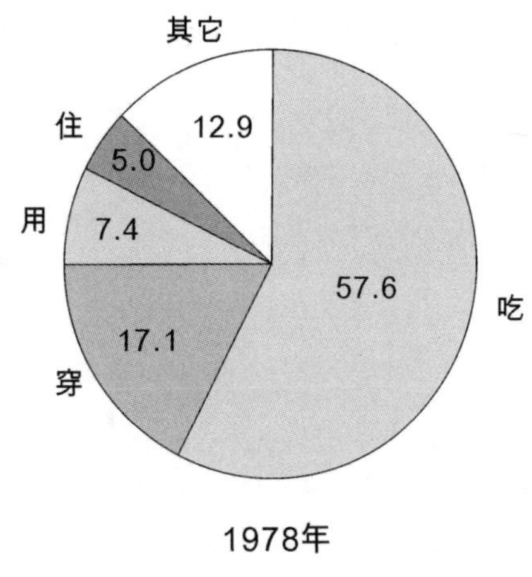

1978年

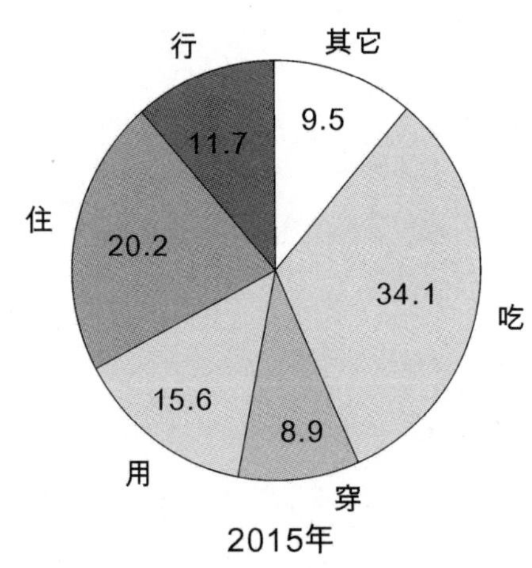

2015年

农村居民

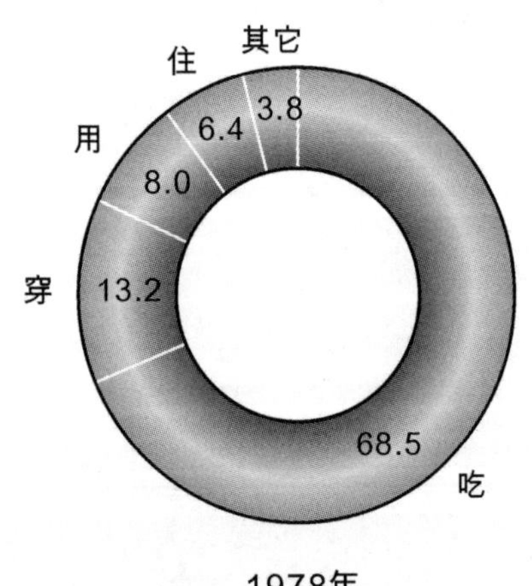

1978年

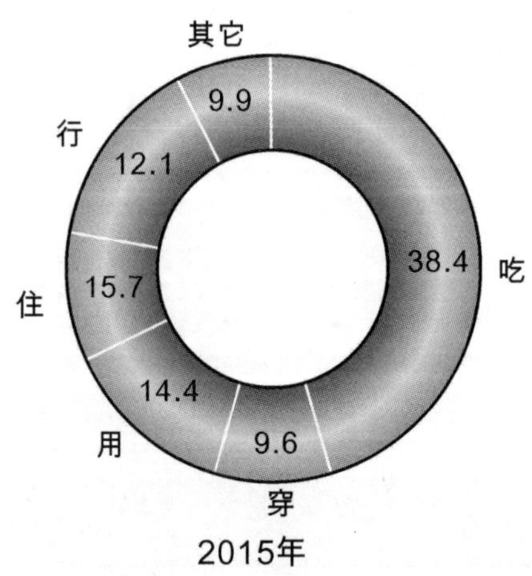

2015年

7－1 历年城镇居民家庭基本情况

Basic Conditions of Urban Households over the Years

年　份	调查户数（户）	户均家庭人　口（人）	户均就业人　口（人）	每一就业者负担人数（人）	平均每户就业面（%）
1954	300	3.91	1.21	3.23	30.95
1955	300	3.90	1.24	3.15	31.79
1956	300	3.72	1.25	2.98	33.60
1957	300	3.62	1.35	2.68	37.29
1958	300	3.64	1.31	2.78	35.99
1959	300	3.80	1.42	2.68	37.37
1960	300	3.31	1.42	2.33	42.90
1961	300	3.61	1.40	2.58	38.78
1962	300	4.34	1.40	3.10	32.26
1963	300	5.88	1.37	4.29	23.30
1964	300	5.18	1.52	3.41	29.34
1965	300	5.25	1.53	3.43	29.14
1966	300	5.10	1.57	3.25	30.78
1967	300	5.00	1.35	3.70	27.00
1968	300	5.01	1.31	3.82	26.15
1969	300	4.66	1.20	3.88	25.75
1970	300	4.52	1.15	3.93	25.44
1971	300	4.54	1.28	3.55	28.19
1972	300	4.50	1.28	3.52	28.44
1973	300	4.44	1.35	3.29	30.41
1974	300	4.37	1.49	2.93	34.10
1975	300	4.29	1.59	2.70	37.06
1976	300	4.12	1.60	2.58	38.83
1977	300	4.09	1.67	2.45	40.83
1978	300	4.19	1.74	2.41	41.53
1979	300	4.39	1.86	2.36	42.34
1980	300	3.84	1.97	1.95	51.30
1981	300	4.00	2.09	1.92	52.17
1982	300	3.82	2.07	1.85	54.14
1983	300	3.80	2.11	1.81	55.39
1984	300	3.75	2.10	1.79	56.00
1985	300	3.40	2.05	1.66	60.26

7－1 续表

年　份	调查户数（户）	户均家庭人　口（人）	户均就业人　口（人）	每一就业者负担人数（人）	平均每户就业面（%）
1986	300	3.32	1.98	1.68	59.68
1987	300	3.42	2.10	1.63	61.25
1988	300	3.28	1.87	1.76	56.95
1989	300	3.17	1.78	1.78	56.05
1990	300	3.15	1.79	1.76	56.93
1991	300	3.05	1.72	1.77	56.44
1992	300	3.03	1.66	1.83	54.79
1993	300	2.90	1.51	1.92	52.18
1994	300	2.88	1.56	1.85	54.17
1995	300	2.96	1.71	1.73	57.95
1996	300	2.97	1.76	1.69	59.26
1997	300	2.99	1.77	1.69	59.26
1998	300	2.97	1.72	1.73	57.91
1999	300	2.92	1.72	1.70	58.84
2000	300	2.88	1.44	2.00	50.12
2001	300	2.98	1.39	2.14	46.81
2002	300	2.92	1.33	2.20	45.55
2003	400	2.89	1.35	2.14	46.71
2004	400	2.89	1.48	1.95	51.21
2005	400	2.87	1.39	2.06	48.43
2006	400	2.98	1.56	1.90	52.70
2007	400	2.90	1.54	1.88	53.10
2008	396	2.74	1.43	1.92	52.21
2009	400	2.74	1.43	1.92	52.19
2010	400	2.79	1.53	1.82	54.84
2011	400	2.75	1.44	1.91	52.36
2012	400	2.81	1.43	1.97	50.89
2013	403	2.82	1.41	2.00	50.00
2014	2106	2.89	1.49	1.94	51.56
2015	2549	2.93	1.47	1.99	50.17

注:2008 年在“5.12”地震期间,个别调查户无法正常记账,故年平均户数为 396 户。

7-2 历年城镇居民家庭就业人口情况

The Number of Employee of Urban Households over the Years

单位:人

年份	调查户家庭人口	就业人口	国有经济单位职工	集体经济单位职工	个体劳动者	其他劳动者
1978	1257	522				
1979	1318	558				
1980	1152	591				
1981	1200	626	479	144		3
1982	1147	621	488	128		5
1983	1141	632	497	132		3
1984	1125	630	507	113	5	5
1985	1019	614	456	143	12	3
1986	997	595	447	135	5	8
1987	1027	629	467	145	6	11
1988	985	561	428	105	8	20
1989	951	533	432	76	7	18
1990	945	538	454	59	4	21
1991	916	517	398	87	12	20
1992	909	498	383	90	11	14
1993	870	454	339	87	14	14
1994	864	468	365	56	20	27
1995	887	514	426	59	11	18
1996	891	528	437	68	8	15
1997	896	531	431	69	17	14
1998	891	516	423	60	21	12
1999	877	516	416	60	20	20
2000	864	433	320	35	37	41
2001	893	418	238	49	72	59
2002	876	399	240	27	75	57
2003	1156	540	328	28	68	116
2004	1156	592	356	20	80	136
2005	1148	556	292	16	84	164
2006	1184	624	296	24	24	280
2007	1160	616	224	20	40	332
2008	1086	567	158	12	52	345
2009	1096	572	168	8	48	348
2010	1116	612	180	12	36	384
2011	1100	576	152	20	36	368
2012	1124	572	152	16	48	356
2013	1146	573	153	18	44	358
2014	6130	3150	543	0	0	2607
2015	7546	3731				

注:1980 年以前就业人口未分经济类型;1997 年以前的国有经济单位职工为全民职工;2015 年就业人口未分经济类型。

7-3 历年城镇居民家庭人均现金收入情况

Per Capita Cash Income of Urban Households over the Years

单位:元

年　份	家庭总收入	# 可支配收入	储蓄借贷收入	家庭总支出	#消费性支出
1954	159.78	153.85	20.35	157.38	138.48
1955	178.66	167.40	31.21	175.44	152.16
1956	186.48	173.16	37.80	179.64	166.32
1957	250.68	224.40	56.16	243.84	217.44
1958	228.36	202.20	40.56	215.04	188.88
1959	212.18	209.99	42.33	223.49	197.79
1960	217.68	196.92	31.08	193.68	179.64
1961	208.44	190.80	34.09	204.27	190.32
1962	199.20	187.56	31.44	210.48	198.84
1963	203.24	188.04	24.96	207.72	192.72
1964	214.80	201.48	24.72	210.84	197.52
1965	208.08	194.52	25.20	211.80	198.24
1966	223.79	208.12	26.34	219.48	204.12
1967	208.77	194.57	24.69	204.35	189.85
1968	201.23	186.94	30.30	197.82	186.23
1969	207.88	193.54	28.79	208.76	195.36
1970	204.10	183.69	33.21	199.87	181.49
1971	208.64	193.82	37.69	201.22	183.12
1972	229.35	213.75	32.03	213.45	190.69
1973	241.11	224.59	28.79	237.56	218.61
1974	284.04	264.64	35.74	279.89	261.13
1975	291.86	272.89	37.23	281.24	254.79
1976	314.03	293.30	32.66	311.03	286.42
1977	342.77	327.08	38.77	341.67	329.13
1978	364.55	340.25	39.88	347.83	328.32
1979	389.60	352.44	42.73	366.92	341.67
1980	420.92	395.04	60.48	415.29	391.26

注:1992年以前家庭总收入为家庭实际收入,可支配收入为生活费收入;1992年以前家庭总支出为家庭实际支出。

7－3 续表

年 份	家 庭 总收入	# 可支配 收 入	储蓄借贷 收 入	家 庭 总支出	#消费性 支 出
1981	484.62	457.68	58.56	479.48	451.98
1982	516.04	485.74	53.20	490.39	459.64
1983	567.11	520.59	64.22	545.11	513.60
1984	657.09	603.06	66.49	627.57	591.13
1985	852.91	786.74	143.43	851.67	810.26
1986	991.39	913.19	166.26	999.65	946.17
1987	1101.07	1015.64	151.64	1072.05	1006.60
1988	1340.35	1243.12	266.10	1400.45	1318.01
1989	1661.91	1564.62	256.91	1607.25	1511.89
1990	1870.91	1755.37	246.34	1767.28	1680.77
1991	2062.98	1924.71	262.35	1941.01	1845.11
1992	2254.44	2101.87	443.38	2217.68	1988.08
1993	2807.35	2624.20	532.88	2745.09	2428.32
1994	4239.48	3940.47	682.96	3907.62	3641.19
1995	5075.82	4708.99	676.28	4857.78	4502.46
1996	5700.71	5265.64	808.60	5432.62	4925.45
1997	6046.84	6018.74	1204.41	6083.39	4959.48
1998	6490.18	6446.44	1529.18	6458.53	5482.28
1999	7140.96	7098.01	1321.76	6639.39	5797.97
2000	7694.95	7649.09	1527.74	7174.33	6423.48
2001	8181.60	8128.39	1624.51	7672.85	6801.19
2002	9026.38	8971.91	2616.02	9373.40	6874.17
2003	10177.34	9641.00	2261.10	9582.58	7057.68
2004	11057.90	10394.10	4052.10	12876.30	8996.97
2005	12039.21	11358.81	3275.11	12921.01	9642.45
2006	13646.97	12789.44	3866.76	14263.24	10302.37
2007	15939.29	14849.23	2971.12	14165.27	11702.77
2008	18320.39	16942.62	3421.98	16244.74	12849.93
2009	20410.71	18659.40	6033.15	20145.92	14087.79
2010	22946.69	20835.34	4848.83	20620.59	15510.91
2011	26087.45	23932.08	4463.24	22778.76	17795.00
2012	29893.91	27193.65	4174.45	24704.55	19053.89
2013	32452.00	29968.00	3862.37	26704.26	20362.00
2014	35074.77	32665.00	2570.4	28323.00	21711.00
2015	37350.00	33476.00	—	32682.00	21825.00

7－4 城镇居民家庭人均消费性支出情况

Per Capita Annual Living Expenditures of Urban Households

单位:元

	1980 年	1990 年	2000 年	2010 年	2014 年	2015 年
消费性支出	**391.26**	**1680.77**	**6423.48**	**15510.91**	**21711.00**	**21825.00**
食品烟酒	226.15	863.63	2491.43	5732.45	7546.00	7437.00
#粮　　食	45.02	70.15	160.36	392.01	504.00	548.87
油 脂 类		25.80	90.41	179.08	191.00	197.31
#食用植物油		25.80	72.25	172.92	183.35	189.46
肉禽及制品		225.33	599.14	1272.7	1574.37	1687.37
蛋　　类		34.06	61.82	114.17	132.00	135.16
水产品类		22.39	71.58	203.09	193.34	231.61
蔬菜和食用菌		102.22	240.15	638.82	710.78	872.72
#鲜　　菜		94.14	227.44	592.44	662.84	749.99
糖　　类		13.51	35.58	56.29	40.71	44.71
烟 草 类		61.73	112.05	337.36	315.95	400.03
酒和饮料		28.34	106.30	218.43	304.72	313.25
干鲜瓜果类		54.93	127.83	379.19	409.86	521.19
奶及奶制品		19.84	137.00	322.74	338.16	379.20
衣　　着	60.21	246.07	580.47	1487.4	2203.00	1952.95
#衣　　类		104.02	417.10	1084.5	1551.00	1571.03
服装材料		62.38	14.26	7.49	15.00	6.54
鞋　　类		43.12	146.56	383.96	405.77	381.92
生活用品及服务	34.74	200.00	565.00	882.47	1545.00	1228.98
#耐用消费品		73.83	306.02	359.71	484.00	220.15
#洗 衣 机		31.92	9.71	80.00	39.13	28.48
电 冰 箱		75.01	34.60	28.93	42.80	29.78
医疗保健	5.11	25.24	417.32	827.3	1221.00	1157.21
交通和通讯	4.23	22.31	378.95	2652.83	3579.00	2559.72
#交　　通	3.84	20.67	156.16	1624.01	2092.00	1669.05
通　　信	0.39	1.64	222.8	1028.82	1487.00	890.66
教育文化娱乐服务	27.94	176.05	828.75	2032.58	2587.00	2175.30
#文化娱乐用品		98.64	211.67	476.22	492.00	309.69
教　　育	5.88	28.54	440.23	654.95	802.00	692.14
文化娱乐服务	12.46	29.86	176.85	901.41	1284.00	1483.16
居　　住	17.88	81.91	764.31	1113.17	2006.00	4407.07
其他用品和服务	15.00	65.56	397.26	782.70	1024.00	906.18
#首饰及手表			21.97	39.14	144.41	279.31
理发美容洗浴			44.70	195.99	197.12	298.06

注:1990 年以前蛋类为鲜蛋;“家庭设备用品及服务”指日用品;“教育”未含教材及参考书;“交通”未含交通工具。

7－5 城镇居民家庭人均食品消费量

Per Capita Foods Consumption of Urban Households

单位：千克

	2010 年	2011 年	2012 年	2013 年	2014 年	2015 年
食用植物油	12.68	11.29	10.62	11.53	11.16	11.80
猪　　肉	30.27	29.91	29.42	31.89	32.06	33.72
牛 羊 肉	3.55	3.62	3.05	2.53	2.66	2.94
鲜　　蛋	10.24	9.41	9.93	7.29	7.06	8.58
鲜　　菜	138.10	134.12	131.95	109.22	120.35	134.59
白　　酒	1.47	2.06	1.89	2.89	2.85	3.15
果　　酒	0.07	0.15	0.09	0.16	0.10	0.12
啤　　酒	3.03	2.63	1.69	2.75	3.02	2.84
碳酸饮料	1.11	0.70	0.35	0.42	—	—
茶　　叶	0.29	0.40	0.35	0.39	0.32	0.32
糕　　点	6.28	4.34	4.40	3.95	3.69	3.18
鲜 乳 品	26.07	21.04	20.81	19.20	16.29	16.91
奶　　粉	0.88	1.00	0.92	0.86	0.75	0.82

注：鲜蛋包括鸡蛋、鸭蛋和鹅蛋等。

7－6 城镇居民家庭人均食品消费额

Per Capita funds Consumption of Urban Households

单位：元

	2010 年	2011 年	2012 年	2013 年	2014 年	2015 年
粮　　食	392.01	429.98	455.42	475.00	504.00	548.87
油 脂 类	179.08	177.07	187.81	196.00	191.00	197.31
#食用植物油	172.92	171.24	183.45	188.68	183.35	189.46
猪　　肉	622.95	823.26	789.93	812.00	808.00	892.97
家禽及制品	342.03	353.06	348.37	367.00	346.00	396.30
蛋　　类	114.17	128.02	129.68	135.00	132.00	135.16
#鲜　　蛋	101.95	118.38	116.41	98.00	96.44	122.30
鲜　　菜	592.44	634.23	685.82	708.00	662.84	749.99
干菜及菜制品	31.95	32.62	29.33	30.54	36.25	28.54
酒　　类	111.11	136.34	131.65	204.56	210.35	206.92
#白　　酒	81.05	100.39	97.04	113.00	120.00	166.16
果　　酒	9.32	13.83	12.84	8.89	7.61	10.52
啤　　酒	16.65	19.35	17.18	19.30	23.02	23.46
茶　　叶	42.37	60.25	63.86	56.79	51.59	57.20
鲜 乳 品	165.88	171.82	214.60	184.45	157.37	180.87
奶　　类	322.74	352.46	411.02	445.00	463.00	379.20

7－7 历年城镇居民家庭每百人购买穿用商品情况

Consumption of Clothing and Using Per 100 Citizens over the Years

年　份	服　装 (件)	煤　炭 (公斤)	液　化 石油气 (公斤)	金银珠宝 饰　品 (元)	美　容 化妆品 (元)
1980	235.2	16974	51.6		
1981	242.0	16800	32.6		
1982	251.1	14400	22.8		
1983	275.4	16400	30.6		
1984	330.6	14251	62.6		
1985	423.3	18600	46.4	154.4	
1986	448.2	17242	51.7	149.7	
1987	441.4	16675	29.2	120.2	
1988	424.6	19454	36.6	702.1	
1989	244.2	18060	106.0	1613.8	
1990	309.2	13939	122.2	1360.9	
1991	314.7	21121	90.1	1967.4	
1992	591.1	20973	181.5	858.4	904.2
1993	557.9	19972	440.6	1422.5	1340.9
1994	595.1	11874	319.5	3174.7	1828.1
1995	661.1	6528	222.3	2958.0	2967.9
1996	639.6	5279	242.3	1663.9	3646.6
1997	594.2	4087	262.3	536.2	3430.6
1998	658.1	2989	264.5	672.2	4800.4
1999	741.3	2663	239.0	1648.9	5174.7
2000	681.1	3715	305.1	2197.2	4436.0
2001	721.3	4007	279.7	1298.6	4526.3
2002	731.7	5036	345.9	2428.3	5116.2
2003	651.0	3972	350.0	793.0	5070.0
2004	648.0	1235	237.0	1355.0	7286.0
2005	723.0	1059	174.0	700.0	8637.0
2006	756.0	1296	185.0	1775.0	9919.0
2007	665.0	1025	228.0	678.0	9247.0
2008	516.0	35	48.0	1747.0	8974.0
2009	579.0	—	104.0	2344.0	13505.0
2010	594.0	—	77.0	3914.0	19102.0
2011	639.0	—	180.0	7123.0	23036.0
2012	684.0	—	220.0	6387.0	20536.0
2013	706.0	—	210.0	9090.0	10469.0
2014	—	—	819.0	14441.0	10238.0
2015	—	—	760.0	—	—

7－8 历年城镇居民家庭平均每百户年末耐用消费品拥有量

The Number of Major Durable Consumer Goods Owned Per 100 Urban Households over the Years

年份	洗衣机（台）	电冰箱（台）	彩电（台）	摩托车（辆）	照相机（架）	电话（部）	电脑（台）	汽车（辆）
1978								
1979			0.3		2.7			
1980			0.7		3.0			
1981			0.7		3.7			
1982			1.3		5.0			
1983			3.0		10.7			
1984			8.7		11.7			
1985	63.7	8.7	26.7	0.7	18.3			
1986	25.3	7.8	42.3	0.7	26.7			
1987	80.3	33.3	49.3	0.7	29.0			
1988	82.0	45.7	65.3	0.3	32.0			
1989	85.7	60.3	79.3		38.7			
1990	93.0	76.0	92.0	0.7	43.3			
1991	87.0	72.3	88.0	0.7	42.3			
1992	86.7	70.7	92.3		40.7	4.7		
1993	86.0	72.3	89.0	0.3	36.0	5.3		
1994	92.0	83.7	100.0	0.3	40.7	15.3		
1995	95.7	89.0	111.3	1.7	49.0	25.3		
1996	95.7	88.7	114.0	2.0	51.0	35.3		
1997	99.0	91.3	117.7	4.0	50.0	57.0	2.7	
1998	97.3	93.0	119.3	7.3	53.7	65.3	9.0	
1999	99.7	93.7	124.0	6.7	56.0	70.7	9.3	0.7
2000	96.0	94.0	141.0	5.0	64.3	81.0	17.7	1.3
2001	99.3	94.0	145.0	4.7	63.3	91.3	25.0	3.3
2002	98.5	96.6	140.4	4.3	54.2	93.8	26.4	3.4
2003	98.3	96.1	143.4	4.1	46.7	92.1	30.2	3.1
2004	99.3	98.5	147.1	5.5	56.1	94.5	42.1	8.5
2005	98.3	96.5	145.8	5.3	60.0	95.0	50.5	8.8
2006	99.0	98.0	151.3	2.8	58.5	93.8	58.5	9.3
2007	100.7	99.0	148.0	1.0	50.5	92.6	65.1	9.9
2008	96.3	94.8	133.8	2.2	42.7	76.9	65.7	18.1
2009	99.3	97.2	145.5	2.1	49.9	80.5	76.6	17.7
2010	100.5	100.9	151.9	2.4	59.7	76.9	89.2	22.6
2011	99.3	99.8	144.8	3.7	56.6	65.8	86.6	28.2
2012	98.8	98.6	146.3	5.2	59.4	70.3	99.6	30.6
2013	94.5	95.1	145.2	5.0	—	65.5	86.8	31.0
2014	95.9	95.7	141.4	5.5	—	54.6	88.9	34.0
2015	98.6	98.2	135.3	12.0	37.6	53.1	81.2	42.1

7-8 续表

年　份	钢　琴 (架)	组合音响 (套)	空调器 (台)	中高档 乐　器 (件)	热水器 (台)	抽　排 油烟机 (台)	健身器材 (件)	移动电话 (部)
1978								
1979								
1980								
1981								
1982								
1983								
1984								
1985				4.3				
1986				6.3				
1987				7.7				
1988				13.0				
1989		1.3		11.0				
1990		3.0		13.0				
1991		1.0		7.3				
1992	0.3	6.0		8.0	41.7	19.0		
1993	0.3	7.3		9.3	44.3	18.7		
1994	1.0	14.0	1.3	9.0	72.7	28.7		
1995	1.0	18.3	3.0	8.7	78.0	33.7		
1996	0.7	21.0	6.0	9.0	76.0	33.3		
1997	1.3	25.7	8.7	8.0	83.0	47.7	2.0	0.7
1998	1.3	32.3	13.7	9.7	80.0	42.7	3.3	3.7
1999	2.7	40.0	25.7	10.3	87.0	48.0	5.6	8.3
2000	2.3	33.7	34.3	8.7	87.0	45.0	6.0	25.7
2001	1.7	42.3	47.7	11.0	90.3	51.7	8.0	54.7
2002	0.7	40.3	44.9	7.1	89.4	55.8	3.3	68.3
2003	0.8	38.5	55.2	6.1	89.2	45.6	2.9	94.9
2004	2.0	46.9	90.2	7.3	94.5	48.9	4.5	137.3
2005	2.8	45.5	103.8	5.5	96.5	54.5	4.3	165.3
2006	2.5	43.0	114.3	5.0	97.5	57.0	3.0	185.0
2007	2.5	41.6	108.9	3.2	98.3	—	4.0	186.4
2008	4.6	34.6	111.9	2.6	98.9	—	4.2	175.3
2009	3.9	33.1	131.5	5.5	99.3	—	4.6	200.2
2010	3.3	37.0	143.6	4.3	99.3	—	5.7	228.5
2011	3.0	30.0	133.7	2.1	98.2	—	4.9	222.6
2012	3.3	24.9	149.2	2.4	100.2	—	3.3	226.4
2013	—	21.1	148.3	1.0	94.8	—	1.0	225.1
2014	—	15.6	136.1	—	91.8	—	—	236.2
2015	—	11.6	125.1	4.5	95.0	71.1	4.2	244.3

7－9 农村居民家庭基本情况

Basic Conditions of Rural Households

	单　位	1980 年	1990 年	2000 年	2010 年	2014 年	2015 年
调查户数	户	**162**	**1380**	**2240**	**5000**	**1135**	**1218**
人口状况							
平均每户人口	人	5.20	4.20	3.60	3.42	3.19	3.24
平均每一劳动力赡养人口	人	2.00	1.40	1.40	1.31	1.32	1.29
劳动者文化程度构成							
文盲或半文盲	%		11.60	2.40	1.98	2.86	2.30
小学程度	%		45.40	33.70	19.43	17.00	24.48
初中程度	%		35.50	51.20	57.21	54.17	53.68
高中程度	%		7.00	10.20	14.57	17.95	14.46
中专程度	%		0.40	1.80	3.36	3.03	—
大专程度	%		0.10	0.60	3.45	4.99	3.88
人均收入状况							
可支配收入	元	223	773	2926	8205	14478	17690
人均居住情况							
年末住房面积	平方米	10.04	20.61	34.85	48.80	50.04	54.48
#砖木结构面积	平方米		11.43	17.08	19.15	18.35	15.25
钢筋混凝土结构面积	平方米		2.26	15.29	24.98	27.97	32.51
年末住房价值	元	156	917	4835	24898	36895	56800
人均生产性固定资产情况							
年末生产性固定资产原值	元		214.8	1404.8	3246.8	4154.0	2305.5
#役畜、产品畜	元		26.7	66.8	308.7	134.5	138.17
大中型铁木农具	元		29.7	89.8	45.9	136.7	—

注：2015 年以前均为农村居民人均纯收入，2015 年为农村居民人均可支配收入。

7-10 农村居民家庭人均总收入

Per Capita Annual Gross Income of Rural Households

单位:元

	1980 年	1990 年	2000 年	2010 年	2014 年	2015 年
全年总收入	**262.06**	**1195.27**	**4298.28**	**10625.82**	**18533.00**	**22529.00**
工资性收入	42.41	130.20	1006.78	3776.44	7438.00	9211.00
家庭经营收入	190.57	1003.28	2911.70	5299.93	8354.00	7854.00
#农业收入	111.16	491.52	1210.01	1980.01	3289.61	3386.28
林业收入	0.67	7.74	40.83	96.52	191.10	480.96
牧业收入	71.88	355.61	895.43	1433.17	2010.00	1873.22
渔业收入	0.22	4.26	60.59	107.27	91.59	111.53
工业收入		24.72	88.06	177.59	182.25	153.88
建筑业收入		21.82	80.90	242.22	390.91	107.96
交通运输仓储和邮政业	3.33	18.04	97.25	363.35	470.41	260.74
批发零售业或住宿和餐饮业		20.53	153.12	522.57	1240.03	825.04
居民服务修理和其他服务业		19.61	92.68	183.31	238.63	354.83
转移性和财产性收入	29.08	61.79	379.80	1549.44	2741.00	5464.38

注:从 2003 年起转移性和财产性收入不含“调查补贴”等项。

7－11　农村居民家庭人均现金收支情况

Per Capita Cash Income and Expenditure of Rural Households

单位:元

	1980 年	1990 年	2000 年	2010 年	2014 年	2015 年
全年现金收入	**160.79**	**995.95**	**3302.32**	**10083.51**	**17076.00**	**21399.45**
工资性收入	42.41	130.20	1006.48	3747.94	7392.00	9113.19
家庭经营收入	98.34	668.39	1922.96	4793.65	7106.00	7241.78
#农　　业	90.90	210.60	479.54	1445.15	2331.93	2973.71
牧　　业		309.07	679.12	1450.22	1702.36	1703.56
建筑业现金收入		21.82	80.90	241.25	345.28	107.96
交通运输仓储和邮政业	3.33	18.04	97.25	363.35	470.11	260.74
转移性和财产性收入	9.62	76.14	372.89	1541.91	2578.00	5044.47
非收入所得	**10.42**	**121.22**	**326.27**	**1087.57**	**1865.51**	**1992.14**
全年现金支出	**154.45**	**949.23**	**2922.27**	**8280.47**	**14195.00**	**19083.94**
#生产费用支出	29.29	286.07	915.30	2137.51	3572.54	3404.70
生活消费支出	103.31	459.39	1769.71	5443.67	9592.42	10379.78

7-12 农村居民家庭人均支出情况

Per Capita Expenditure of Rural Households

单位:元

	1980 年	1990 年	2000 年	2010 年	2014 年	2015 年
全年总支出	**234.84**	**1124.89**	**3495.51**	**8695.98**	**15009.06**	**21548.58**
家庭经营费用支出		354.23	999.79	2102.57	4192	3538.22
#农业支出		86.96	240.59	477.53	1392.35	963.38
牧业支出		229.36	618.72	962.58	1310.65	1442.68
购置生产性固定资产		16.40	46.14	77.67	76.00	160.69
生活消费支出	185.70	692.92	2200.74	5796.33	9697.25	12710.89
食品烟酒	129.90	440.96	1126.03	2359.11	3862.38	4885.60
衣　着	18.69	46.12	146.76	517.00	946.33	1215.25
居　住	16.56	114.68	320.79	624.54	945.63	1990.43
生活用品及服务	13.31	28.19	113.72	378.43	573.46	712.44
医疗保健	0.93	16.43	99.72	324.59	690.94	794.40
交通通信	1.21	10.91	120.10	821.91	1596.05	1540.74
教育文化娱乐	5.10	31.67	209.37	489.03	850.81	1113.59
其他商品和服务		3.96	64.25	114.56	231.65	458.43
财产转移性支出		14.97	169.46	693.37	780.72	1013.71

7-13 农村居民家庭人均可支配收入

Per Capita Disposable Income of Rural Households

单位:元

	2009 年	2010 年	2011 年	2012 年	2014 年	2015 年
可支配收入	**7129**	**8205**	**9895**	**11501**	**14478**	**17690**
工资性收入	3234	3776	4661	5440	7349	9211
家庭经营收入	2764	2975	3505	4040	4328	4032
#农业收入	1288	1403	1630	1883	1958	2330
林业收入	63	61	63	63	66	358
牧业收入	423	414	573	576	653	377
渔业收入	54	52	71	61	57	48
工业收入	57	54	26	20	28	15
建筑业收入	158	197	238	276	287	-50. 48
交通运输仓储和邮政业收入	200	222	184	220	299	107. 52
批发零售贸易餐饮业收入	247	273	382	461	613	391. 1
居民服务修理和其他服务业	134	142	179	247	173	252. 88
转移性收入	558	732	827	989	1460	2755. 02
财产性收入	573	722	902	1032	1341	1692. 35

注:2014 年及以前为农村居民家庭人均纯收入。

7-14 农村居民家庭人均主要实物消费量
Major Foods Consumption Per Capita of Rural Households

	单 位	1980年	1990年	2000年	2010年	2014年	2015年
粮 食	千克		301.81	230.77	159.03	161.20	141.20
蔬 菜	千克	122.63	203.51	117.63	76.51	102.77	111.22
植物油	千克	3.14	4.07	7.90	5.69	8.19	9.71
动物油	千克	0.65	1.29	1.69	0.67	0.49	0.63
猪 肉	千克	12.20	22.55	30.10	26.49	30.01	33.28
蛋 类	千克	1.23	2.95	5.67	5.14	7.30	7.72
家 禽	千克	1.40	1.82	5.09	6.42	11.57	11.53
鱼 虾	千克	0.11	0.59	2.83	4.81	3.52	5.42
糖 类	千克	1.12	1.62	1.63	1.02	1.10	1.48
酒 类	千克	2.04	5.29	8.19	10.78	7.90	11.86
水 果	千克		4.40	18.07	18.20	19.83	31.83

7-15 农村居民家庭每百户耐用物品拥有量
The Number of Durable Consumer Goods Owned Per 100 Rural Households

	单 位	1980年	1990年	2000年	2010年	2014年	2015年
自行车	辆	68	161	149	92.5	92.30	—
热水器	台				50.4	70.50	74.2
洗衣机	台		8.3	50.1	94.1	96.10	97.2
电冰箱	台		0.3	16.9	81.4	94.60	95.9
摩托车	辆		0.7	39.9	65.6	67.80	67.6
微波炉	台				14.2	18.70	13.0
抽油烟机	台			1.6	14.1	18.30	14.9
彩色电视机	台		4.0	69.1	124.6	133.3	137.7
摄像机	台				2.6	1.50	1.2
照像机	架		0.4	5.0	9.6	10.20	8.6
空调机	台			1.2	21.1	35.30	37.3
电话机	部			29.8	40.5	22.60	11.7
移动电话	部			9.2	200.5	251.00	267.9
家用计算机	台			3.0	17.5	33.90	36.7

7－16　农村居民家庭平均每百户生产性固定资产原值

Original Value of Productive Fixed Assets Owned Per 100 Rural Households

单位:元

	1990 年	2000 年	2010 年	2014 年	2015 年
合　　计	**90094**	**500273**	**1105403**	**1227363**	**746852**
役畜、产品畜	11178	23788	105092	45999	44571
大中型铁木农具	12446	31979	15630	23379	—
农林牧渔业机械	4066	25069	41067	89488	101445

7－17　农村居民家庭平均每百户拥有生产性固定资产数量

The Number of Productive Fixed Assets Owned Per 100 Rural Households

	单　位	1990 年	2000 年	2010 年	2014 年	2015 年
汽　　车	辆	0. 30	1. 90	4. 52	—	—
大中型拖拉机	台	0. 36	0. 80	0. 31	0. 51	0. 59
小型及手扶拖拉机	台	2. 23	2. 72	1. 04	1. 27	1. 07
机动脱粒机	台	0. 30	10. 76	5. 93	5. 90	4. 18
胶轮大车	辆	0. 51	5. 40	1. 08	—	—
农用水泵	台	2. 13	19. 33	26. 77	—	—
役　　畜	头	8. 12	9. 72	10. 72	1. 79	5. 65
产 品 畜	头	30. 09	45. 31	62. 34	41. 71	43. 61

7－18 历年农村居民家庭每百人购买穿用商品

The Purchase of Clothing and Using Per 100 Rural Residents over the Years

年份	服装(件)	电话(部)	电视机(部)	#彩电	收录机(部)
1983			1.09		0.13
1984			1.75		0.31
1985			1.28	0.07	0.21
1986			1.58	0.07	0.51
1987			2.20	0.02	0.53
1988			2.14	0.15	0.65
1989			1.09	0.10	0.77
1990			1.19	0.21	0.36
1991			1.38	0.11	0.55
1992			1.46	0.47	0.47
1993			2.17	0.68	0.52
1994			1.11	0.42	0.50
1995			1.18	0.62	0.62
1996			1.16	0.69	0.38
1997			1.24	1.01	0.36
1998			1.53	1.27	0.26
1999			2.05	1.81	0.21
2000	121.79	2.47	1.70	1.60	0.24
2001	141.58	1.97	1.70	1.65	0.31
2002	148.03	2.23	1.66	1.65	0.60
2003	243.68	1.94	1.93	1.87	0.13
2004	251.09	1.85	1.53	1.49	0.24
2005	259.63	2.66	1.39	1.36	0.13
2006	295.54	1.63	1.46	1.42	0.13
2007	297.38	1.91	1.43	1.43	0.18
2008	295.74	1.32	1.65	1.61	0.15
2009	310.70	2.95	1.15	1.15	0.10
2010	345.30	1.35	1.76	1.74	0.08
2011	425.23	1.77	1.98	1.94	0.15
2012	408.22	0.82	1.85	1.85	0.51
2013	412.14	0.78	1.72	1.66	0.37
2014	—	1.00	2.00	2.00	—
2015	—	0.73	2.77	2.77	—

7－18 续表

年　份	自行车（辆）	洗衣机（台）	电风扇（台）	电冰箱（台）	摩托车（辆）	手　机（部）
1983	3.03		0.20			
1984	3.65	0.03	0.12			
1985	3.29	0.09	0.31			
1986	3.33	0.10	0.58			
1987	3.62	0.24	0.98			
1988	4.14	0.42	1.44			
1989	2.29	0.33	0.82			
1990	2.49	0.14	0.79			
1991	3.50	0.28	1.71			
1992	3.46	0.47	1.42			
1993	4.46	0.71	2.72			
1994	3.21	0.50	2.55			
1995	2.72	0.45	3.43			
1996	1.74	0.45	2.70			
1997	1.97	0.66	1.71			
1998	1.68	0.55	2.46			
1999	2.07	0.58	1.86	0.35	1.25	
2000	2.98	0.66	2.37	0.23	0.94	0.30
2001	2.72	0.93	2.81	0.46	1.21	0.71
2002	2.82	0.94	2.55	0.37	1.52	2.12
2003	3.25	1.11	2.22	0.55	1.38	3.27
2004	2.49	1.21	1.98	0.64	1.43	3.31
2005	2.21	1.50	1.76	0.60	1.12	3.67
2006	2.15	1.42	3.59	0.92	1.11	4.39
2007	1.54	1.24	2.47	1.90	1.60	7.11
2008	1.80	1.38	2.14	2.27	1.40	8.30
2009	1.52	1.31	2.18	1.90	1.13	8.78
2010	1.66	1.16	2.86	2.00	1.06	8.54
2011	1.99	1.62	3.65	1.32	1.22	9.10
2012	1.89	1.56	3.11	0.98	0.97	10.90
2013	2.11	1.37	3.52	0.88	0.59	10.25
2014	2.00	2.00	—	1.00	1.00	16.00
2015	1.80	1.89	—	1.66	0.77	17.92

7-19 历年居民消费价格指数与商品零售价格指数(以上年同期为100)

Consumer Price Indices and Retail Price Indices over the Years(Preceding Year = 100)

年份	居民消费价格指数	#食品类	#衣着类	#家庭设备用品及维修服务	#娱乐教育文化用品及服务	#医疗保健	商品零售价格指数
1951	114.8	114.0	107.7	112.3	98.2	128.8	113.8
1952	110.6	112.6	96.7	97.8	80.8	93.1	110.3
1953	102.2	103.9	101.3	93.1	89.9	89.9	102.1
1954	103.2	100.8	99.3	97.3	90.8	87.3	103.1
1955	103.6	106.2	98.2	101.7	100.0	103.9	103.1
1956	104.9	107.4	96.4	100.3	103.2	102.9	103.4
1957	106.0	103.9	99.9	101.0	97.7	136.2	104.3
1958	101.0	100.5	99.8	101.0	99.7	98.5	100.1
1959	100.3	99.5	100.2	101.2	100.1	102.7	100.2
1960	100.6	101.1	100.0	98.9	102.2	98.8	100.9
1961	116.0	130.0	100.0	100.0	100.1	99.6	117.7
1962	99.8	99.0	101.4	109.1	109.4	106.3	99.5
1963	91.2	93.0	101.6	101.7	100.3	101.5	90.0
1964	94.4	94.6	99.1	92.8	96.4	88.1	93.8
1965	97.5	93.5	99.2	95.9	94.9	94.3	98.1
1966	100.7	103.0	100.5	99.9	99.7	99.0	101.2
1967	102.0	104.0	99.4	99.2	96.5	91.7	102.0
1968	100.2	100.2	100.0	100.1	98.8	100.0	100.2
1969	100.1	100.0	100.0	100.0	100.0	87.3	99.8
1970	99.5	100.2	100.0	100.0	100.0	77.7	99.5
1971	100.2	100.1	100.0	100.0	100.0	98.7	100.2
1972	100.5	100.8	100.2	99.9	99.1	97.2	100.5
1973	100.0	99.9	100.0	99.6	97.6	99.2	99.9
1974	100.2	100.2	100.0	100.7	100.9	98.9	100.2
1975	100.3	100.1	100.0	99.9	100.3	99.6	100.3
1976	100.0	100.0	100.0	100.0	101.2	100.0	100.0
1977	100.2	99.6	100.0	100.0	100.0	100.7	100.2
1978	101.1	101.1	100.0	100.0	100.0	103.1	101.1
1979	102.0	104.6	99.4	100.4	100.5	103.7	102.1
1980	106.6	110.6	99.6	101.2	100.3	101.3	107.1
1981	102.1	101.7	100.3	100.6	100.5	103.7	102.1
1982	101.9	103.6	99.2	97.4	100.0	100.8	102.0

注:居民消费价格指数中1994年以前"家庭设备及用品"指日用品类;"娱乐教育文化用品"指文化娱乐用品类;"医疗保健"指药及医疗用品类。

7－19 续表

年 份	居民消费价格指数	#食品类	#衣着类	#家庭设备用品及维修服务	#娱乐教育文化用品及服务	#医疗保健	商品零售价格指数
1983	100.3	100.7	98.8	98.8	97.0	103.8	100.0
1984	104.6	105.3	101.4	100.0	100.1	101.8	103.8
1985	111.4	115.0	102.2	102.5	102.3	106.1	111.3
1986	104.8	104.9	104.8	104.8	100.4	97.3	104.7
1987	108.8	112.4	102.6	107.4	103.4	113.2	109.4
1988	124.6	130.5	115.6	115.0	122.8	132.0	125.7
1989	116.2	113.6	125.0	113.1	111.0	125.9	116.1
1990	103.5	102.5	106.4	103.4	95.3	100.6	102.9
1991	105.2	105.8	102.6	105.0	94.3	100.9	104.7
1992	110.8	113.5	101.4	100.4	94.3	102.6	108.5
1993	115.9	118.7	107.2	108.9	102.4	115.0	115.1
1994	126.5	136.2	123.1	111.3	113.6	107.2	123.3
1995	117.5	124.2	107.4	106.4	104.3	109.3	114.5
1996	109.7	109.4	109.5	102.1	112.3	109.0	106.5
1997	105.7	104.1	102.1	103.2	100.3	105.5	102.9
1998	100.3	96.9	103.3	99.7	100.4	102.0	98.4
1999	98.3	96.3	99.3	98.4	96.5	101.2	97.1
2000	100.2	96.3	100.2	99.2	94.0	102.2	98.2
2001	100.8	101.6	98.4	99.4	103.9	97.0	100.7
2002	98.7	98.4	98.0	99.0	98.3	99.2	98.8
2003	102.1	103.0	100.8	99.4	99.1	102.3	100.2
2004	103.9	107.6	97.1	98.0	106.0	104.1	101.4
2005	102.3	104.5	91.0	98.0	107.8	101.2	99.8
2006	101.8	102.5	100.9	103.7	99.4	100.3	101.2
2007	105.2	112.4	101.1	102.7	100.0	101.7	104.2
2008	104.3	112.9	94.9	102.9	98.6	101.4	104.5
2009	100.3	103.1	94.4	100.0	99.9	100.3	99.0
2010	103.0	106.4	94.5	100.4	98.7	107.9	102.4
2011	105.4	112.6	98.9	104.0	97.3	102.8	104.3
2012	103.0	103.9	111.6	101.6	100.7	101.9	101.4
2013	103.1	105.5	101.6	103.0	101.3	101.9	101.7
2014	101.3	102.6	100.2	101.5	100.3	100.4	100.4
2015	101.1	102.0	100.1	100.9	102.3	101.3	99.5

注:2011 年起“医疗保健”数据为“医疗保健和个人用品”数据。

7－20 居民消费价格分类指数(以上年同期为100)

Consumer Price Indices by Category (Preceding Year = 100)

	2014年	2015年		2014年	2015年
居民消费价格指数	**101.3**	**101.1**	液体乳及乳制品	**105.2**	**93.0**
食品类	102.6	102.0	烟酒类	98.6	101.6
#粮　食	104.1	102.9	衣着类	100.2	100.1
油　脂	95.5	91.4	家庭设备用品及维修服务类	101.5	100.9
肉禽及其制品	99.2	105.4	医疗保健和个人用品类	100.4	101.3
蛋	111.3	92.8	交通和通讯类	100.2	98.6
水产品	101.4	100.8	娱乐教育文化用品及服务类	100.3	102.3
菜	101.5	106.6	居住类	101.2	100.4
干鲜瓜果	115.0	98.8	**服务项目价格指数**	**101.3**	**101.4**

7－21 商品零售价格分类指数(以上年同期为100)

Retail Price Indices by Category (Preceding Year = 100)

	2014年	2015年		2014年	2015年
商品零售价格指数	**100.4**	**99.5**	体育娱乐用品类	**100.3**	**102.0**
食品类	102.6	102.2	交通、通信用品类	98.2	96.5
#粮　食	104.2	102.9	家具类	103.3	102.2
饮料、烟酒类	99.5	100.7	化妆品类	100.7	100.3
服装、鞋帽类	100	100.0	金银珠宝类	90.5	93.2
纺织品类	100.3	99.6	中西药品及医疗保健用品类	101.2	101.2
家用电器及音像器材类	97.8	96.9	书报杂志及电子出版物类	100.3	105.8
文化办公用品类	95.9	98.9	燃料类	99.4	89.2
日用品类	100.4	100.4	建筑材料及五金电料类	98.5	96.6

7－22 工业生产者购进价格指数(以上年同期为100)

Purchasing Price Indices of Industrial Producers(Preceding Year＝100)

	2011 年	2012 年	2013 年	2014 年	2015 年
工业生产者购进价格指数	**110.0**	**100.2**	**98.2**	**99.1**	**97.2**
燃料、动力类	109.4	102.6	101.1	102.2	101.1
黑色金属材料类	110.2	95.7	93.9	95.0	91.6
有色金属材料类	110.5	96.5	95.8	95.9	95.3
化工原料类	115.0	96.8	95.0	99.7	95.9
木材及纸浆类	102.9	96.6	98.1	98.7	100.0
建筑材料及非金属矿类	106.6	99.0	103.8	105.4	92.3
农副产品类	114.7	108.1	99.5	99.9	98.7
其他工业原材料及半成品类	106.7	100.0	98.8	97.6	97.2
纺织原料类	105.9	103.7	97.2	97.4	96.4

7－23 工业生产者出厂价格指数(以上年同期为100)

Ex－factory Price Indices of Industrial Producers(Preceding Year＝100)

	2014 年	2015 年		2014 年	2015 年
工业生产者出厂价格指数	**99.3**	**98.0**	#生产资料	98.3	96.9
			采掘工业	101.4	99.7
#轻 工 业	101.2	100.3	原材料工业	99.9	98.5
以农产品为原料	101.7	100.2	加工工业	98.0	96.6
以非农产品为原料	99.9	100.6	生活资料	101.3	100.2
重 工 业	98.4	96.9	食　　品	102.1	100.1
采掘工业	101.4	99.7	衣　　着	99.8	100.8
原材料工业	99.9	98.1	一般日用品	98.8	99.4
加工工业	98.1	96.6	耐用消费品	102.7	100.9

7－24 分月居民消费价格指数

Monthly Consumer Price Indices

	全 年 (2015)	1月	2月	3月	4月
居民消费价格指数	**101.1**	**101.0**	**101.7**	**101.3**	**101.7**
非食品价格指数	100.6	100.2	100.5	100.7	100.8
服务项目价格指数	101.4	100.2	100.9	101.5	101.8
扣除鲜菜鲜果总指数	101.0	100.3	101.0	101.1	101.2
消费品价格指数	**101.0**	**101.3**	**102.0**	**101.2**	**101.6**
1.食 品 类	102.0	102.3	103.7	102.2	103.3
2.烟 酒 类	101.6	98.4	98.5	98.9	99.7
3.衣 着 类	100.1	100.8	100.5	99.8	99.4
4.家庭设备用品及维修服务	100.9	100.3	100.8	100.8	100.6
5.医疗保健和个人用品	101.3	101.1	101.6	101.4	101.6
6.交通和通讯	98.6	97.9	98.0	99.2	98.8
7.娱乐教育文化用品及服务	102.3	100.4	102.2	102.8	103.4
8.居 住	100.4	100.9	100.6	100.7	100.7
商品零售价格总指数	**99.5**	**99.6**	**100.1**	**99.7**	**100.0**
1.食 品 类	102.2	102.2	103.8	102.2	103.5
2.饮料、烟酒类	100.7	99.1	99.2	99.2	99.9
3.服装、鞋帽类	100.0	100.9	100.5	99.8	99.3
4.纺织品类	99.6	99.6	99.9	99.8	99.6
5.家用电器及音像器材	96.9	97.2	96.8	96.8	96.1
6.文化办公用品	98.9	97.7	98.1	98.3	99.1
7.日用品类	100.4	101.3	101.7	102.6	101.1
8.体育娱乐用品	102.0	101.1	101.6	101.7	101.6
9.交通、通信用品	96.5	97.4	97.8	98.1	97.9
10.家 具	102.2	104.4	102.6	102.6	102.8
11.化妆品类	100.3	100.6	100.8	101.0	100.6
12.金银珠宝类	93.2	96.8	93.8	90.9	93.1
13.中西药品及医疗保健用品类	101.2	101.2	101.1	100.9	101.2
14.书报杂志及电子出版物类	105.8	105.6	107.1	107.1	106.9
15.燃 料 类	89.2	87.4	87.2	88.7	88.5
16.建筑材料及五金电料类	96.6	97.5	97.2	98.3	96.6

及商品零售价格指数(以上年同月为100)

and Retail Price Indices(preceding month = 100)

5月	6月	7月	8月	9月	10月	11月	12月
101.2	**100.9**	**101.0**	**101.4**	**101.2**	**100.9**	**100.8**	**100.8**
100.8	100.8	100.9	100.7	100.4	100.6	100.6	100.6
101.6	101.4	101.4	101.5	101.6	101.6	101.7	101.8
100.7	100.9	101.4	101.5	101.0	101.1	101.1	101.2
101.0	**100.6**	**100.9**	**101.3**	**101.0**	**100.5**	**100.5**	**100.4**
101.8	101.0	101.3	102.4	102.6	101.3	101.3	101.2
100.7	102.5	103.0	103.0	103.2	103.2	103.8	104.1
99.7	100.0	100.7	100.5	100.5	100.3	99.5	99.5
100.3	100.8	101.0	101.0	101.4	101.6	101.4	101.3
101.7	101.6	101.1	100.9	100.9	101.5	101.3	101.3
98.9	98.5	98.5	98.2	97.8	98.6	99.2	99.3
103.2	102.7	102.6	103.4	101.9	101.8	101.7	101.5
100.6	100.6	100.7	100.1	99.9	100.1	100.1	100.2
99.5	**99.3**	**99.4**	**99.7**	**99.4**	**99.3**	**99.3**	**99.2**
101.9	101.0	101.4	102.7	103.0	101.5	101.5	101.4
99.9	100.9	101.5	101.4	101.5	101.6	102.4	102.5
99.6	100.0	100.6	100.2	100.3	100.0	99.3	99.3
99.4	99.2	99.2	99.2	99.7	99.9	99.9	99.9
96.7	96.8	96.6	96.4	96.8	97.5	97.6	97.9
99.1	100.1	99.7	98.9	99.5	99.4	98.9	97.8
100.0	99.3	99.6	99.8	100.1	100.0	99.7	99.6
101.6	102.2	102.6	103.0	103.0	103.0	101.9	100.8
97.7	97.8	98.0	97.9	92.1	94.6	94.5	94.4
102.8	102.8	102.8	102.8	101.8	101.6	100.4	99.7
100.3	100.1	100.1	100.0	100.0	99.9	99.9	99.9
94.1	93.3	89.4	89.3	93.5	95.4	94.4	94.7
101.3	101.2	100.8	100.7	100.5	101.9	101.6	101.9
106.5	106.5	106.5	106.6	104.7	104.8	104.8	102.3
90.4	90.2	89.5	87.8	87.8	89.4	91.4	92.1
95.7	96.0	96.0	96.4	96.4	96.4	96.1	96.3

7－25　城乡居民家庭人均收入及恩格尔系数(1978－2015 年)

Per Capita Annual Income and Engle Coefficient of Urban and Rural Households(1978－2015)

年　份	农村居民家庭人均可支配收入		城镇居民家庭人均可支配收入		农村居民家庭恩格尔系数(％)	城镇居民家庭恩格尔系数(％)
	绝对值(元)	指数(1978＝100)	绝对值(元)	指数(1978＝100)		
1978	140	100	340	100		
1979	175	125	352	104		
1980	223	159	395	116		
1981	276	197	458	135		
1982	310	221	486	143		
1983	334	239	521	153		
1984	366	261	603	177		
1985	413	295	787	231		
1986	458	327	913	268		
1987	526	376	1016	298		
1988	632	451	1243	365		
1989	693	495	1565	455		
1990	773	552	1755	516		51.4
1991	832	594	1925	566		52.7
1992	903	645	2102	618		54.7
1993	1029	735	2624	771		53.4
1994	1303	931	3941	1158		51.9
1995	1649	1178	5047	1483		50.5
1996	2051	1465	5669	1666		50.3
1997	2427	1734	6019	1769		50.4
1998	2631	1879	6446	1895		44.4
1999	2783	1988	7098	2086		43.9
2000	2926	2090	7649	2248		38.8
2001	3178	2270	8128	2389		37.4
2002	3377	2412	8972	2637		39.1
2003	3655	2611	9641	2834		38.3
2004	4072	2909	10394	3055		35.4
2005	4485	3204	11359	3338		35.3
2006	4905	3504	12789	3759		33.9
2007	5642	4030	14849	4364		39.1
2008	6481	4629	16943	4979	41.4	37.4
2009	7129	5092	18659	5483	40.8	37.5
2010	8205	5861				
	20835	6123	41.9	37.0		
2011	9895	7068	23932	7033	42.0	37.0
2012	11501	8215	27194	7998	41.1	35.4
2013	12985	9275	29968	8814	40.4	35.1
2014	14478	10341	32665	9607	39.8	34.8
2015	17690	12636	33476	9846	38.4	34.1

主要统计指标解释

城镇居民家庭实际收入 指被调查城镇居民家庭全部的实际现金收入,包括经常或固定得到的收入和一次性收入。不包括周转性收入,如提取银行存款、向亲友借入款、收回借出款以及其他各种暂收款。

城镇居民家庭总收入 指调查户中生活在一起的所有家庭成员在调查期得到的工薪收入、经营净收入,财产性收入、转移性收入的总和,不包括出售财物收入和借贷收入。

城镇居民家庭可支配收入 指调查户可用于最终消费支出和其它非义务性支出及储蓄的总和,即居民家庭可以用来自由支配的收入。它是家庭总收入扣除交纳的所得税、个人交纳的社会保障费以及调查户的记账补贴后的收入。计算公式:可支配收入=家庭总收入-交纳所得税-个人交纳的社会保障支出-记账补贴。

城镇居民家庭消费支出 指调查户用于本家庭日常生活的全部支出,包括食品、衣着、家庭设备用品及服务、医疗保健、交通和通讯、娱乐教育文化服务、居住、杂项商品和服务八大类。包括用于赠送的商品或服务。

农村居民可支配收入 指农村居民获得的经过初次分配与再分配后的收入。可支配收入可用于农村居民的最终消费、非义务性支出以及储蓄。其计算方法是:

农村居民可支配收入=全年总收入-家庭经营费用支出-税费支出-生产性固定资产折旧-调查补贴-财产性支出-转移性支出中除赠送农村内部亲友支出外的所有支出-亲友赠送收入+农村外部亲友赠送收入。

农村居民家庭纯收入 指农村常住居民家庭总收入中,扣除相应的各项费用支出后,归农民所有的收入。它可以用于生产、非生产投资,改善物质和文化生活,以及用于再分配的支出和结余的收入。它是反映农民家庭实际收入水平的综合性的主要指标。农民家庭纯收入,既包括从事生产性和非生产性的经营收入,又包括取自在外人口寄回带回和国家财政救济、各种补贴等非经营性收入;既包括货币收入,又包括自产自用的实物收入。但不包括向银行、信用社和向亲友借款等属于借贷性的收入。其计算方法是:

纯收入=全年总收入-家庭经营费用-税费支出-固定资产折旧-亲友赠送收入+城市亲友赠送收入+一次性工伤补贴+保险公司赔付

农村居民生活消费支出 指农村常住居民家庭年内用于物质生活和精神生活方面的实际支出,直接反映农民的生活水平,是研究农民消费结构变化的基本指标。农民家庭生活消费支出,包括食品、衣着、居住、家庭设备、用品及服务、医疗保健、交通和通讯、文化教育娱乐用品及服务、其他商品和服务等消费支出。

城乡居民储蓄存款余额 城乡居民储蓄存款,包括城镇居民储蓄存款和农民个人储蓄存款两部分。不包括居民的手存现金和工矿企业、部队、机关团体等集团存款。储蓄存款余额,是指城乡居民存入银行及农村信用社储蓄的时点数(存入数扣除取出数的余额),如月末、季末或年末数额。

商品零售价格指数 是反映市场商品零售价格变动趋势和变动程度的一种经济指数。零售物价的调整变动直接影响到居民的生活支出和国家的财政收入,影响居民购买力和市场供需平衡,影响消费与积累的比例。

居民消费价格指数 是反映一定时期内居民所消费商品及服务项目的价格水平变动趋势和变动程度。

工业生产者价格指数 包括工业企业产品第一次出售时的出厂价格和企业作为中间投入的原材料、燃料、动力购进价格,即工业生产者出厂价格和工业生产者购进价格。通常,我们把工业生产者出厂价格指数称为PPI。

成都统计年鉴2016 · 城市公用事业

八　城市公用事业

简 要 说 明

主要内容

本部分资料反映城市基本情况，主要包括：城市规模、建设用地，城市绿化、环境卫生、道路、桥梁、自来水、天然气等城市基础设施情况；城市公共交通，全市及分行业用电量情况，工业企业主要污染物排放及处理利用情况。

资料来源

城市基础设施建设资料来源于成都市建设委员会。

用电量资料来源于成都电业局。

环保资料来源于成都市环境保护局。

城市公共交通来源于成都市交通运输委员会。

其他需要说明的问题

城市基础设施建设资料为市区范围内全社会统计口径，即包括建设系统内外两部分。

用电量资料仅为成都电业局售给成都地区的售电量，不含各县（市）未入网的自行发电量。

环保资料为全社会统计口径。

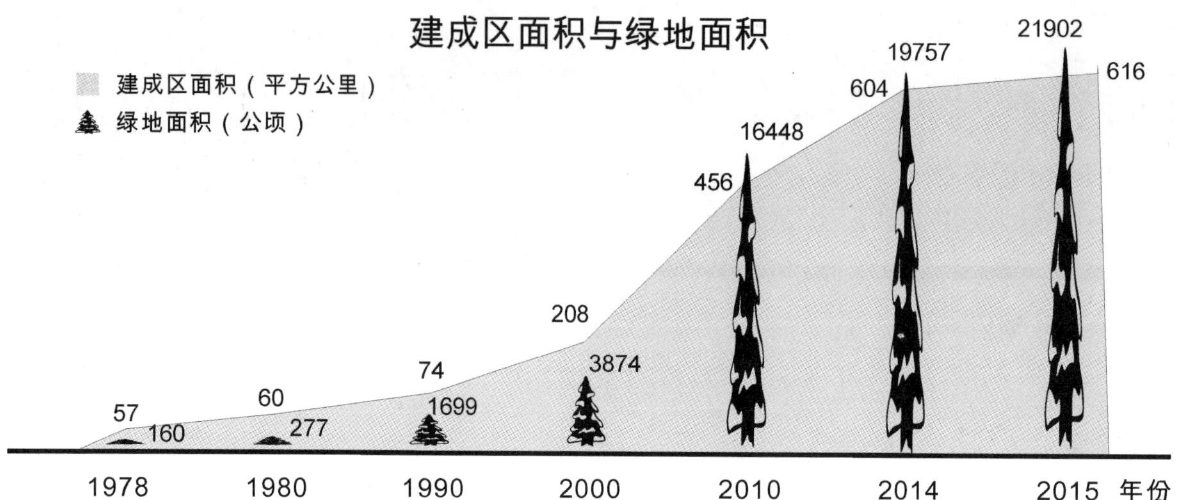

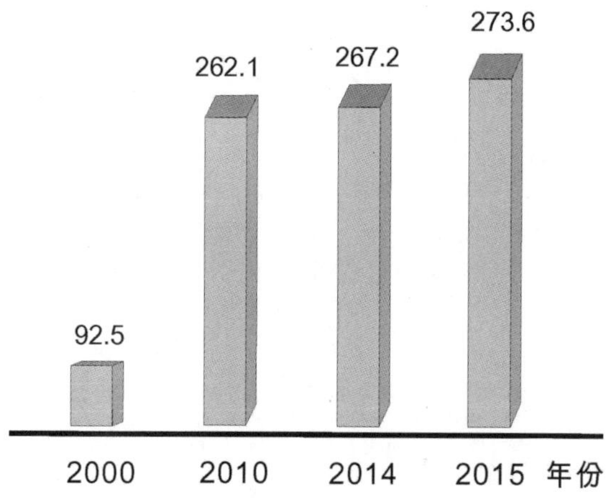

全市用电量（亿千瓦小时）

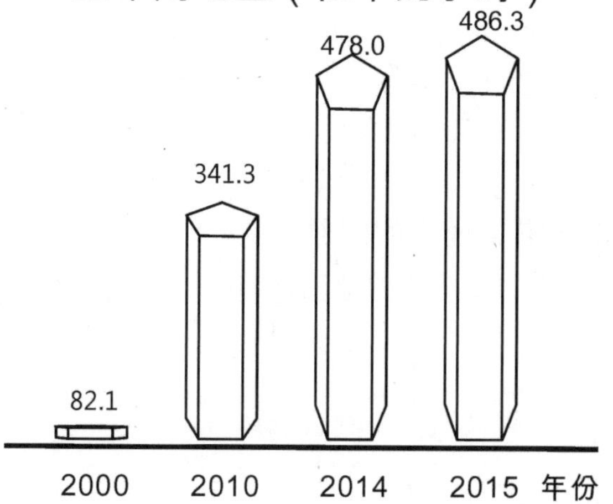

城市供水量（万吨）

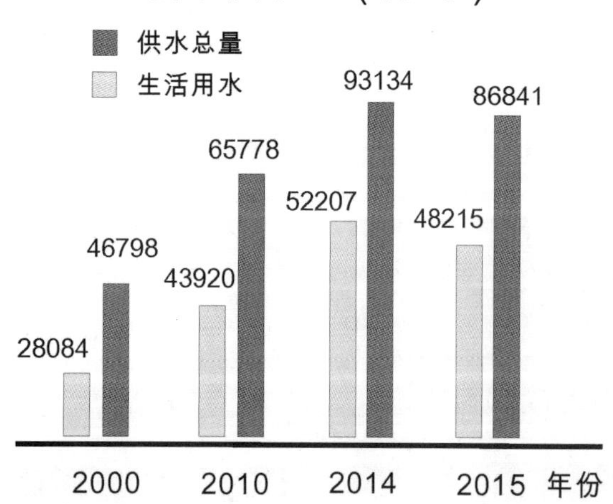

城市供天然气量（亿立方米）

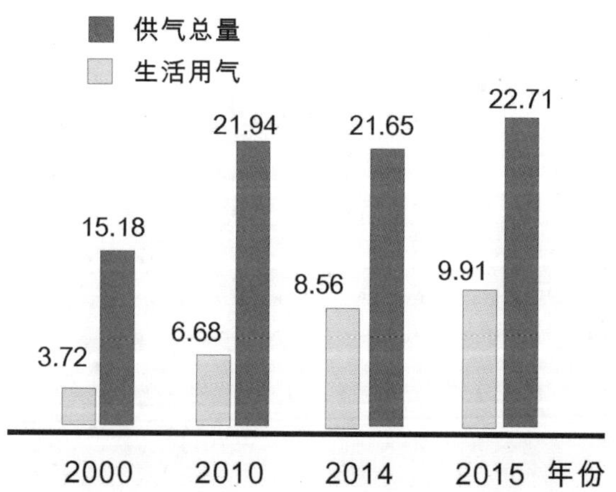

8－1　城市规模和建设用地情况

Urban Scale and Construction Land

	单　位	2014 年	2015 年		单　位	2014 年	2015 年
市区人口	万人	579.91	594.24	#居住用地	平方公里	189.79	217.12
市区面积	平方公里	2126.69	2172.69	公共设施用地	平方公里	84.70	10.39
建成区面积	平方公里	604.08	615.71	工业用地	平方公里	99.67	81.19
#城　　区	平方公里	400.22	402	交通设施用地	平方公里	31.33	100.06
城市建设用地面积	平方公里	550.38	604.07	物流仓储用地	平方公里	8.75	6.08

8－2　市政设施水平

Level of Urban Public Facilities

	单　位	2014 年	2015 年		单　位	2014 年	2015 年
用水普及率	%	98.44	99.22	人均公园绿地面积	平方米	13.77	14.59
用气普及率	%	97.60	98.34	建成区绿地率	%	32.49	35.57
人均拥有道路面积	平方米	14.78	14.62	建成区绿化覆盖率	%	35.86	39.84

注：人均市政设施水平按城区人口和城区暂住人口计算。

8－3 市政工程设施情况

Municipal Engineering Facilities

	单 位	2014 年	2015 年		单 位	2014 年	2015 年
年末实有铺装道路长度	公里	2632.56	2738.67	排水管道长度	公里	7014	7878
年末实有铺装道路面积	万平方米	7403.65	7709.85	#污水管道	公里	3236	3630
#人行道面积	万平方米	1832.13	1849.26	污水排放量	万立方米	72488	82301
路灯盏数	千盏	208	205	污水处理厂座数	座	17	19
桥 梁 数	座	759	661	污水处理厂处理能力	万立方米/日	248	239
#立 交 桥	座	120	102	污水处理总量	万立方米	66526	78592

8－4 自来水供应情况

Basic Statistics of Tap Water Supply

	单 位	2014 年	2015 年		单 位	2014 年	2015 年
年末供水综合生产能力	万吨/日	305.5	301.8	全年供水量	万吨	93134	86841
#地 下 水	万吨/日	20.5	18.3	#生活用水	万吨	52207	48215
年末自来水管长度	公里	6967	7685	用水人口	万人	493.2	523.2

8－5 天然气、液化石油气情况

Basic Statistics of Urban Supply for Natural Gas and Liquefied Petroleum Gas

	单 位	2014 年	2015 年		单 位	2014 年	2015 年
天 然 气				**液化石油气**			
输气管道长度	公里	10503	12472	供气量	吨	102332	104422
供气总量	万立方米	216492	227092	#家庭用量	吨	49556	48345
#家庭用量	万立方米	85645	99127	用气人口	万人	31.0	29.9
用气人口	万人	457.9	488.6				

8－6 城市公共交通

Public Traffic in City

	单 位	2014 年	2015 年		单 位	2014 年	2015 年
公共汽车				年末营运线路	条	508	636
年末公共营运汽车	辆	11752	12305	**年末出租汽车**	**辆**	**14833**	**13746**
年末公共营运汽车	标台	15085	15615	**地 铁**			
年末全市公交线路长度	公里	7125	10086	运营线路长度	公里	60.8	86.0
全年公交客运总量	万人次	182084	184124	客运总量	万乘次	28431	33933

注：此表中出租车及地铁数据为城区口径，公共汽车数据为市区口径。

8-7 园林绿化情况
Basic Statistics of Parks, Gardens and Green Areas

	单 位	2011 年	2012 年	2013 年	2014 年	2015 年
年末园林绿地面积	**公顷**	**17314**	**18519**	**19082**	**19757**	**21902**
#建 成 区	公顷	17114	18363	19082	19629	21902
#城 区	公顷	12203	13200	13326	13672	13746
年末公园绿地面积	**公顷**	**6029**	**6262**	**6310**	**6899**	**7695**
绿化覆盖面积	公顷	19353	20757	21246	22156	24530
#建 成 区	公顷	18921	20301	21246	21664	24530
#城 区	公顷	13334	10721	14727	14932	15529

8-8 城市维护建设资金收支情况
Revenue and Expenditures of urban Maintenance and Construction Funds

单位:万元

	2015 年		2015 年
一、城市维护建设资金收入	**3884993**	国有土地使用权出让收入	35366
#城市维护建设税	482190	**二、城市维护建设资金支出**	**3560628**
城市公用事业附加	14575	#城乡社区规划与管理支出	99878
市政公用设施有偿使用费	109177	市政公用设施维护与管理支出	472411
城市基础设施配套费	246621	其他支出	2988129

8-9 历年全市用电量

Total Electricity Consumption over the Years

单位:万千瓦小时

年份	用电量	# 工业用电	# 交通运输用电	# 城乡居民生活用电
1950	770	377		
1951	1019	591		
1952	1141	722		
1953	1540	909		
1954	1929	1206		
1955	2331	1457		
1956	3426	2209		
1957	4276	2777		
1958	8386	6559		
1959	21717	18984		
1960	47508	43455		
1961	42103	38514		
1962	35633	30704		
1963	37319	32107		
1964	46417	42619		
1965	70084	62821	25	
1966	96492	86855	63	
1967	77595	68445	147	
1968	44587	35257	123	
1969	85931	72706	267	
1970	147391	127357	3637	
1971	163559	137687	6098	
1972	165761	140600	6093	
1973	173619	147826	5389	
1974	181273	152666	6457	
1975	138626	112246	1100	
1976	135847	115992	1765	
1977	162564	140421	2125	
1978	197000	171281	2268	
1979	219477	188343	2174	
1980	236796	200477	2160	

8－9 续表

单位:万千瓦小时

年　　份	用电量	# 工业用电	# 交通运输用电	# 城乡居民生活用电
1981	232955	192777	1879	
1982	242919	199843	2032	
1983	262682	217953	2206	
1984	269408	220028	4625	
1985	273763	218888	5771	
1986	283501	233569	8362	
1987	297163	237476	8862	
1988	302933	236183	7353	
1989	337198	263915	6964	
1990	356117	269271	7112	
1991	405748	310748	7139	
1992	446621	335390	9110	
1993	511759	374196	9526	
1994	555674	391665	10206	
1995	594427	410396	10415	
1996	647423	424693	11740	
1997	678070	425725	14004	
1998	699964	427596	11861	
1999	734982	431075	13570	
2000	821001	453625	15699	191046
2001	903557	476157	23247	209509
2002	1115973	625479	27461	236596
2003	1181635	632120	47087	256962
2004	1318347	691741	37818	292576
2005	1465839	760470	24318	334690
2006	1671532	867800	34905	382409
2007	2399000	1311200	29277	502204
2008	2610793	1351903	37628	586859
2009	2961226	1534439	42441	657674
2010	3413139	1766106	57531	746640
2011	3858208	1971939	72363	826941
2012	4117967	2098735	81215	874030
2013	4449331	2289153	98572	916529
2014	4780323	2440120	97826	976000
2015	4863458	2339117	109169	1048009

注:用电量2007年及以后为全口径,2007年以前为直供口径。

8－10 分行业用电量

Electricity Consumption by Sector

单位:万千瓦小时

	2011 年	2012 年	2013 年	2014 年	2015 年
总　　计	**3858208**	**4117967**	**4449331**	**4780323**	**4863458**
农、林、牧、渔、水利业	28216	24835	27355	29440	34922
工　　业	1971939	2098735	2289153	2440120	2339117
建 筑 业	153853	143345	162549	142951	123043
交通运输、仓储和邮政业	89459	98471	116085	113412	125724
商业、住宿和餐饮业	278579	311895	336612	373030	402547
城乡居民生活用电	826941	874030	916529	976000	1048009
城　　市	585518	608742	624671	698213	762110
乡　　村	241423	265288	291858	277787	285899

8－11 工业主要污染物排放及处理利用情况

Discharge, Treatment and Utilization of Industrial Pollutants

	单　位	2014 年	2015 年		单　位	2014 年	2015 年
工业废水				**一般工业固体废物**			
排放总量	万吨	10064	11453	产 生 量	万吨	452	294
工业废气				综合利用量	万吨	441	283
排放总量	亿标立方米	2447	1711	贮 存 量	万吨	0. 07	0. 03
工业烟(粉)尘				处 置 量	万吨	10. 8	11. 6
排 放 量	万吨	2. 56	2. 07				

8－12 分月全社会用电情况(2015 年)

Monthly Total Electricity Consumption(2015)

单位:万千瓦时

	用电量	# 工业	# 城市居民	# 农村居民
总　计	**4863457.71**	**2339116.65**	**762109.88**	**285899.12**
一季度	**1150537.15**	**501649.34**	**215778.19**	**75648.93**
1 月	454921.67	209068.70	80903.14	27060.77
2 月	383049.09	159686.31	76361.84	26993.68
3 月	312566.39	132894.33	58513.21	21594.48
二季度	**1183419.44**	**607163.82**	**162988.30**	**64711.41**
4 月	381310.65	195965.73	54690.64	21555.24
5 月	386761.75	202722.06	51948.09	20574.64
6 月	415347.03	208476.03	56349.57	22581.53
三季度	**1337708.07**	**615076.11**	**217553.94**	**79488.03**
7 月	436420.69	215359.97	62659.64	23925.78
8 月	482458.53	206045.49	90521.45	30827.18
9 月	418828.85	193670.65	64372.85	24735.08
四季度	**1191793.05**	**615228.75**	**165789.44**	**66050.74**
10 月	372114.11	187515.02	51941.13	20928.20
11 月	399932.63	209610.49	54478.29	21605.01
12 月	419746.32	218103.24	59370.02	23517.53

主要统计指标解释

自来水生产能力 指城建部门管理的自来水厂和自备水源的社会单位取水、净化、送水、出厂输水干管等环节的实际生产能力。

城市人口用水普及率 指城市用水的人口数(不包括临时人口和流动人口)与城市总人口数之比。计算公式:

用水普及率 =(城市用水的人口数 ÷ 城市总人口数)× 100%

城市用气普及率 指使用煤气(包括人工煤气、液化石油气、天然气)的城市总人口数(不包括临时人口和流动人口)与城市人口总数之比。计算公式:

$$城市煤气普及率 = \frac{城市用气的人口数}{城市总人口数} \times 100\%$$

城市污水日处理能力 指污水处理厂每昼夜处理污水量的设计能力。

营运线路长度 指设置的固定营运线路长度,包括郊区营运线路长度。不包括临时行驶的线路长度。

城市园林绿地面积 指城市公共绿地、专用绿地、生产绿地、防护绿地、郊区风景名胜区的全部面积。

公共绿地 指供游览休息的各种公园、动物园、植物园、陵园以及花园、游园和供游览休息用的林荫道绿地、广场绿地。不包括一般栽植的行道村及林荫道的面积。

工业废水排放量 指经过企业厂区所有排放口排到企业外部的工业废水量。包括生产废水、外排的直接冷却水、超标排放的矿井地下水和与工业废水混排的厂区生活污水,不包括外排的间接冷却水(清污不分流的间接冷却水应计算在内)。

工业废水排放达标量 指各项指标都达到国家或地方排放标准的外排工业废水量,包括未经处理外排达标的和经过处理后外排达标的两部分。国家排放标准见 GB8978 - 88。

工业废气排放量 指企业厂区内燃料燃烧和生产工艺过程中产生的各种排入空气的含有污染物的气体的总量,以标准状态[273K,101325Pa]计。

工业粉尘排放量 指企业在生产工艺过程中排放的颗粒物重量。如钢铁企业的耐火材料粉尘、焦化企业的筛焦系统粉尘、烧结机的粉尘、石灰窑的粉尘、建材企业的水泥粉尘等。不包括电厂排入大气的烟尘。

工业固体废物产生量 指企业在生产过程中产生的固体状、半固体状和高浓度液体状废弃物的总量,包括危险废物、冶炼废渣、粉煤灰、炉渣、煤矸石、尾矿、放射性废物和其他废物等;不包括矿山开采的剥离废石和掘进废石(煤矸石和呈酸性或碱性的废石除外)。酸性或碱性废石是指采掘的废石其流经水、雨淋水的 pH 值小于 4 或 pH 值大于 10.5 者。

工业固体废物综合利用量 指通过回收、加工、循环、交换等方式,从固体废物中提取或者使其转化为可以利用的资源、能源和其他原材料的固体废物量(包括当年利用往年的工业固体废物累计贮存量)。如用作农业肥料、生产建筑材料、筑路等。综合利用量由原产生固体废物的单位统计。

工业固体废物贮存量 指以综合利用或处置为目的,将固体废物暂时贮存或堆存在专设的贮存设施或专设的集中堆存场所内的量。专设的固体废物贮存场所或贮存设施必须有防扩散、防流失、防渗漏、防止污染大气、水体的措施。,工业固体废物处置量指将固体废物焚烧或者最终置于符合环境保护规定要求的场所并不再回取的工业固体废物量(包括当年处置往年的工业固体废物累计贮存量)。处置方法如:填埋(其中危险废物应安全填埋)、焚烧、专业贮存场(库)封场处理、深层灌注、回填矿井等。

九 农 业

简 要 说 明

主要内容

本部分资料反映全市农业生产和农村经济的基本情况，主要包括农村基层组织、乡村从业人员和农、林、牧、渔业产值及其主要产品产量、农业机械拥有量、水利设施、林业生产等方面的统计资料。

资料来源

农林牧渔业产值、产量及其有关资料来源于成都市统计局。

农业机械资料来源成都市农业委员会。

林业生产资源来源于成都市林业和园林局。

农林牧渔业总产值（亿元）
15.71
17.15
60.19
197.74
470.19
613.00
663.06
1978
1980
1990
2000
2010
2014
2015 年份

粮食总产量（万吨）

294.85
305.14
381.7
363.71
265.45
237.05
230.15
1978
1980
1990
2000
2010
2014
2015 年份

肉类总产量（万吨）

14.16
18.60
38.53
68.62
67.85
69.24
68.17
1978
1980
1990
2000
2010
2014
2015 年份

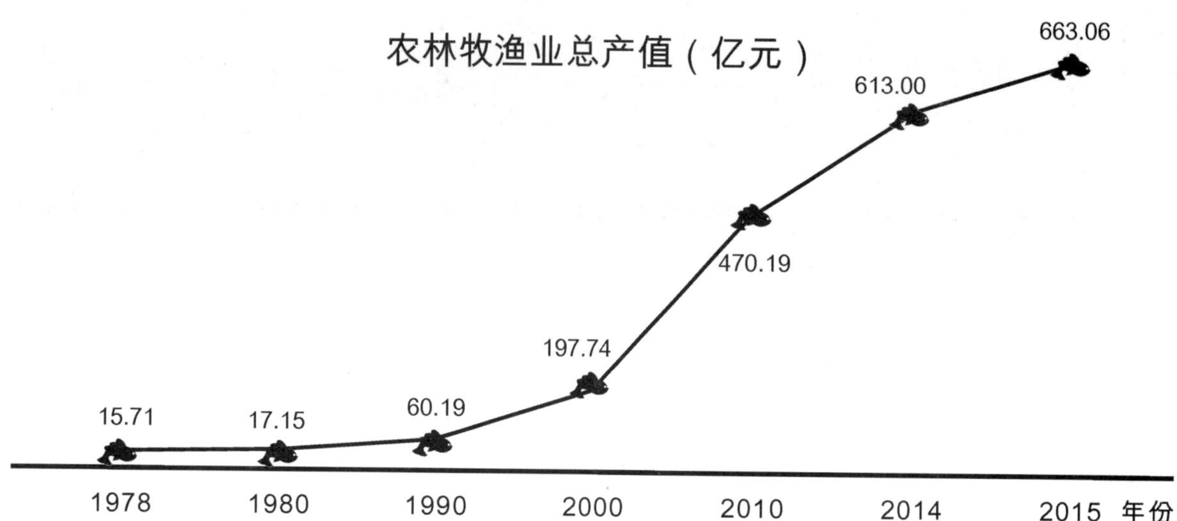

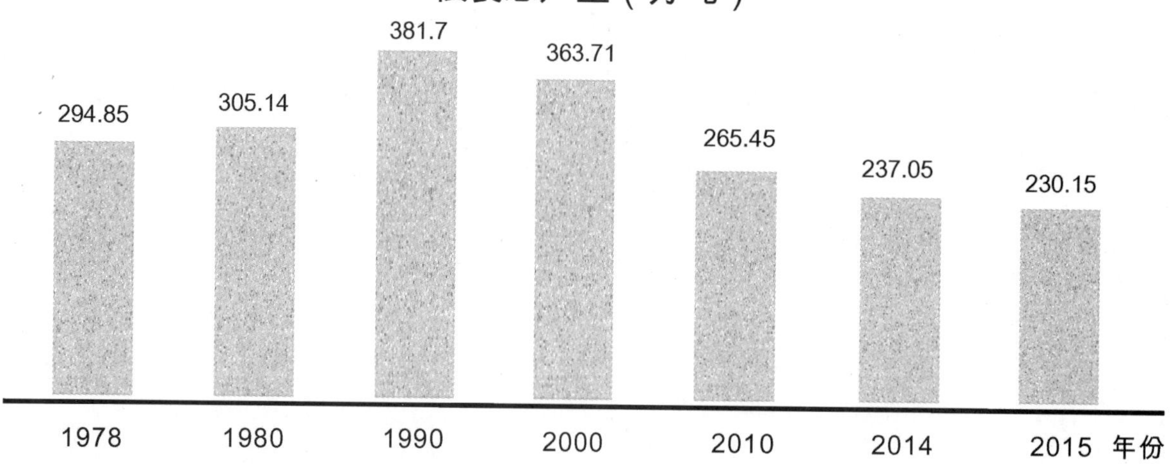

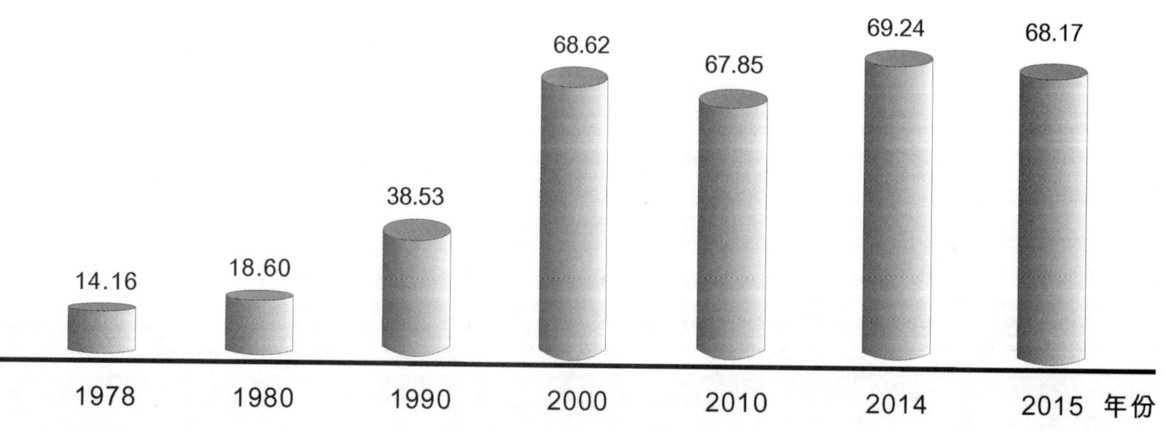

9－1 农村基层组织及农业生产条件

Basic Conditions of Rural Grassroots Units and Agriculture

	单 位	1978 年	1990 年	2000 年	2010 年	2014 年	2015 年
农村基层组织							
乡镇个数	个	394	408	338	221	220	220
#镇 个 数	个		78	208	194	189	189
村委会个数	个	4575	4651	4582	2529	2456	2420
乡村户数、人口与从业人员							
乡村户数	户	1445797	1977835	2081843	2276745	2223001	2220448
乡村人口数	人	6348345	6918256	6841033	6715987	6355084	6327406
#乡村从业人员	人	2635876	3916699	4088305	4063402	3774207	3759442
#转移出省的从业人员	人		13904	126959	272350	259494	253203
按性别分							
男	人	1342399	2028586	2113385	2152128	2002955	1996271
女	人	1293477	1888113	1974920	1911274	1771252	1763171
按行业分							
农、林、牧、渔业	人	2413646	3051316	2440924	1526538	1341111	1345141
工 业	人	87706	348459	412239	647603		
建 筑 业	人	40133	158749	351166	646895		
交通运输仓储业及邮电通讯业	人	6126	52632	101882	180518		
批发、零售贸易业	人	9452	110166	258698	262461		
其他行业	人	78813	195377	523396	799387		

注:①2008 年以来交通运输仓储业及邮电通讯业包含计算机服务和软件业;其他行业包含住宿和餐饮业。②2012 年以来乡镇、村委会个数包含涉农街道、乡镇及村委会。③2011 年起取消分行业人数指标。

9－1 续表

	单 位	1978 年	1990 年	2000 年	2010 年	2014 年	2015 年
农村社会基础设施							
自来水受益村数	个			1897	1670	2034	2055
通有线电视村数	个					2325	2361
通宽带村数	个					2346	2379
农业主要能源及物质消耗							
农村用电量	万千瓦小时	12033	77482	222405	315870	316671	321190
农用化肥施用量(折纯)	万吨	15.59	15.78	21.42	17.17	15.63	15.49
#氮　肥	万吨	11.50	11.67	9.42	6.85	5.99	5.83
磷　肥	万吨	4.09	2.99	4.58	3.77	3.23	3.20
钾　肥	万吨		0.38	1.73	1.95	1.93	1.90
复 合 肥	万吨		0.74	5.69	4.60	4.28	4.31
农用塑料薄膜使用量	吨		1131	7331	10548	11671	12042
#地膜使用量	吨			4449	7308	7775	7973
地膜覆盖面积	万公顷			4.67	5.67	6.61	6.16
农用柴油	万吨			2.42	2.49	2.48	2.43
农药使用量	吨		4080	7146	5897	5175	5066
机耕面积	公顷				839067	417915	432513
机播面积	公顷				41162	150112	171737

9－2 历年农林牧渔业总产值

Gross Output Value of Farming, Forestry, Animal Husbandry and Fishery over the Years

单位:万元

年份	农林牧渔业总产值	其中:			
		农业	林业	牧业	渔业
1950	35140	30850	1070	3192	28
1951	37231	32527	1116	3557	31
1952	40583	35315	1269	3967	32
1953	46049	39992	1526	4489	42
1954	49264	41788	2105	5327	44
1955	50101	42344	2249	5458	50
1956	53498	44926	2428	6089	55
1957	57859	48160	2681	6950	68
1958	67215	54521	5265	7338	91
1959	52465	42641	4281	5471	72
1960	42184	35224	3340	3546	74
1961	36998	31938	1997	2971	92
1962	45840	39385	2041	4345	69
1963	55284	45216	2336	7642	90
1964	65290	51599	3026	10573	92
1965	76227	60247	3053	12829	98
1966	83034	65507	3151	14293	83
1967	84823	66425	3038	15264	96
1968	77963	60731	2856	14293	83
1969	81898	64835	2868	14111	84
1970	90799	73016	2893	14792	98
1971	97206	77463	2989	16658	96
1972	97890	75476	3211	19096	107
1973	105872	81759	3636	20366	111
1974	110799	86075	3801	20795	128
1975	113923	88472	3807	21503	141
1976	113083	87941	3887	21064	191
1977	124834	98381	4059	22121	273
1978	157073	122713	4725	29349	286
1979	173161	132675	5308	34852	326
1980	171518	126158	5175	39849	336
1981	177416	128085	4975	43949	407
1982	219738	166598	5527	47001	612

9－2 续表

单位:万元

年份	农林牧渔业总产值	其中: 农业	林业	牧业	渔业
1983	237768	176620	5983	54107	1058
1984	262666	193216	8339	59181	1930
1985	291302	203470	8756	75682	3394
1986	324607	219259	8041	92244	5063
1987	395987	255562	7935	125554	6936
1988	479787	284690	9386	176896	8815
1989	520868	312455	9886	188248	10279
1990	601911	375241	11248	204964	10458
1991	639111	401953	11361	214000	11797
1992	739631	462607	14415	249449	13160
1993	884061	544490	14837	307831	16903
1994	1279351	750677	16651	491217	20806
1995	1504482	899164	18877	562630	23811
1996	1683751	1020560	21279	612394	29518
1997	1812981	1073548	20612	685333	33488
1998	1919066	1187104	28482	667369	36111
1999	1935590	1207099	28117	666298	34076
2000	1977360	1210837	28556	700601	37366
2001	2121433	1238181	33819	810704	38729
2002	2256349	1227188	29649	909268	42981
2003	2438091	1303164	33584	990880	51820
2004	2832163	1418945	30644	1258726	59444
2005	3077972	1513190	36452	1391177	69542
2006	3279600	1594729	42177	1489285	78951
2007	4020885	1859410	48855	1937296	92113
2008	4381347	2044872	49909	2095021	99747
2009	4411403	2232924	56335	1908737	109419
2010	4701886	2371434	65671	2031628	117097
2011	5470001	2684971	87514	2423763	137936
2012	5778379	2940361	89356	2446463	148749
2013	5845959	3082059	92432	2351452	153566
2014	6130048	3313932	96585	2370940	165345
2015	6630582	3751421	114626	2375230	192281

注:从2002年起农林牧渔业总产值中增加农林牧渔服务业产值;农民家庭兼营性商品工业产值从农业产值中扣除;林业产值改为全社会口径。

9-3 历年农林牧渔业总产值发展速度

Development Rates of Gross Output Value of Farming, Forestry, Animal Husbandry and Fishery over the Years

单位:%

年份	农林牧渔业总产值	其中: 农业	林业	牧业	渔业
1950	100.0	100.0	100.0	100.0	100.0
1951	106.0	105.3	104.2	111.4	109.8
1952	109.0	108.5	113.7	111.5	105.1
1953	106.9	106.0	112.6	111.7	121.8
1954	106.4	104.4	137.8	112.5	104.0
1955	101.7	101.3	106.8	102.5	114.4
1956	106.4	105.6	107.4	111.0	107.9
1957	103.2	102.1	105.1	108.7	118.6
1958	105.8	103.6	178.7	96.6	122.9
1959	82.1	82.3	85.6	78.5	83.5
1960	79.0	81.7	76.1	64.0	101.3
1961	79.0	81.7	53.8	75.4	111.3
1962	119.5	118.4	98.2	140.4	72.3
1963	120.6	113.3	113.0	174.0	129.7
1964	118.1	113.4	128.7	137.6	100.9
1965	116.2	115.9	100.2	120.5	105.4
1966	108.8	108.6	103.0	110.8	101.4
1967	102.2	101.1	96.2	106.9	96.1
1968	91.9	91.3	93.9	93.5	86.6
1969	105.0	107.1	100.7	99.0	102.0
1970	110.9	112.9	101.1	105.1	116.4
1971	104.7	103.5	100.8	109.9	95.8
1972	98.6	94.8	104.5	111.5	108.0
1973	108.1	108.4	113.3	106.7	104.6
1974	101.8	102.6	101.8	99.5	112.0
1975	100.2	100.1	97.6	100.7	107.5
1976	97.6	97.8	100.5	96.4	133.2
1977	108.1	109.8	102.5	103.1	139.6
1978	109.6	108.3	101.1	115.2	91.2
1979	108.2	105.6	109.8	116.1	111.3
1980	100.2	95.9	87.0	114.0	98.9
1981	100.4	97.2	104.9	107.6	124.0

注:发展速度以上年为基数,按可比价格计算。

9-3 续表

单位:%

年　　份	农林牧渔业总产值	其中:			
		农　业	林　业	牧　业	渔　业
1982	112.7	119.4	102.6	98.4	133.9
1983	110.9	109.3	105.5	115.2	145.3
1984	105.3	103.0	121.3	108.8	166.6
1985	105.1	101.2	105.7	113.3	149.0
1986	105.7	103.5	90.2	110.5	144.1
1987	106.5	105.0	95.7	110.3	108.3
1988	100.6	96.1	103.6	108.6	113.2
1989	105.4	109.1	97.3	99.2	111.6
1990	103.0	103.0	97.9	103.3	99.3
1991	104.8	104.0	95.9	106.6	107.2
1992	105.1	103.5	118.8	107.5	105.5
1993	104.8	103.8	98.8	106.5	116.1
1994	105.5	103.5	99.2	109.1	107.2
1995	105.5	105.1	97.0	106.4	110.2
1996	104.6	103.7	106.7	105.2	116.8
1997	104.7	103.5	93.0	106.7	110.0
1998	104.3	105.1	105.0	102.9	107.5
1999	104.1	104.8	112.4	102.9	99.5
2000	105.0	103.3	97.6	107.4	114.3
2001	105.5	101.9	106.0	110.9	105.0
2002	106.6	103.1	119.7	111.0	107.9
2003	106.2	101.5	115.7	110.2	117.8
2004	107.4	99.4	92.6	116.8	105.1
2005	106.7	104.9	117.7	108.3	111.7
2006	105.4	104.1	113.8	106.1	112.9
2007	105.8	105.9	111.2	105.3	111.8
2008	104.4	105.4	97.4	103.4	98.9
2009	103.7	103.5	112.8	103.0	110.3
2010	104.4	105.0	107.3	103.2	106.9
2011	103.8	107.7	113.1	98.3	107.7
2012	103.5	105.2	101.9	101.1	107.1
2013	103.5	106.9	104.6	99.1	102.3
2014	103.7	105.2	103.2	101.2	106.2
2015	104.4	106.7	115.3	100.2	112.3

9－4　农林牧渔业总产值

Gross Output Value of Farming, Forestry, Animal Husbandry and Fishery

	绝对额(万元)		构　成(%)	
	2014 年	2015 年	2014 年	2015 年
农林牧渔业总产值	**6130048**	**6630582**	**100**	**100**
一、农业产值	3313932	3751421	54.06	56.58
(一)谷物及其它作物	744163	663111	12.14	10.00
#谷　　物	446163	445627	7.28	6.72
薯　　类	49491	49693	0.81	0.75
油　　料	141357	141986	2.31	2.14
豆　　类	21291	21724	0.35	0.33
(二)蔬菜园艺作物	2052020	2503114	33.47	37.75
#蔬　　菜(含菜用瓜)	1269707	1406325	20.71	21.21
花　　卉	586510	431974	9.57	6.51
(三)水果、坚果、饮料和香料作物	455581	517542	7.43	7.81
水果、坚果(含果用瓜)	417692	474209	6.81	7.15
茶及其他饮料	37832	43278	0.62	0.65
香料作物	57	55	…	0.00
(四)中药材	62168	67645	1.01	1.02
二、林业产值	96585	114626	1.58	1.73
(一)林木的培育和种植	48499	92551	0.79	1.40
(二)竹木采运	48086	22075	0.78	0.33
三、牧业产值	2370940	2375230	38.68	35.82
(一)牲畜饲养	140708	144589	2.29	2.18
(二)猪的饲养	1370297	1391657	22.35	20.99
(三)家禽饲养	623522	646571	10.17	9.75
(四)其它畜牧业	236413	192413	3.87	2.90
四、渔业产值	165345	192282	2.70	2.90
#养　　殖	165345	192282	2.70	2.90
五、农林牧渔服务业产值	183246	197023	2.99	2.97

9－5 历年农业机械拥有量

Agricultural Machinery over the Years

年 份	农业机械总动力（千瓦）	农用大中型拖拉机		农用排灌动力机械		农用载重汽车（辆）
		台	千瓦	台	千瓦	
1978	401045	3130	86634	9437	90139	150
1979	547861	3830	108568	11903	115810	355
1980	668943	4132	117947	12096	110984	663
1981	751754	4323	144493	12261	120805	864
1982	810771	4337	125921	13921	136008	944
1983	880933	4307	125918	13266	131190	1359
1984	916337	4033	118510	12364	125120	2177
1985	1001914	4162	123521	12091	124118	2821
1986	1060317	4209	125978	12651	122034	3288
1987	1103871	4196	127139	13885	133852	3346
1988	1221017	4115	126475	13397	130678	3925
1989	1251611	3790	117789	13464	133430	4265
1990	1348769	3376	106235	14990	157097	4329
1991	1394756	2730	86817	14090	153435	4517
1992	1451580	2334	74572	14414	156764	4829
1993	1557072	2153	69849	14672	160099	4942
1994	1623060	2100	68988	16234	167906	5459
1995	1759407	1912	63316	16445	174122	6018
1996	1803993	1773	58770	16329	168709	6292
1997	1856009	1831	59375	17003	173272	6485
1998	1920602	2118	65814	17013	177142	6367
1999	2024727	3307	98472	19718	186752	6822
2000	2052884	6415	223449	20173	193664	7056
2001	2113830	7061	240621	20911	185356	6956
2002	2279774	7725	296129	20912	204102	6831
2003	2352992	8396	313535	22528	211477	6819
2004	2359000	9058	327840	22873	215661	6905
2005	2408373	9108	312182	21803	199653	6027
2006	2473248	9119	312041	23078	225018	6267
2007	2555461	9506	324920	30632	227560	5548
2008	2634140	9145	315074	35455	246379	5815
2009	2803328	11138	366972	37180	251738	5792
2010	2881638	12062	410813	37713	247709	5729
2011	3106474	12215	400936	39737	258621	5673
2012	3203188	13744	460530	41110	262566	—
2013	3422104	14990	528080	42660	271535	—
2014	3659536	11182	406814	45239	282653	—
2015	3706601	11695	432500	45890	288000	—

9－6 历年农村用电量及化肥施用量情况

The Number of Electricity Consumption and Consumption of Chemical Fertilizers in Rural Areas over the Years

	农村用电量 （万千瓦小时）	化肥施用量 （折纯：吨）
1978	12033	155921
1979	21018	149627
1980	17173	132170
1981	22619	145630
1982	25529	145480
1983	28262	147081
1984	34179	132185
1985	38963	119625
1986	50939	143128
1987	55167	134453
1988	59329	136772
1989	68113	152904
1990	77482	157815
1991	79777	176083
1992	91325	168497
1993	104562	165078
1994	117276	172344
1995	148686	184865
1996	161258	191553
1997	180553	191557
1998	195302	199910
1999	206600	216103
2000	222405	214166
2001	240596	214635
2002	253682	207116
2003	261202	195859
2004	280271	200261
2005	292141	197055
2006	290845	192601
2007	294031	199310
2008	295403	197939
2009	301709	185335
2010	315870	171692
2011	316136	173593
2012	319152	158358
2013	324176	156374
2014	316671	156336
2015	321190	154885

9-7 农 业 机 械

Main Indicators of Agricultural Machinery

	单 位	1978 年	1990 年	2000 年	2010 年	2014 年	2015 年
农业机械总动力	万千瓦	40.10	134.88	205.29	288.16	365.95	370.66
农用大中型拖拉机	台	3130	3376	6415	12062	11182	11695
	万千瓦	8.66	10.62	22.34	41.08	40.68	43.25
小型(手扶)拖拉机	台	8183	42563	33878	25855	26097	25890
	万千瓦	7.12	43.58	36.83	30.23	31.14	30.91
农用排灌动力机械	台	9437	14990	20173	37713	45239	45890
	万千瓦	9.01	15.71	19.37	24.77	28.27	28.8
农用载重汽车	辆	150	4329	7056	5729	—	—
	万千瓦	0.91	31.08	53.13	45.65	—	—
大中型拖拉机配套农具	部	6522	3228	1994	5141	8833	9476
小型拖拉机配套农具	部	15859	56787	44854	29686	28744	28288
农用水泵	台	8522	14701	19950	45454	51794	52728
节水灌溉机械	套	3033	596	1765	3578	4208	4155
机动喷雾机	台	1176	7672	7693	28614	36442	39439
机动脱粒机	台	6065	6243	49617	74346	68333	66775
粮食加工机械	台	18323	24871	24905	46771	47592	47087
油料加工机械	台	662	588	1528	1609	1921	1896

9－8 历年粮食、油菜籽、蔬菜产量

Yield of Grains, Rapeseeds and Vegetables over the Years

单位:万吨

年 份	粮 食	#小 麦	#稻 谷	油菜籽	蔬 菜
1949	127.37	7.68	98.11	4.05	36.49
1950	137.02	8.52	105.37	4.47	37.25
1951	143.02	9.84	109.99	4.73	42.86
1952	154.47	9.20	119.70	5.61	38.22
1953	163.26	9.66	125.88	5.48	39.05
1954	169.58	9.27	130.93	6.46	44.87
1955	176.55	10.52	134.34	6.92	52.88
1956	188.06	13.24	136.13	6.56	55.87
1957	187.03	13.96	134.68	6.12	54.92
1958	192.05	14.59	130.91	5.00	61.71
1959	150.14	13.78	109.79	4.81	102.85
1960	125.22	13.39	88.81	2.58	116.12
1961	105.49	8.50	78.08	1.86	98.17
1962	137.28	12.65	98.33	2.11	66.35
1963	148.10	10.19	112.46	2.46	59.71
1964	160.18	12.25	122.27	5.24	63.21
1965	191.78	16.09	136.68	7.07	60.10
1966	200.47	23.35	148.96	6.85	63.79
1967	199.11	24.74	146.11	8.36	60.25
1968	176.86	23.10	126.26	7.18	60.09
1969	199.09	20.79	145.18	6.51	62.76
1970	233.94	27.27	161.31	7.88	70.96
1971	231.23	32.48	163.07	8.88	74.04
1972	214.73	35.78	147.17	9.18	75.53
1973	242.20	36.70	167.15	9.09	78.60
1974	237.68	43.53	157.34	9.67	76.88
1975	253.97	40.27	166.33	8.76	76.68
1976	237.85	45.82	148.39	6.75	85.13
1977	266.63	43.82	176.23	6.78	89.03
1978	294.85	60.64	182.83	10.82	87.61
1979	310.41	63.57	188.80	12.24	84.57
1980	305.14	62.26	189.78	13.70	75.09

9－8 续表

单位:万吨

年 份	粮 食	#小 麦	#稻 谷	油菜籽	蔬 菜
1981	301.08	63.65	192.35	16.87	82.97
1982	352.66	76.45	228.31	21.52	102.66
1983	371.22	92.20	230.32	18.69	130.62
1984	359.36	84.33	226.70	17.89	132.67
1985	344.74	76.49	219.74	22.96	154.60
1986	357.73	80.65	231.30	22.32	174.10
1987	353.89	85.12	224.30	23.61	192.68
1988	329.57	74.04	211.03	18.46	203.76
1989	356.80	77.75	230.70	18.08	205.76
1990	381.70	90.14	243.10	19.85	222.80
1991	392.26	96.24	248.22	19.92	227.29
1992	399.05	92.21	255.14	17.88	244.93
1993	397.53	93.70	250.99	13.05	258.10
1994	397.30	99.11	245.79	14.38	271.33
1995	398.97	97.54	246.23	18.30	283.87
1996	400.61	92.68	250.88	15.68	292.47
1997	402.10	90.29	252.92	14.11	307.00
1998	403.86	91.71	252.14	15.06	337.77
1999	397.02	88.59	246.89	14.37	361.81
2000	363.71	72.72	234.50	18.59	409.82
2001	310.73	59.27	201.36	18.40	398.40
2002	299.08	55.85	194.85	18.64	425.93
2003	265.12	46.71	174.14	18.16	423.23
2004	276.03	46.14	177.92	18.70	394.58
2005	259.91	47.37	160.42	19.06	410.02
2006	265.10	45.82	170.87	19.89	425.21
2007	270.11	44.69	171.84	19.06	456.41
2008	274.51	44.85	173.35	20.83	470.64
2009	278.88	44.51	175.67	23.43	484.10
2010	274.78	43.78	171.76	23.86	494.69
2011	265.43	41.39	164.51	24.20	529.88
2012	249.99	33.50	170.95	24.28	538.61
2013	243.11	32.20	164.61	24.07	533.42
2014	237.05	31.29	148.67	24.60	541.96
2015	230.15	28.43	144.73	24.48	570.84

9－9 农作物播种面积

Sown Area of Crops

单位:公顷

	1978 年	1990 年	2000 年	2010 年	2014 年	2015 年
农作物总播种面积	**997341**	**990944**	**988093**	**793924**	**700056**	**683948**
粮食作物	735222	702559	616275	447973	382656	365733
谷　物	624324	607380	507259	354552	300246	285972
稻　谷	353555	332677	290118	214160	182169	175636
小　麦	185990	203745	161237	91854	67548	60677
玉　米	77444	65201	54922	47586	49751	49286
高　粱	650	376	78	26	215	119
其他谷物	6685	5381	904	926	563	254
豆　类	36169	26116	25156	24769	24397	23880
#大　豆	2853	9509	10638	11686	11112	11028
薯　类	74729	69063	83860	68652	58013	55880
#马铃薯	29157	13301	27082	36853	33065	31613
油　料	67388	108210	105278	111865	111067	109623
#花　生	2976	5059	9835	8788	8449	8252
油菜籽	64408	103146	95430	103071	102612	101363
糖　类	2544	1261	1123	293	207	191
#甘　蔗	2544	1261	1123	293	207	191
烟　叶	3507	2070	1844	505	276	250
药材类	3028	3194	9148	9502	11645	12078
蔬菜、瓜果类	34357	79823	159035	166368	165847	171418
蔬　菜	34357	78384	157824	159077	159789	165017
瓜果类		1439	1211	7291	6058	6401
其他农作物	151295	93827	95390	57418	27525	24578
#青饲料	82425	63383	45520	17555	14026	13535

9－10 主要农产品产量

Yield of Major Agricultural Products

单位:吨

	1978 年	1990 年	2000 年	2010 年	2014 年	2015 年
主要农产品产量						
粮　　食	2948539	3817016	3637072	2747776	2370496	2301516
谷　　物	2720127	3606758	3332937	2404842	2076394	2009304
稻　　谷	1828295	2430986	2344973	1717598	1486686	1447316
小　　麦	606425	901383	727238	437795	312860	284340
玉　　米	257943	251793	256931	244463	272410	275838
高　　粱	1445	1294	271	94	1102	578
其他谷物	26019	21302	3524	4892	3336	1232
豆　　类	42580	44997	59757	64126	62188	62965
#大　　豆	6944	18213	24958	30459	29457	30143
薯　　类	185832	165261	244378	278808	231914	229247
#马 铃 薯	47224	28163	84254	155699	136920	134861
油　　料	112545	207283	209143	264866	272795	271224
#花　　生	4306	8784	23250	26277	26872	26359
油 菜 籽	108238	198492	185880	238582	245911	244849
糖　　类	106952	74088	66588	13845	9415	9453
#甘　　蔗	106952	74088	66588	13845	9415	9453
烟　　叶	4276	3791	4097	1471	887	808
蔬　　菜	876104	2227982	4098199	4946895	5419622	5708391

9－11　历年畜牧业生产情况

Productive Statistics of Animal Husbandry over the Years

年　份	年末牛存栏数（万头）	年末生猪存栏数（万头）	当年生猪出栏数（万头）	猪肉产量（万吨）	牛　奶（吨）
1949	17.92	80.22	28.42	1.63	15
1950	18.50	82.23	30.14	1.69	15
1951	19.73	92.63	35.10	1.96	15
1952	21.02	100.45	41.06	2.28	48
1953	21.68	116.30	47.40	2.36	58
1954	21.66	129.85	56.91	2.91	78
1955	22.30	123.72	58.80	3.10	139
1956	22.96	133.16	65.75	3.36	173
1957	23.08	172.84	73.17	4.13	2537
1958	22.01	203.03	60.54	2.88	2988
1959	21.12	155.31	50.24	2.36	3933
1960	19.43	93.32	20.24	0.94	4044
1961	18.27	64.91	10.23	0.46	2912
1962	18.57	97.19	21.72	1.08	4103
1963	19.77	159.98	56.48	2.76	5737
1964	20.98	202.35	91.65	4.75	8575
1965	22.68	265.83	120.28	6.24	10073
1966	24.00	310.79	138.83	6.87	9845
1967	24.55	312.18	147.51	7.76	9555
1968	24.92	293.16	147.25	7.27	7867
1969	25.52	279.79	144.92	7.05	8539
1970	25.94	302.01	145.74	7.52	9498
1971	25.75	410.84	160.41	7.98	10455
1972	24.68	459.93	191.71	9.46	10283
1973	24.54	441.36	198.91	9.89	9121
1974	24.03	432.67	193.09	9.52	8668
1975	23.22	441.99	208.50	10.71	8340
1976	21.73	428.61	195.97	9.52	8276
1977	20.70	416.45	193.84	9.80	9587
1978	20.88	459.01	238.88	12.95	11717
1979	20.09	526.37	292.12	15.35	11698
1980	18.68	542.20	334.40	17.14	12997
1981	17.99	502.62	362.28	18.49	12515

9－11 续表

年　　份	年末牛存栏数（万头）	年末生猪存　栏　数（万头）	当年生猪出　栏　数（万头）	猪肉产量（万吨）	牛　奶（吨）
1982	17.73	483.08	349.18	17.98	11707
1983	18.04	488.83	350.59	20.77	14237
1984	17.62	527.43	369.98	22.17	15708
1985	16.48	540.26	436.32	26.74	18492
1986	15.85	543.68	468.99	29.42	21678
1987	16.40	540.67	479.00	30.81	27000
1988	16.52	547.43	520.81	34.27	28610
1989	16.20	525.92	521.32	33.01	31449
1990	16.14	532.93	533.52	33.79	31700
1991	16.47	535.05	552.52	34.76	31995
1992	16.61	529.51	567.12	35.87	35530
1993	20.22	520.52	581.67	37.40	37740
1994	22.80	532.87	617.94	39.49	39420
1995	22.48	525.45	637.94	41.81	37011
1996	20.05	521.58	655.07	43.00	36103
1997	16.03	502.56	670.65	44.19	39568
1998	15.40	490.76	676.03	44.82	42750
1999	15.30	436.83	665.26	45.41	44502
2000	15.45	433.17	680.06	46.52	49753
2001	17.92	438.29	724.25	49.81	62778
2002	18.08	447.97	753.68	52.02	84183
2003	18.13	457.67	792.73	54.63	93343
2004	18.01	492.54	888.95	60.96	100439
2005	18.28	526.14	1007.94	69.13	102151
2006	19.13	531.32	1095.35	75.40	108947
2007	10.76	512.36	1016.44	67.50	122489
2008	12.02	511.46	1046.04	69.38	118828
2009	12.83	527.49	1081.10	71.83	121983
2010	13.16	524.63	1108.95	73.83	122788
2011	13.14	508.10	1076.06	72.77	114234
2012	11.09	465.99	725.14	50.14	125222
2013	11.04	455.14	729.83	50.68	115888
2014	10.79	434.13	740.30	51.63	113412
2015	10.32	418.64	720.62	50.59	102074

9－12　主要畜牧产品产量
Yield of Main Livestock Products

	单　位	1978 年	1990 年	2000 年	2010 年	2014 年	2015 年
出栏生猪头数	万头	238.88	533.52	680.06	1108.95	740.30	720.62
出售和自宰肉用牛	万头	1.23	1.20	5.46	11.85	6.92	6.99
出售和自宰肉用羊	万只	3.92	5.81	73.44	62.21	38.76	39.43
肉类总产量	万吨	14.16	38.53	68.62	105.22	69.24	68.17
#猪　肉	万吨	12.95	33.79	46.52	73.83	51.63	50.59
牛羊肉	万吨	0.17	0.22	2.17	3.15	1.70	1.73
禽　肉	万吨	1.04	4.14	18.30	24.91	13.31	13.47
奶类产量	吨	11717	31759	49779	122788	113412	102074
#牛　奶	吨	11717	31700	49753	122788	113412	102074
禽蛋产量	吨	17652	59660	146369	208037	165327	165800
蜂蜜产量	吨		5575	4735	3985	5563	5447

注：1978 年、1980 年禽肉产量含兔肉。

9－13　渔业生产情况
Productive Statistics of Fishery

	单　位	1978 年	1990 年	2000 年	2010 年	2014 年	2015 年
水产品总产量	**吨**	**2300**	**23885**	**49622**	**102400**	**94102**	**105500**
#养殖产量	吨	1926	23253	49032	100981	93324	104740
#池　塘	吨	1350	16682	43788	90690	83932	93683
稻　田	吨	469	5797	1775	1351	1124	1867
鱼　苗	万尾		154286	159136	193241	299128	318610
养殖水面	公顷	4473	8386	9202	8804	8311	8551
#池　塘	公顷	3413	7099	7698	7323	6717	6965
稻田养鱼	公顷		19516	4186	1062	557	1132

9－14　蚕茧、茶叶和水果、花卉生产情况

Productive Statistics of Silkworm Cocoons, Tea, Fruits and Flowers

	单　位	1978 年	1990 年	2000 年	2010 年	2014 年	2015 年
蚕茧产量	吨	564	766	1654	4331	4041	3936
茶叶产量	吨	1067	1917	2531	13044	19461	20571
水果产量	吨	26644	111714	523978	1179418	1230857	1308143
#苹　　果	吨	4013	2606	3303	4905	4324	4399
柑　　桔	吨	11136	74473	241252	399387	451455	471098
茶园面积	公顷	4108	5022	3054	13211	13891	13231
果园面积	公顷	6702	23477	38567	59286	66538	68513
#柑 桔 园	公顷	4853	14420	16646	17294	17836	18403
花卉种植面积	公顷		442	4978	23242	38789	41588
花卉当年销售收入	万元		719	30394	251748	586510	891611

9－15　林业生产情况

Productive Statistics of Forestry

	单　位	1978 年	1990 年	2000 年	2010 年	2014 年	2015 年
造林面积	公顷	6724	3958	12037	1031	1133	2636
#用 材 林	公顷		2879	3833	365		510
经 济 林	公顷		312	5769	274	1000	2126
幼林抚育实际面积	公顷		10205	4752	5104	666	6351
成林抚育实际面积	公顷		987	5005	5635		
育苗面积	公顷		197	840	838	1717	28035
四旁植树	万株		1935	1122	2903	1363	1171
油桐籽产量	吨		267	157	35		
棕片产量	吨		625	601	36	26	36

主要统计指标解释

农林牧渔业总产值 是以货币表现的农林牧渔业的全部产品总量和对农林牧渔业生产活动进行的各种支持性服务活动的价值。它反映一定时期内农林牧渔业生产总规模和总成果，是观察农林牧渔业生产水平和发展速度，研究农林牧渔业内部比例关系、农林牧渔业与工业、农林牧渔业与国家建设、人民生活比例关系的重要指标，同时也是计算农林牧渔业劳动生产率和农林牧渔业增加值的基础资料。

农林牧渔业总产值的核算范围

农林牧渔业总产值的统计范围是辖区内各种经济组织类型、各个系统的全部农林牧渔业生产单位和非农行业单位附属的农林牧渔业生产活动单位。军委系统的农林牧渔业生产（除军马外）也包括在内，但不包括农业科学试验机构进行的农业生产。

农林牧渔业总产值的核算范围也就是本辖区内在一定时期内生产的农业、林业、牧业、渔业产品的价值量和对农林牧渔业生产活动进行的各种支持性服务活动的价值的总和，执行日历年度。对于收获期延长到次年年初的个别农产品（如甘蔗），仍然把延期收获的部分算在本年度内。

农林牧渔业增加值 指农林牧渔及农林牧渔服务业生产货物或提供服务活动而增加的价值，为农林牧渔业现价总产值扣除农林牧渔业现价中间投入后的余额。

增加值也叫附加价值或追加价值，是指各单位生产经营的最终成果，即本单位或本行业对社会所作的贡献。从宏观上来说，增加值是计算国内生产总值的基础，即各部门增加值之和就是国内生产总值；从微观上来说，增加值能客观反映企业单位或行业的投入、产出、效益、速度和收入等情况。因此，计算增加值不仅是国民经济宏观管理的需要，也是微观的企业和行业管理的需要。

农林牧渔业增加值的核算范围：同农林牧渔业总产值核算范围。

农林牧渔业增加值的核算方法：采用“生产法”和“分配法”两种方法计算。

粮食总产量 指全社会的产量。包括国有经济经营的、集体统一经营的和农民家庭经营的粮食产量，还包括工矿企业家属办的农场和其他农业生产单位的产量。粮食除包括稻谷、小麦、玉米、高粱及其他杂粮外，还包括薯类和豆类。其产量计算方法，豆类按去豆荚后的干豆计算；薯类（包括甘薯和马铃薯，不包括芋头和木薯）1963 年以前按每 4 公斤鲜薯折 1 公斤粮食计算，从 1964 年开始及以后改为按 5 公斤鲜薯折 1 公斤粮食计算。城市郊区作为蔬菜的薯类（如：马铃薯、嫩玉米、青豌豆、葫豆）按鲜品计算，并且不作为粮食统计。其他粮食一律按脱粒后的原粮计算。

油料产量 指全部油料作物的生产量。包括花生、油菜籽、芝麻、向日葵籽、胡麻籽（亚麻籽）和其他油料。不包括大豆，也不包括木本油料和野生油料。花生以带壳干花生计算。

肉类总产量 是指当年出栏并已屠宰的畜禽肉产量，即屠宰后除去头蹄下水后带骨肉的重量，也叫酮体重。

农作物播种面积 指实际播种或移植有农作物的面积。凡是实际种植有农作物的面积，不论种植在耕地上还是种植在非耕地上，均包括在农作物播种面积中。在播种季节基本结束后，因遭灾而重新改种和补种的农作物面积，也包括在内。

有效灌溉面积 指具有一定的水源，地块比较平整，灌溉工程或设备已经配套，在一般年景下当年能够进行正常灌溉的耕地面积。

农用化肥施用量 指本年内实际用于农业生产的化肥数量。包括氮肥、磷肥、钾肥和复合肥。化肥施用量要求按折纯量计算数量。折纯法化肥施用量是把氮肥、磷肥和钾肥分别按含氮、含五氧化二磷、含氧化钾的百分之一百成份折算后的数量。复合肥按其所含主要成分折算。

农业机械总动力 指主要用于农、林、牧、渔业生产的各种动力机械的动力总和。包括耕作机械、农用排灌机械、收获机械、农用运输机械、植物保护机械、牧业机械、林业机械、渔业机械和其他农业机械（内燃机按引擎马力折成瓦（特）计算，电动机按功率折成瓦（特）计算）。不包括专门用于乡、镇、村、组办工业、基本建设、非农业运输、科学试验和教学等非农业生产方面用的动力机械与作业机械。

乡村从业人员 是指实际参加生产经营活动并取得实物或货币收入的人员，既包括劳动年龄内实际参加劳动的人员，也包括不在劳动年龄实际参加劳动人员，但不包括户口在家的在外学生、现役军人和丧失劳动能力的人，也不包括待业人员和家务劳动者。从业人员年龄 16 岁以上，从业时间为一个农事季节，一般为 2 个月以上的劳动时间。

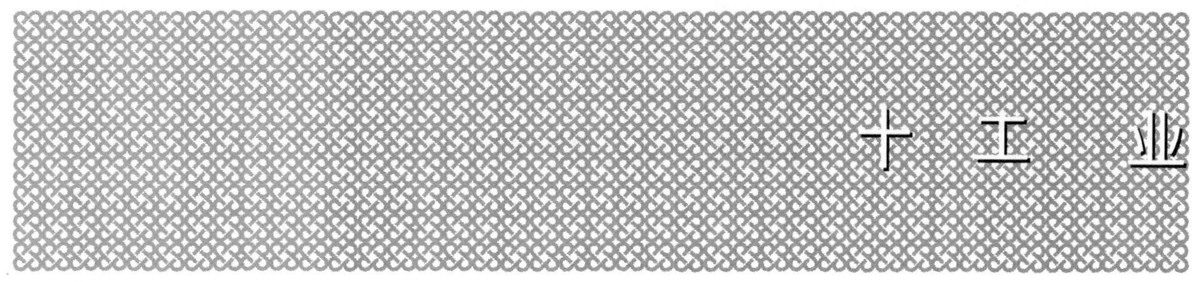

十 工 业

简 要 说 明

主要内容

本部分包括全市规模以上工业总产值及其构成、主要经济指标、大中型工业企业主要经济指标等资料。

资料来源

本部分资料来源于成都市统计局。

其他需要说明的问题

为保证历史资料的可比性，本资料按1999年计算方法及统计口径对工业总产值及相关资料的历史数据作了调整。

表内规模以上工业企业指年销售收入2000万元以上的工业企业。

工业总产值发展速度均按可比价格计算,工业总产值绝对额及其余指标均按当年价格计算。

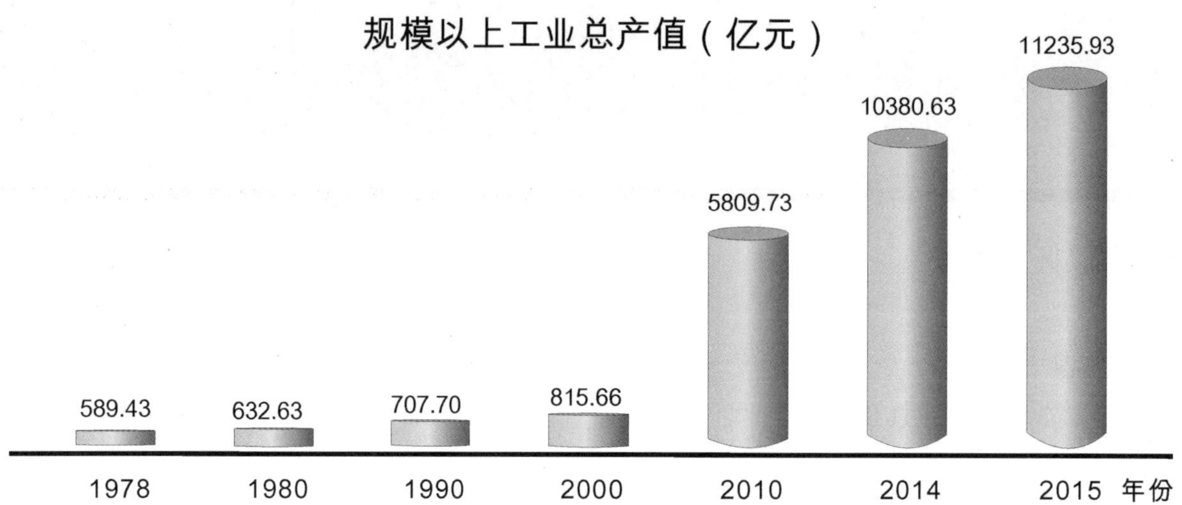

规模以上工业总产值结构（%）

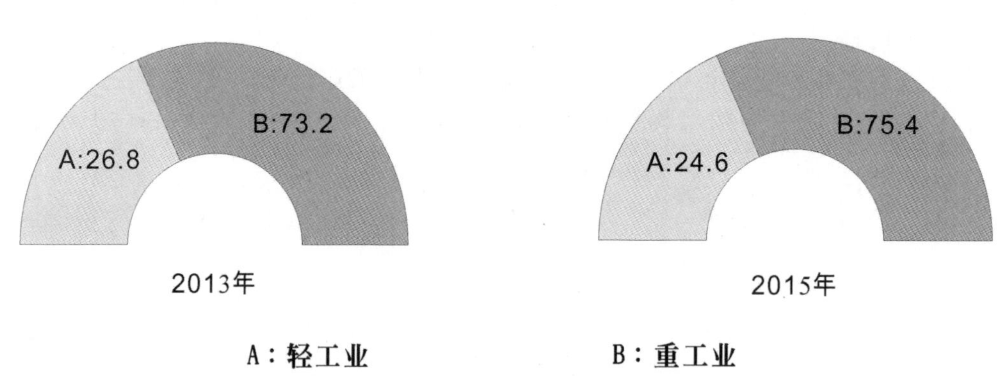

2015年全市工业企业特色优势企业完成总产值及占全市工业比重(%)

A: 食品、饮料及烟草工业1206.93亿元　B: 石油化学工业 751.29亿元　C: 机械工业 1389.94亿元　D: 电子信息产品制造业 3425.59亿元　E: 建材工业 374.10亿元　F: 冶金工业 454.24亿元　G: 汽车工业 1525.39亿元　H: 轻工行业 774.53亿元

10－1 历年主要工业产品产量

Output of Major Industrial Products over the Years

年份	合成洗涤剂(万吨)	卷烟(亿支)	饮料酒(混合量)(亿升)	#白酒	#啤酒	软饮料(万吨)	配混合饲料(万吨)	化学原料药(吨)
1949		0.28	0.40					
1950		0.54	0.35					
1951		0.95	0.54					
1952		0.71	0.46					
1953		0.74	0.55					
1954		0.74	0.59					
1955		0.78	0.50					
1956		1.02	0.64					
1957		1.13	0.67					
1958		1.79	0.92					
1959		2.41	1.17					
1960		1.45	1.39					
1961		1.62	0.83					
1962		1.19	0.44					
1963		1.21	0.61					
1964		3.08	0.75					
1965		3.09	0.70					
1966		4.34	0.50					
1967		3.98	0.54					
1968		2.07	0.55					
1969		3.96	0.57					
1970	0.04	5.31	0.66					229
1971	0.10	7.03	0.66					275
1972	0.12	4.88	0.79					276
1973	0.25	6.3	0.75					290
1974	0.20	7.25	0.94					264
1975	0.35	8.53	0.98					346
1976	0.41	8.61	0.99					309
1977	0.51	10.64	1.15					374
1978	0.81	11.19	1.28					544
1979	1.07	12.10	1.70					517
1980	1.27	12.60	2.77					447

10－1 续表1

年 份	合 成 洗涤剂 (万吨)	卷 烟 (亿支)	饮料酒 (混合量) (亿升)	# 白 酒	# 啤 酒	软饮料 (万吨)	配混合 饲 料 (万吨)	化 学 原料药 (吨)
1981	1. 58	12. 50	2. 89					686
1982	1. 88	12. 00	2. 86					801
1983	2. 13	12. 50	3. 70					1112
1984	2. 62	12. 50	5. 80					837
1985	2. 84	13. 23	8. 00	4. 96	2. 27	0. 70	7. 29	614
1986	3. 08	15. 57	8. 52	5. 26	2. 63	0. 75	10. 33	930
1987	3. 34	16. 00	12. 31	8. 87	2. 96	0. 77	12. 79	1104
1988	3. 63	16. 05	9. 61	6. 11	2. 97	0. 87	16. 29	1105
1989	5. 15	20. 01	9. 82	6. 43	2. 91	1. 32	16. 37	1120
1990	6. 53	22. 01	11. 00	8. 53	2. 47	1. 26	24. 34	1344
1991	5. 92	26. 00	15. 93	12. 28	3. 65	1. 50	33. 72	1462
1992	6. 33	27. 00	24. 71	19. 91	4. 80	1. 15	48. 95	2271
1993	7. 33	28. 00	32. 93	26. 69	6. 24	1. 30	72. 24	2127
1994	8. 04	27. 00	41. 72	34. 62	7. 10	1. 03	112. 78	2598
1995	13. 01	28. 00	54. 02	44. 76	9. 26	3. 28	115. 47	5098
1996	9. 31	30. 00	44. 28	34. 55	8. 86	5. 30	150. 30	2366
1997	10. 10	30. 00	43. 89	30. 89	12. 99	9. 04	103. 43	5459
1998	10. 92	50. 24	47. 52	35. 99	11. 53	10. 79	94. 65	2964
1999	10. 62	49. 00	50. 90	40. 96	9. 94	17. 52	92. 62	2975
2000	6. 49	51. 10	48. 54	36. 41	10. 65	22. 28	88. 88	3109
2001	12. 27	54. 00	55. 99	44. 79	11. 20	30. 39	72. 26	3174
2002	13. 41	53. 47	51. 03	39. 76	11. 27	39. 45	77. 22	3612
2003	16. 85	57. 79	48. 45	39. 30	9. 15	43. 53	85. 69	6570
2004	35. 79	299. 05	6. 73	5. 46	1. 27	54. 60	106. 95	3630
2005	36. 67	461. 25	6. 64	4. 22	2. 42	61. 70	113. 29	5060
2006	33. 41	473. 93	6. 76	4. 00	2. 76	82. 63	135. 65	6021
2007	37. 06	484. 87	7. 09	3. 85	3. 24	100. 81	138. 43	7299
2008	34. 37	704. 70	6. 75	3. 35	3. 16	106. 51	206. 99	8012
2009	34. 67	873. 95	5. 09	0. 74	4. 33	117. 98	193. 30	6173
2010	35. 00	914. 24	6. 72	1. 03	5. 69	164. 71	188. 29	6123
2011	34. 16	944. 20	7. 25	1. 23	5. 83	220. 50	233. 40	12595
2012	35. 17	978. 85	6. 33	1. 34	4. 94	227. 94	264. 28	22999
2013	47. 36	998. 67	7. 19	1. 28	5. 91	370. 03	335. 09	17961
2014	66. 94	1003. 69	7. 81	1. 17	6. 63	372. 12	353. 89	170753
2015	62. 29	945. 76	7. 40	1. 18	6. 22	324. 63	307. 94	198162

注:2003 年以前(含 2003 年)卷烟单位为万箱,饮料酒、白酒和啤酒单位万吨。

10－1　续表2

年　份	钢 （万吨）	钢　材 （万吨）	移动通信手持机（手机） （万台）	发电量 （万千瓦时）	化学纤维 （吨）	布 （万米）	印染布 （万米）
1949				1027		113	276
1950				524		106	281
1951				1533		317	275
1952				1556		413	455
1953				2057		600	568
1954				2522		885	700
1955				2983		763	616
1956				4261		878	710
1957				5215		1932	549
1958	0. 01			10714		2203	707
1959	0. 67	1. 01		26544		2872	924
1960	1. 33	1. 64		57168		3306	1451
1961	1. 43	1. 16		51524		1499	937
1962	0. 19	0. 29		43846		1224	591
1963	0. 08	0. 83		45076		2025	711
1964	0. 37	1. 76		57789		2501	618
1965	1. 10	3. 67		82843	27	2452	763
1966	2. 57	8. 30		111263	1767	9150	1857
1967	4. 40	4. 89		91946	1207	3427	1794
1968	0. 60	0. 31		47354	50	2109	112
1969	6. 33	1. 15		79317	281	6940	1252
1970	9. 35	2. 70		94839	701	8967	4635
1971	18. 80	7. 99		106714	1148	8548	5474
1972	20. 51	10. 76		95574	1307	8099	4661
1973	20. 03	12. 32		125068	1145	6395	5613
1974	11. 01	8. 50		71640	863	3366	2758
1975	16. 59	16. 43		76181	1125	6957	6242
1976	7. 89	11. 74		83051	1266	5370	5594
1977	17. 71	20. 58		81901	1631	10398	8053
1978	32. 73	35. 55		103645	2013	11550	10632
1979	30. 97	40. 04		71429	1622	11658	12383
1980	32. 29	40. 86		70621	2487	12241	11845

10－1 续表3

年 份	钢（万吨）	钢 材（万吨）	移动通信手持机(手机)（万台）	发电量（万千瓦时）	化学纤维（吨）	布（万米）	印染布（万米）
1981	28. 34	34. 50		109155	3023	12627	15591
1982	37. 06	45. 21		120165	2431	12790	17021
1983	43. 61	49. 42		125000	2654	12604	15338
1984	45. 10	50. 98		139717	3091	11212	14932
1985	50. 00	59. 34		160700	3177	11341	15091
1986	53. 63	63. 29		179300	4048	10568	16159
1987	58. 50	69. 13		186000	6469	10598	14039
1988	63. 24	72. 35		197005	6028	10107	13543
1989	77. 30	78. 53		208310	8258	9534	12042
1990	79. 96	86. 32		235977	10400	8772	11351
1991	90. 53	92. 50		379300	11800	8700	11200
1992	112. 88	118. 06		390100	14400	10400	11400
1993	124. 44	183. 86		406000	15800	7800	10800
1994	131. 59	123. 84		435600	17200	8500	7100
1995	129. 37	141. 67		440200	15700	10200	14400
1996	128. 45	108. 73		456060	17760	12012	12937
1997	156. 37	125. 91		501146	21050	8075	13945
1998	144. 38	130. 95		457098	31239	8756	10392
1999	125. 08	127. 85		390800	32500	7600	15583
2000	118. 75	126. 21		531300	33977	5942	6681
2001	165. 60	168. 13		485258	31160	5732	4322
2002	157. 90	173. 16		492120	37112	3591	3952
2003	147. 39	170. 06		631511	37924	2276	3025
2004	176. 75	184. 15		623595	39846	1747	2997
2005	193. 04	221. 90		565513	46727	3001	—
2006	191. 22	253. 16		668222	42776	4223	—
2007	208. 18	306. 96		944593	48321	1264	1960
2008	173. 34	286. 81		969849	37941	907	5043
2009	188. 12	301. 31		1215166	43766	448	3440
2010	193. 13	362. 80		1307659	53222	262	4281
2011	182. 28	409. 20		1369551	44928	222	4030
2012	160. 57	417. 51		1395149	22003	250	3793
2013	332. 71	504. 90		1356183	39843	6271	3829
2014	288. 08	664. 18	290. 83	1310291	74290	7285	3791
2015	229. 13	669. 29	1026. 63	1310454	78305	6964	5365

注:2005 年、2006 年规模以上工业企业无印染布产品产量;从 2014 年起新增移动通信手持机(手机)的产品产量数据。

10－1 续表4

年份	机制纸及纸板（万吨）	中成药（吨）	电子计算机整机（万台）	合成氨（万吨）	水泥（万吨）	汽车（辆）	金属切削机床（台）
1949							
1950							
1951	0.04						
1952	0.07						
1953	0.06						
1954	0.07						
1955	0.12						3
1956	0.18						11
1957	0.26						14
1958	0.42				0.64		772
1959	0.67			0.15	0.17		480
1960	1.63			0.56	3.13		1490
1961	0.64			2.56	1.20		465
1962	0.50			3.82	0.05		145
1963	0.72			4.80	0.65		119
1964	0.89			7.54	3.90		138
1965	1.07			10.93	0.14		228
1966	1.35			13.56	2.87		753
1967	1.19			7.92	2.70		577
1968	0.43			1.90	1.02	2	448
1969	0.83			3.82	1.48	33	700
1970	1.29			8.08	3.79	102	1105
1971	1.73			12.53	7.15	181	1472
1972	1.66			14.92	9.46	158	1672
1973	1.61			16.36	10.38	308	1701
1974	1.66			16.35	9.61	315	1728
1975	2.18			20.58	14.86	414	2218
1976	1.83			27.10	13.18	243	1701
1977	2.33			46.23	20.84	614	2231
1978	2.99			61.44	25.37	641	2265
1979	3.74			63.64	30.98	886	2798
1980	4.71			61.99	37.46	966	2845

10－1 续表5

年 份	机制纸及纸板(万吨)	中成药(吨)	电子计算机整 机(万台)	合成氨(万吨)	水 泥(万吨)	汽 车(辆)	金 属切削机床(台)
1981	4.56			57.44	39.65	681	2368
1982	6.25			54.78	50.49		3696
1983	7.33			58.10	60.13	2312	2533
1984	8.26			61.27	72.89	2055	2253
1985	9.13	1533		57.21	83.05	4065	2500
1986	9.59	1422		53.87	92.24	3763	2642
1987	11.05	1712		49.78	104.32	5082	2106
1988	11.44	1690		55.49	121.26	9422	2115
1989	12.22	1819		54.57	118.99	5924	1840
1990	12.70	2137		55.58	112.87	5230	1033
1991	12.00	3592		48.40	145.89	9113	1300
1992	15.00	3695		53.97	177.78	18834	1700
1993	18.00	13100		52.37	210.06	23951	1300
1994	24.00	12843		60.37	214.75	19298	900
1995	23.00	22144		64.04	226.23	43912	3700
1996	18.03	8022		107.09	253.73	23513	1300
1997	21.48	9801		63.69	235.41	22629	348
1998	15.13	12662		64.71	277.43	19701	371
1999	12.70	14838		73.44	301.00	19040	499
2000	9.60	15827		74.40	324.00	20124	1378
2001	15.47	15162		73.22	338.82	21897	1717
2002	13.99	17441		70.69	370.69	33500	1960
2003	11.73	20623		69.83	492.81	33109	3292
2004	12.44	19047		57.36	498.79	53415	3525
2005	18.44	22570		78.85	559.33	54702	3764
2006	12.99	19697		78.28	574.78	60270	2995
2007	23.40	48911		73.26	1044.44	69205	3590
2008	18.67	60692		69.71	444.00	71120	1666
2009	16.70	46187		69.18	830.20	65082	1232
2010	22.77	16956		51.75	1039.05	93819	2546
2011	16.69	27714		38.42	1328.80	181809	2762
2012	24.08	27267		48.03	1468.13	392374	832
2013	29.24	88518		65.49	1488.51	758934	1102
2014	29.77	164603	7619.05	33.48	1516.83	933993	14688
2015	34.80	154831	6319.48	19.78	1423.64	927990	982

注:从2014年起新增电子计算机(整机)的产品产量数据。

10－2　工业企业数及工业总产值(2015年)

(年主营业务收入2000万元及以上企业)

The Number of Industrial Enterprises and Gross Industrial Output Value(2015)

	企业数		工业总产值	
	个数(个)	构成(%)	绝对额(万元)	构成(%)
总计	**3356**	**100.00**	**112359309**	**100.00**
按登记注册类型分组				
#国有企业	36	1.07	2288926	2.04
集体企业	15	0.45	188832	0.17
股份合作企业	20	0.60	214291	0.19
联营企业	3	0.09	23659	0.02
有限责任公司	1262	37.60	37159140	33.07
股份有限公司	205	6.11	8792295	7.83
私营企业	1471	43.83	21523385	19.16
港澳台商投资企业	100	2.98	17847731	15.88
外商投资企业	234	6.97	24223459	21.56
按经济组织类型分组				
#独资企业	253	7.54	31132132	27.71
合作合伙企业	48	1.43	598483	0.53
股份有限公司	287	8.55	10575816	9.41
有限责任公司	2768	82.48	70052878	62.35
按轻重工业分				
轻工业	1272	37.90	27695364	24.65
重工业	2084	62.10	84663945	75.35
按企业规模分				
大型企业	107	3.19	46334439	41.24
中型企业	510	15.20	26919582	23.96
小型企业	2642	78.72	30696246	27.32
微型企业	97	2.89	8409042	7.48
按工业行业大类分				
煤炭开采和洗选业				
石油和天然气开采业	3	0.09	57939	0.05
黑色金属矿采选业				
有色金属矿采选业				
非金属矿采选业				
开采辅助活动	1	0.03		
其他采矿业				
农副食品加工业	183	5.46	4301302	3.79
食品制造业	158	4.71	2917572	2.60

10－2 续表

	企业数		工业总产值	
	个数（个）	构成（%）	绝对额（万元）	构成（%）
酒、饮料和精制茶制造业	75	2.23	2167156	1.93
烟草制品业	2	0.06	2683267	2.39
纺织业	28	0.83	301480	0.27
纺织服装、服饰业	26	0.77	229853	0.20
皮革、毛皮、羽毛及其制品和制鞋业	75	2.23	1091171	0.97
木材加工和木、竹、藤、棕、草制品业	46	1.37	604292	0.54
家具制造业	146	4.35	3311974	2.95
造纸和纸制品业	66	1.97	816467	0.73
印刷和记录媒介复制业	81	2.41	1279032	1.14
文教、工美、体育和娱乐用品制造业	15	0.45	399173	0.36
石油加工、炼焦和核燃料加工业	13	0.39	4288556	3.82
化学原料和化学制品制造业	187	5.57	3166420	2.82
医药制造业	167	4.98	3943567	3.51
化学纤维制造业	5	0.15	111020	0.10
橡胶和塑料制品业	147	4.38	2045743	1.82
非金属矿物制品业	285	8.49	3741031	3.33
黑色金属冶炼和压延加工业	69	2.06	2859563	2.55
有色金属冶炼和压延加工业	40	1.19	1682793	1.50
金属制品业	237	7.06	3978648	3.54
通用设备制造业	236	7.03	3457963	3.08
专用设备制造业	211	6.29	3258930	2.90
汽车制造业	204	6.08	15071524	13.41
铁路、船舶、航空航天和其他运输设备制造业	57	1.70	2980363	2.65
电气机械和器材制造业	251	7.48	5219509	4.65
计算机、通信和其他电子设备制造业	187	5.57	28852043	25.68
仪器仪表制造业	46	1.37	410246	0.37
其他制造业	10	0.30	309760	0.28
废弃资源综合利用业	6	0.18	70958	0.06
金属制品、机械和设备修理业	3	0.09	179968	0.16
电力、热力生产和供应业	32	0.95	2627789	2.34
燃气生产和供应业	39	1.16	3607885	3.21
水的生产和供应业	19	0.57	334352	0.30

10－3 全部独立核算工业企业主要经济指标(2015年)

(年主营业务收入2000万元及以上企业)

Main Indicators of Corporate Industrial Enterprises with Independent Accounting System(2015)

单位:万元

	企业数(个)	#亏损企业	工业总产值
总计	**3356**	**519**	**112359309**
按登记注册类型分组			
#国有企业	36	9	2288926
集体企业	15	1	188832
股份合作企业	20	2	214291
联营企业	3	1	23659
有限责任公司	1262	228	37159140
股份有限公司	205	26	8792295
私营企业	1471	182	21523385
港澳台商投资企业	100	20	17847731
外商投资企业	234	49	24223459
按经济组织类型分组			
#独资企业	253	46	31132132
合作合伙企业	48	7	598483
股份有限公司	287	37	10575816
有限责任公司	2768	429	70052878
按轻重工业分			
轻工业	1272	165	27695364
重工业	2084	354	84663945
按企业规模分			
大型企业	107	10	46334439
中型企业	510	76	26919582
小型企业	2642	413	30696246
微型企业	97	20	8409042
按工业行业大类分			
煤炭开采和洗选业			
石油和天然气开采业	3		57939
黑色金属矿采选业			
有色金属矿采选业			
非金属矿采选业			
开采辅助活动	1		
其他采矿业			
农副食品加工业	183	24	4301302
食品制造业	158	13	2917572

10 - 3 续表 1

单位:万元

	企业数(个)	#亏损企业	工业总产值
酒、饮料和精制茶制造业	75	10	2167156
烟草制品业	2	1	2683267
纺 织 业	28	4	301480
纺织服装、服饰业	26	5	229853
皮革、毛皮、羽毛及其制品和制鞋业	75	13	1091171
木材加工和木、竹、藤、棕、草制品业	46	5	604292
家具制造业	146	6	3311974
造纸和纸制品业	66	10	816467
印刷和记录媒介复制业	81	13	1279032
文教、工美、体育和娱乐用品制造业	15	1	399173
石油加工、炼焦和核燃料加工业	13	2	4288556
化学原料和化学制品制造业	187	29	3166420
医药制造业	167	27	3943567
化学纤维制造业	5	4	111020
橡胶和塑料制品业	147	21	2045743
非金属矿物制品业	285	51	3741031
黑色金属冶炼和压延加工业	69	20	2859563
有色金属冶炼和压延加工业	40	13	1682793
金属制品业	237	38	3978648
通用设备制造业	236	38	3457963
专用设备制造业	211	37	3258930
汽车制造业	204	28	15071524
铁路、船舶、航空航天和其他运输设备制造业	57	7	2980363
电气机械和器材制造业	251	45	5219509
计算机、通信和其他电子设备制造业	187	29	28852043
仪器仪表制造业	46	6	410246
其他制造业	10		309760
废弃资源综合利用业	6	2	70958
金属制品、机械和设备修理业	3	1	179968
电力、热力生产和供应业	32	9	2627789
燃气生产和供应业	39	3	3607885
水的生产和供应业	19	4	334352

10－3 续表2

单位:万元

	资 产 合 计	流动资产 合 计	负 债 合 计	所有者权益 合 计
总 计	**106906116**	**55825750**	**62823938**	**44082178**
按登记注册类型分组				
#国有企业	4963528	2692629	3545312	1418216
集体企业	91656	61262	57772	33884
股份合作企业	133376	100703	61955	71421
联营企业	20856	7905	13350	7507
有限责任公司	45693506	20118095	29163216	16530290
股份有限公司	13763219	7050546	6613817	7149403
私营企业	18116132	10472743	9430035	8686097
港澳台商投资企业	9346141	6269469	6579132	2767008
外商投资企业	14693097	9035535	7318399	7374699
按经济组织类型分组				
#独资企业	19212180	12036700	12907378	6304802
合作合伙企业	738153	429588	493854	244299
股份有限公司	17477843	9399358	8527596	8950247
有限责任公司	69477940	33960104	40895110	28582830
按轻重工业分				
轻 工 业	26023609	14484784	13072739	12950870
重 工 业	80882507	41340966	49751199	31131308
按企业规模分				
大型企业	44361036	19956658	28656742	15704294
中型企业	29989459	17047691	16387606	13601853
小型企业	28756607	16412048	16149777	12606830
微型企业	3799014	2409353	1629813	2169201
按工业行业大类分				
煤炭开采和洗选业				
石油和天然气开采业	1199286	424611	780301	418986
黑色金属矿采选业				
有色金属矿采选业				
非金属矿采选业				
开采辅助活动				
其他采矿业				
农副食品加工业	2259203	1348716	1395542	863661
食品制造业	2113238	948095	933927	1179310

10－3 续表3

单位:万元

	资产合计	流动资产合计	负债合计	所有者权益合计
酒、饮料和精制茶制造业	1673781	831718	821870	851910
烟草制品业	1652131	1162491	924681	727450
纺织业	279887	129925	145003	134884
纺织服装、服饰业	572018	412977	368541	203477
皮革、毛皮、羽毛及其制品和制鞋业	500527	305793	352993	147534
木材加工和木、竹、藤、棕、草制品业	897918	390466	361628	536290
家具制造业	1907107	890883	948150	958957
造纸和纸制品业	600170	320893	383687	216483
印刷和记录媒介复制业	1356412	760660	532595	823817
文教、工美、体育和娱乐用品制造业	189804	125832	120611	69193
石油加工、炼焦和核燃料加工业	4068762	680131	2362925	1705837
化学原料和化学制品制造业	3195608	1599968	1653113	1542495
医药制造业	7054906	4331489	3379674	3675232
化学纤维制造业	125804	43228	76176	49628
橡胶和塑料制品业	1556617	868838	779259	777359
非金属矿物制品业	4853091	2288477	2400428	2452663
黑色金属冶炼和压延加工业	2448199	1206757	2197720	250479
有色金属冶炼和压延加工业	1601073	927421	882882	718191
金属制品业	3620155	2321837	2121019	1499136
通用设备制造业	3765492	2465809	2037279	1728213
专用设备制造业	4558995	2786302	2267265	2291730
汽车制造业	10518444	6674314	6028902	4489541
铁路、船舶、航空航天和其他运输设备制造业	5199125	3382475	2816836	2382289
电气机械和器材制造业	4703127	2817688	3509080	1194047
计算机、通信和其他电子设备制造业	16981958	11837723	10532623	6449337
仪器仪表制造业	586590	389868	257582	329008
其他制造业	561137	411113	265229	295908
废弃资源综合利用业	61822	35251	44054	17767
金属制品、机械和设备修理业	346397	189879	170237	176160
电力、热力生产和供应业	11901312	902231	9131667	2769645
燃气生产和供应业	1174148	644501	504538	669610
水的生产和供应业	2821872	967390	1335921	1485951

10－3 续表4

单位:万元

	主营业务收入	主营业务成本	利润总额	利税总额	本年应交增值税
总计	**100146815**	**84031604**	**4692199**	**10641966**	**2940621**
按登记注册类型分组					
#国有企业	1990362	1719821	－104297	－48001	47499
集体企业	177328	156688	6848	13350	5732
股份合作企业	186866	161229	7673	16195	6928
联营企业	19320	17127	－782	168	561
有限责任公司	34597014	27305055	1677976	5111791	1198436
股份有限公司	8619917	7016734	477161	842323	312585
私营企业	19789072	16450937	1210602	2046395	718457
港澳台商投资企业	14850058	14308446	－342385	－237636	85393
外商投资企业	19823429	16813454	1755097	2889829	561984
按经济组织类型分组					
#独资企业	24297751	22755286	－4300	221380	183158
合作合伙企业	570255	485643	－17707	10852	25350
股份有限公司	10268070	8193360	623299	1093703	396239
有限责任公司	65010739	52597315	4090907	9316031	2335874
按轻重工业分					
轻工业	25609568	19031084	1770152	4430886	1204404
重工业	74537247	65000520	2922047	6211080	1736217
按企业规模分					
大型企业	38304910	31700985	1212132	4614370	963448
中型企业	25425367	21099374	1555832	2658216	950453
小型企业	28740073	24341520	1315846	2280510	799083
微型企业	7676465	6889725	608389	1088870	227637
按工业行业大类分					
煤炭开采和洗选业					
石油和天然气开采业	62407	34262	24573	27147	－98
黑色金属矿采选业					
有色金属矿采选业					
非金属矿采选业					
开采辅助活动					
其他采矿业					
农副食品加工业	4198623	3746757	192911	329322	128792
食品制造业	2873960	2217803	240997	372101	116694

10－3 续表5

单位:万元

	主营业务收入	主营业务成本	利润总额	利税总额	本年应交增值税
酒、饮料和精制茶制造业	2049146	1554534	165387	307034	90738
烟草制品业	2270792	835707	892	1539899	254644
纺 织 业	273846	236573	13757	21447	6774
纺织服装、服饰业	253515	186094	12903	27079	12701
皮革、毛皮、羽毛及其制品和制鞋业	910482	799322	38775	67097	24768
木材加工和木、竹、藤、棕、草制品业	571607	474184	24856	50809	22140
家具制造业	3019503	2332447	164969	329137	134299
造纸和纸制品业	768554	654803	46689	75999	25948
印刷和记录媒介复制业	1200856	952634	111187	170797	52598
文教、工美、体育和娱乐用品制造业	390377	327231	17684	32976	13151
石油加工、炼焦和核燃料加工业	4109607	3055605	58254	847759	14247
化学原料和化学制品制造业	2915839	2404207	97772	205266	90581
医药制造业	3369650	1936379	465582	705803	213312
化学纤维制造业	106439	100371	722	1390	581
橡胶和塑料制品业	1926506	1595332	112137	185842	63726
非金属矿物制品业	3613239	3130717	87467	216771	108367
黑色金属冶炼和压延加工业	2506667	2349666	－234257	－164399	60681
有色金属冶炼和压延加工业	1755888	1655524	27017	67532	38504
金属制品业	3795205	3336585	104550	269875	142120
通用设备制造业	3366986	2798958	180732	318502	120974
专用设备制造业	3018824	2417290	146718	274982	107813
汽车制造业	13696840	11339249	1503012	2600132	548453
铁路、船舶、航空航天和其他运输设备制造业	2696318	2290599	170788	255127	51065
电气机械和器材制造业	4756563	4065319	152119	311083	141604
计算机、通信和其他电子设备制造业	22284017	20901438	86942	282849	159555
仪器仪表制造业	401729	297579	38867	58956	17665
其他制造业	265187	220806	8445	11605	1900
废弃资源综合利用业	66988	54759	4689	6766	1728
金属制品、机械和设备修理业	188166	161651	712	6459	5052
电力、热力生产和供应业	2584928	1999677	357781	507837	127938
燃气生产和供应业	3504543	3345986	148906	191033	32746
水的生产和供应业	373018	221556	117664	129952	8860

10－3 续表6

	亏损面（%）	产销率（%）	资　产贡献率（%）	负债率（%）	流动资产周转次数（次）
总　　计	**15.46**	**95.20**	**10.94**	**58.77**	**1.82**
按登记注册类型分组					
#国有企业	25.00	101.59	0.20	71.43	0.78
集体企业	6.67	98.93	15.36	63.03	2.92
股份合作企业	10.00	94.80	12.73	46.45	1.91
联营企业	33.33	98.59	1.36	64.01	2.50
有限责任公司	18.07	95.36	12.28	63.82	1.74
股份有限公司	12.68	97.70	7.15	48.05	1.24
私营企业	12.37	95.37	12.29	52.05	1.91
港、澳、台商投资企业	20.00	94.28	－1.32	70.39	2.38
外商投资企业	20.94	93.94	20.05	49.81	2.23
按经济组织类型分组					
#独资企业	18.18	94.37	2.17	67.18	2.04
合作合伙企业	14.58	98.07	2.69	66.90	1.35
股份有限公司	12.89	96.88	7.31	48.79	1.11
有限责任公司	15.50	95.29	14.36	58.86	1.94
按轻重工业分					
轻 工 业	12.97	95.44	17.85	50.23	1.80
重 工 业	16.99	95.12	8.71	61.51	1.82
按企业规模分					
大型企业	9.35	94.62	11.48	64.60	1.94
中型企业	14.90	96.35	9.82	54.64	1.52
小型企业	15.63	95.88	8.91	56.16	1.77
微型企业	20.62	92.20	28.75	42.90	3.21
按工业行业大类分					
煤炭开采和洗选业					
石油和天然气开采业		100.00	2.15	65.06	0.15
黑色金属矿采选业					
有色金属矿采选业					
非金属矿采选业					
开采辅助活动					
其他采矿业					
农副食品加工业	13.11	97.89	15.80	61.77	3.15
食品制造业	8.23	101.60	18.55	44.19	3.06

10－3 续表7

	亏损面 (%)	产销率 (%)	资　产 贡献率 (%)	负债率 (%)	流动资产 周转次数 (次)
酒、饮料和精制茶制造业	13.33	92.33	19.18	49.10	2.52
烟草制品业	50.00	93.76	93.49	55.97	2.01
纺 织 业	14.29	93.39	8.45	51.81	2.13
纺织服装、服饰业	19.23	87.00	4.97	64.43	0.63
皮革、毛皮、羽毛及其制品和制鞋业	17.33	88.45	15.39	70.52	2.99
木材加工和木、竹、藤、棕、草制品业	10.87	93.92	6.65	40.27	1.49
家具制造业	4.11	97.82	18.87	49.72	3.39
造纸和纸制品业	15.15	95.65	13.86	63.93	2.42
印刷和记录媒介复制业	16.05	98.35	12.84	39.26	1.60
文教、工美、体育和娱乐用品制造业	6.67	98.88	17.33	63.54	3.17
石油加工、炼焦和核燃料加工业	15.38	95.88	22.99	58.07	6.04
化学原料和化学制品制造业	15.51	96.92	7.39	51.73	1.87
医药制造业	16.17	89.62	10.89	47.91	0.80
化学纤维制造业	80.00	94.75	2.43	60.55	2.49
橡胶和塑料制品业	14.29	97.17	12.92	50.06	2.25
非金属矿物制品业	17.89	96.56	5.58	49.46	1.59
黑色金属冶炼和压延加工业	28.99	98.30	-4.49	89.77	2.12
有色金属冶炼和压延加工业	32.50	98.71	5.89	55.14	1.90
金属制品业	16.03	95.21	8.64	58.59	1.65
通用设备制造业	16.10	95.27	9.18	54.10	1.37
专用设备制造业	17.54	97.32	6.78	49.73	1.10
汽车制造业	13.73	93.80	25.07	57.32	2.08
铁路、船舶、航空航天和其他运输设备制造业	12.28	98.58	5.28	54.18	0.81
电气机械和器材制造业	17.93	94.50	8.73	74.61	1.71
计算机、通信和其他电子设备制造业	15.51	93.12	2.54	62.02	1.89
仪器仪表制造业	13.04	98.95	10.48	43.91	1.06
其他制造业		100.21	2.66	47.27	0.67
废弃资源综合利用业	33.33	78.79	12.19	71.26	1.91
金属制品、机械和设备修理业	33.33	101.87	1.71	49.15	1.03
电力、热力生产和供应业	28.13	99.65	5.64	76.73	2.89
燃气生产和供应业	7.69	99.81	16.19	42.97	5.64
水的生产和供应业	21.05	99.54	5.03	47.34	0.42

10－4 独立核算国有控股企业主要经济指标(2015年)

Main Indicators of State Holding Majority Shares Industrial Enterprises with Independent Accounting System(2015)

单位:万元

	企业数(个)	#亏损企业	工业总产值
总计	**265**	**70**	**28354743**
在总计中:亏损企业	70	70	7811335
按隶属关系分			
中央企业	87	23	19211124
地方企业	178	47	9143619
按轻重工业分			
轻工业	54	13	4717415
重工业	211	57	23637328
按企业规模分			
大型企业	32	8	13562482
中型企业	93	24	4707894
小型企业	128	37	2242496
微型企业	12	1	7841871
按工业行业大类分			
石油和天然气开采业	3		57939
开采辅助活动	1		
农副食品加工业	4	3	159160
食品制造业	3		52113
酒、饮料和精制茶制造业	3	2	18691
烟草制品业	2	1	2683267
纺织业	1		12238
纺织服装、服饰业	5	2	65209
木材加工和木、竹、藤、棕、草制品业	1		28945
造纸和纸制品业	1	1	12010
印刷和记录媒介复制业	3		268267

注:年主营业务收入2000万元及以上企业。

10－4 续表1

单元:万元

	企业数（个）	#亏损企业	工业总产值
文教、工美、体育和娱乐用品制造业	1		232444
石油加工、炼焦和核燃料加工业	1		3928890
化学原料和化学制品制造业	11	3	340909
医药制造业	12		396385
化学纤维制造业	1		86085
橡胶和塑料制品业	3	1	19978
非金属矿物制品业	22	7	714264
黑色金属冶炼和压延加工业	5	2	817517
有色金属冶炼和压延加工业	5	3	110757
金属制品业	11	5	460325
通用设备制造业	12	3	449060
专用设备制造业	15	6	148718
汽车制造业	25	5	6450145
铁路、船舶、航空航天和其他运输设备制造业	16	2	2352772
电气机械和器材制造业	17	8	430345
计算机、通信和其他电子设备制造业	31	5	1542555
仪器仪表制造业	3		64745
其他制造业	3		283596
废弃资源综合利用业	1		30382
金属制品、机械和设备修理业	3	1	179968
电力、热力生产和供应业	17	6	2389914
燃气生产和供应业	13	2	3289955
水的生产和供应业	10	2	277195

10－4 续表2

单位:万元

	资　产合　计	流动资产合　计	负　债合　计	所有者权益合　计
总　计	**40221147**	**15771979**	**25815861**	**14405286**
在总计中:亏损企业	7463990	3536480	6592248	871742
按隶属关系分				
中央企业	25208991	9687910	17559025	7649966
地方企业	15012156	6084069	8256836	6755320
按轻重工业分				
轻 工 业	5985823	3238219	2835733	3150090
重 工 业	34235324	12533760	22980128	11255196
按企业规模分				
大型企业	24141865	7281634	16702634	7439231
中型企业	8781593	4462071	5497464	3284129
小型企业	4118764	1984171	2387183	1731581
微型企业	3178925	2044103	1228580	1950345
按工业行业大类分				
石油和天然气开采业	1199286	424611	780301	418986
开采辅助活动				
农副食品加工业	127452	80913	120394	7058
食品制造业	37580	23125	17789	19792
酒、饮料和精制茶制造业	55651	36273	49583	6068
烟草制品业	1652131	1162491	924681	727450
纺 织 业	36667	17143	2719	33948
纺织服装、服饰业	119352	62251	66405	52947
木材加工和木、竹、藤、棕、草制品业	6253	1464	3489	2764
造纸和纸制品业	26222	8542	49736	－23513
印刷和记录媒介复制业	528127	311180	48425	479702

10－4　续表3

单元:万元

	资产合计	流动资产合计	负债合计	所有者权益合计
文教、工美、体育和娱乐用品制造业	113084	96522	73157	39928
石油加工、炼焦和核燃料加工业	3514766	420020	1866124	1648642
化学原料和化学制品制造业	448135	198456	361325	86810
医药制造业	575504	259138	224620	350884
化学纤维制造业	93790	31343	59333	34457
橡胶和塑料制品业	33271	22737	19200	14071
非金属矿物制品业	1232735	641559	708458	524278
黑色金属冶炼和压延加工业	1201819	484103	1516698	－314879
有色金属冶炼和压延加工业	178123	79417	90300	87824
金属制品业	661797	480779	394557	267239
通用设备制造业	805192	516596	447394	357797
专用设备制造业	594101	207908	301025	293076
汽车制造业	4356984	2726443	2224070	2132914
铁路、船舶、航空航天和其他运输设备制造业	3878131	2602753	2423925	1454206
电气机械和器材制造业	591196	398088	1214461	－623265
计算机、通信和其他电子设备制造业	2710573	1810293	1224375	1486193
仪器仪表制造业	92583	65031	51472	41111
其他制造业	520574	383712	250679	269895
废弃资源综合利用业	29935	22517	24422	5514
金属制品、机械和设备修理业	346397	189879	170237	176160
电力、热力生产和供应业	11306673	757549	8787580	2519092
燃气生产和供应业	820903	465965	354424	466479
水的生产和供应业	2326160	783178	964503	1361658

10－4 续表4

单位:万元

	主营业务收入	利润总额	利税总额
总计	**26419570**	**1274389**	**4528909**
在总计中:亏损企业	7415343	－605069	1040974
按隶属关系分			
中央企业	17355871	884322	3839946
地方企业	9063699	390067	688963
按轻重工业分			
轻工业	4292025	188646	1802960
重工业	22127545	1085743	2725949
按企业规模分			
大型企业	12543024	383015	2897733
中型企业	4420609	190821	375502
小型企业	2242533	83628	171674
微型企业	7213404	616925	1084000
按工业行业大类分			
石油和天然气开采业	62407	24573	27147
开采辅助活动			
农副食品加工业	244821	－1687	－3598
食品制造业	48806	6082	9558
酒、饮料和精制茶制造业	20614	－4978	－3143
烟草制品业	2270792	892	1539899
纺织业	12038	587	1728
纺织服装、服饰业	63303	－65	2914
木材加工和木、竹、藤、棕、草制品业	28342	2294	4471
造纸和纸制品业	30196	－4999	－4240
印刷和记录媒介复制业	274781	48550	72347

10－4 续表5

单元:万元

	主营业务收入	利润总额	利税总额
文教、工美、体育和娱乐用品制造业	232444	12252	21378
石油加工、炼焦和核燃料加工业	3746985	18081	791615
化学原料和化学制品制造业	240053	－28773	－17616
医药制造业	304060	66360	81968
化学纤维制造业	82214	2811	3185
橡胶和塑料制品业	25294	206	1157
非金属矿物制品业	711713	21240	45264
黑色金属冶炼和压延加工业	572854	－251538	－243515
有色金属冶炼和压延加工业	112707	－9149	－3600
金属制品业	619772	7998	44112
通用设备制造业	522708	19694	32670
专用设备制造业	146417	－4211	－7950
汽车制造业	5656848	665222	1135378
铁路、船舶、航空航天和其他运输设备制造业	2086748	93658	147720
电气机械和器材制造业	426368	－58248	－35937
计算机、通信和其他电子设备制造业	1506471	87866	156660
仪器仪表制造业	61120	8441	11185
其他制造业	239592	4005	6008
废弃资源综合利用业	28974	1125	1119
金属制品、机械和设备修理业	188166	712	6459
电力、热力生产和供应业	2352449	334848	455593
燃气生产和供应业	3187630	101386	129502
水的生产和供应业	311883	109154	119471

10－4　续表6

	亏损面（%）	产销率（%）	资　产贡献率（%）	负债率（%）	流动资产周转次数（次）
总　　计	**26.42**	**95.28**	**12.34**	**64.18**	**1.71**
在总计中：亏损企业	100.00	96.10	16.46	88.32	2.14
按隶属关系分					
中央企业	26.44	94.28	16.21	69.65	1.82
地方企业	26.40	97.37	5.84	55.00	1.53
按轻重工业分					
轻 工 业	24.07	93.73	30.51	47.37	1.37
重 工 业	27.01	95.59	9.16	67.12	1.80
按企业规模分					
大型企业	25.00	96.46	13.14	69.19	1.76
中型企业	25.81	97.07	5.52	62.60	1.02
小型企业	28.91	93.24	5.45	57.96	1.16
微型企业	8.33	92.74	34.03	38.65	3.55
按工业行业大类分					
石油和天然气开采业		100.00	2.15	65.06	0.15
开采辅助活动					
农副食品加工业	75.00	72.43	－2.16	94.46	3.03
食品制造业		94.65	26.36	47.33	2.12
酒、饮料和精制茶制造业	66.67	96.87	－3.81	89.10	0.60
烟草制品业	50.00	93.76	93.49	55.97	2.01
纺 织 业		98.12	4.69	7.42	0.75
纺织服装、服饰业	40.00	65.99	2.43	55.64	1.09
木材加工和木、竹、藤、棕、草制品业		100.00	77.30	55.80	19.36
造纸和纸制品业	100.00	72.40	－6.61	189.67	3.55
印刷和记录媒介复制业		104.74	13.38	9.17	0.91

10－4 续表 7

	亏损面 (%)	产销率 (%)	资产贡献率 (%)	负债率 (%)	流动资产周转次数 (次)
文教、工美、体育和娱乐用品制造业		100.00	18.57	64.69	2.48
石油加工、炼焦和核燃料加工业		95.72	24.82	53.09	8.92
化学原料和化学制品制造业	27.27	98.38	－1.41	80.63	1.23
医药制造业		87.24	15.06	39.03	1.18
化学纤维制造业		94.84	5.18	63.26	2.66
橡胶和塑料制品业	33.33	99.53	4.36	57.71	1.15
非金属矿物制品业	31.82	93.25	5.15	57.47	1.13
黑色金属冶炼和压延加工业	40.00	101.36	－17.11	126.20	1.29
有色金属冶炼和压延加工业	60.00	100.68	－0.46	50.70	1.44
金属制品业	45.45	89.72	7.58	59.62	1.30
通用设备制造业	25.00	97.90	4.91	55.56	1.02
专用设备制造业	40.00	104.47	－0.43	50.67	0.75
汽车制造业	20.00	90.12	26.23	51.05	2.11
铁路、船舶、航空航天和其他运输设备制造业	12.50	99.28	4.10	62.50	0.82
电气机械和器材制造业	47.06	92.86	3.33	205.42	1.10
计算机、通信和其他电子设备制造业	16.13	93.25	6.20	45.17	0.84
仪器仪表制造业		104.78	12.21	55.60	1.04
其他制造业		100.36	1.80	48.15	0.65
废弃资源综合利用业		95.37	3.74	81.58	1.29
金属制品、机械和设备修理业	33.33	101.87	1.71	49.15	1.03
电力、热力生产和供应业	35.29	99.82	5.41	77.72	3.13
燃气生产和供应业	15.38	99.79	15.67	43.17	7.06
水的生产和供应业	20.00	99.61	5.50	41.46	0.43

10－5 独立核算集体工业企业主要经济指标(2015年)

(年主营业务收入2000万元及以上企业)

Main Indicators of Collective－owned Industrial Enterprises with Independent Accounting System(2015)

单元:万元

	企业数(个)	#亏损企业	工业总产值
总计	**15**	**1**	**188832**
在总计中:亏损企业	1	1	1783
按轻重工业分			
轻工业	2		20175
重工业	13	1	168657
按企业规模分			
#中型企业	2		35528
小型企业	13	1	153304
按工业行业大类分			
印刷和记录媒介复制业	1		6426
非金属矿物制品业	2		21277
金属制品业	1		21769
通用设备制造业	3	1	31063
专用设备制造业	1		22782
汽车制造业	2		33847
铁路、船舶、航空航天和其他运输设备制造业	1		10577
电气机械和器材制造业	3		33635
燃气生产和供应业	1		7456

10－5 续表 1

单位:万元

	资产合计	流动资产合计	负债合计	所有者权益
总　　计	**91656**	**61262**	**57772**	**33884**
在总计中:亏损企业	1175	1112	1003	172
按轻重工业分				
轻 工 业	4551	3866	3703	848
重 工 业	87105	57396	54069	33036
按企业规模分				
#中型企业	31486	27180	22500	8986
小型企业	60170	34082	35272	24898
按工业行业大类分				
印刷和记录媒介复制业	2874	2501	2449	425
非金属矿物制品业	2570	1981	1481	1089
金属制品业	3048	1809	1542	1506
通用设备制造业	4752	3670	2953	1799
专用设备制造业	3312	2504	1712	1600
汽车制造业	24983	22288	20195	4788
铁路、船舶、航空航天和其他运输设备制造业	10625	8679	5999	4626
电气机械和器材制造业	30734	9796	16382	14352
燃气生产和供应业	8758	8034	5059	3699

10－5　续表2

单位:万元

	主营业务收　入	利　润总　额	利　税总　额
总　　计	**177328**	**6848**	**13350**
在总计中:亏损企业	1718	－61	－49
按轻重工业分			
轻 工 业	15458	61	326
重 工 业	161870	6787	13024
按企业规模分			
#中型企业	34713	1138	2877
小型企业	142615	5710	10473
按工业行业大类分			
印刷和记录媒介复制业	2861	29	116
非金属矿物制品业	19750	474	806
金属制品业	21036	234	428
通用设备制造业	28269	2171	4471
专用设备制造业	21950	899	942
汽车制造业	34379	1250	2867
铁路、船舶、航空航天和其他运输设备制造业	9881	146	598
电气机械和器材制造业	31745	1382	2439
燃气生产和供应业	7457	263	683

10－5 续表3

	亏损面(％)	产销率(％)	资 产 贡献率(％)	负债率(％)	流动资产周转次数(次)
总 计	**6.67**	**98.93**	**15.36**	**63.03**	**2.92**
在总计中:亏损企业		100.63	－4.03	85.36	1.61
按轻重工业分					
轻 工 业		101.69	7.27	81.36	4.00
重 工 业	7.69	98.60	15.78	62.07	2.85
按企业规模分					
#中型企业		102.17	9.98	71.46	1.29
小型企业	7.69	98.18	18.17	58.62	4.22
按工业行业大类分					
印刷和记录媒介复制业		98.83	4.19	85.21	1.14
非金属矿物制品业		100.19	32.93	57.65	9.97
金属制品业		95.95	18.25	50.59	11.63
通用设备制造业	33.33	97.57	94.12	62.14	7.72
专用设备制造业		98.59	28.46	51.70	8.77
汽车制造业		105.42	12.22	80.83	1.57
铁路、船舶、航空航天和其他运输设备制造业		96.09	6.37	56.46	1.15
电气机械和器材制造业		95.70	8.92	53.30	3.31
燃气生产和供应业		100.00	7.63	57.76	0.93

10－6 独立核算“三资”工业企业主要经济指标(2015 年)

(年主营业务收入 2000 万元及以上企业)

Main Indicators of Overseas－funded Industrial Enterprises with Independent Accounting System(2015)

单位:万元

	企业数(个)	#亏损企业	工业总产值
总　　计	**334**	**69**	**42071190**
按登记注册类型分			
港、澳、台商投资企业	100	20	17847731
合资经营企业(港、澳、台资)	37	9	916594
合作经营企业(港、澳、台资)	2		22427
港澳台商独资企业	58	10	16845190
港澳台投资股份有限公司	3	1	63521
外商投资企业	234	49	24223459
中外合资经营企业	119	21	12419925
中外合作经营企业	3	1	47969
外资企业	100	24	11335957
外商投资股份有限公司	6	1	256379
其他外商投资企业	6	2	163229
按轻重工业分			
轻 工 业	147	21	4767189
重 工 业	187	48	37304001
按企业规模分			
大型企业	23	1	24050895
中型企业	83	18	9589602
小型企业	217	46	3329924
微型企业	11	4	5100769
按工业行业大类分			
#农副食品加工业	21	1	1240855
食品制造业	24	4	676613
酒、饮料和精制茶制造业	14	3	973900
纺 织 业	1		7517

10-6 续表1

单元:万元

	企业数(个)	#亏损企业	工业总产值
纺织服装、服饰业	5	1	28648
皮革、毛皮、羽毛及其制品和制鞋业	7	1	186034
木材加工和木、竹、藤、棕、草制品业	2		11895
家具制造业	2		10913
造纸和纸制品业	7		172707
印刷和记录媒介复制业	10	1	245914
文教、工美、体育和娱乐用品制造业	2	1	11996
化学原料和化学制品制造业	20	6	614634
医药制造业	22	2	391225
化学纤维制造业	2	2	19283
橡胶和塑料制品业	12	3	228987
非金属矿物制品业	18	9	656019
黑色金属冶炼和压延加工业	2		43225
有色金属冶炼和压延加工业	3	1	57984
金属制品业	20	3	527236
通用设备制造业	15	5	302529
专用设备制造业	20	7	410817
汽车制造业	36	5	8741462
铁路、船舶、航空航天和其他运输设备制造业	8	2	346996
电气机械和器材制造业	14	3	590482
计算机、通信和其他电子设备制造业	30	7	25044482
仪器仪表制造业	5	1	48766
其他制造业			
金属制品、机械和设备修理业			
电力、热力生产和供应业	4	1	39750
燃气生产和供应业	5		412359
水的生产和供应业	3		27962

10－6 续表2

单位:万元

	资产总计	负债总计	所有者权益
总　计	**24039238**	**13897531**	**10141707**
按登记注册类型分			
港、澳、台商投资企业	9346141	6579132	2767009
合资经营企业(港、澳、台资)	845544	491525	354019
合作经营企业(港、澳、台资)	25087	12992	12095
港澳台商独资企业	8345811	5973052	2372759
港澳台投资股份有限公司	129698	101563	28135
外商投资企业	14693097	7318399	7374698
中外合资经营企业	8189424	3540812	4648612
中外合作经营企业	29548	18163	11385
外资企业	5588929	3256267	2332662
外商投资股份有限公司	456308	163994	292314
其他外商投资企业	428888	339162	89726
按轻重工业分			
轻 工 业	3585642	1550283	2035359
重 工 业	20453596	12347248	8106348
按企业规模分			
大型企业	11027182	7288969	3738213
中型企业	6660402	3671856	2988546
小型企业	3393505	1684239	1709266
微型企业	2958148	1252466	1705682
按工业行业大类分			
#农副食品加工业	417383	166770	250613
食品制造业	589240	278723	310517
酒、饮料和精制茶制造业	824737	376281	448456
纺 织 业	6684	2000	4684

10-6 续表 3

单元:万元

	资产总计	负债总计	所有者权益
纺织服装、服饰业	16976	8361	8615
皮革、毛皮、羽毛及其制品和制鞋业	59808	40769	19039
木材加工和木、竹、藤、棕、草制品业	18407	4934	13473
家具制造业	16110	7584	8526
造纸和纸制品业	115015	25142	89873
印刷和记录媒介复制业	272137	180801	91336
文教、工美、体育和娱乐用品制造业	3647	2511	1136
化学原料和化学制品制造业	742745	331839	410906
医药制造业	544704	210161	334543
化学纤维制造业	27813	14471	13342
橡胶和塑料制品业	328117	202830	125287
非金属矿物制品业	1460858	595606	865252
黑色金属冶炼和压延加工业	77158	27567	49591
有色金属冶炼和压延加工业	31540	4236	27304
金属制品业	362840	132080	230760
通用设备制造业	241977	163554	78423
专用设备制造业	891635	496905	394730
汽车制造业	4842723	2164182	2678541
铁路、船舶、航空航天和其他运输设备制造业	271061	117267	153794
电气机械和器材制造业	656878	380042	276836
计算机、通信和其他电子设备制造业	10476239	7605842	2870397
仪器仪表制造业	81114	42313	38801
其他制造业			
金属制品、机械和设备修理业			
电力、热力生产和供应业	158042	99064	58978
燃气生产和供应业	421806	196288	225518
水的生产和供应业	81844	19408	62436

10－6 续表4

单位:万元

	主营业务收入	利税总额	本年应交增值税
总计	**34673487**	**2652193**	**647378**
按登记注册类型分			
港、澳、台商投资企业	14850058	－237636	85393
合资经营企业(港、澳、台资)	896598	59903	14835
合作经营企业(港、澳、台资)	46328	12033	5721
港澳台商独资企业	13828063	－309541	63735
港澳台投资股份有限公司	79069	－30	1103
外商投资企业	19823429	2889829	561984
中外合资经营企业	11533869	2368082	484015
中外合作经营企业	47442	7201	2605
外资企业	7858676	519864	56000
外商投资股份有限公司	232178	29473	13293
其他外商投资企业	151264	－34791	6071
按轻重工业分			
轻工业	4634841	645886	174325
重工业	30038645	2006307	473053
按企业规模分			
大型企业	17760233	705000	209032
中型企业	9230798	609340	154378
小型企业	3159658	280069	78947
微型企业	4522798	1057784	205021
按工业行业大类分			
#农副食品加工业	1162943	105874	7147
食品制造业	804089	129819	43414
酒、饮料和精制茶制造业	946226	120234	42614
纺织业	5435	1388	712

10－6 续表5

单元:万元

	主营业务收入	利税总额	本年应交增值税
纺织服装、服饰业	24924	857	587
皮革、毛皮、羽毛及其制品和制鞋业	175511	21074	11451
木材加工和木、竹、藤、棕、草制品业	12006	759	425
家具制造业	11566	1954	753
造纸和纸制品业	133166	37287	6805
印刷和记录媒介复制业	218469	48373	11815
文教、工美、体育和娱乐用品制造业	11634	1771	861
化学原料和化学制品制造业	539796	46720	23081
医药制造业	311895	67164	17701
化学纤维制造业	18373	－1740	122
橡胶和塑料制品业	233604	28411	9247
非金属矿物制品业	604960	－621	13699
黑色金属冶炼和压延加工业	44292	799	244
有色金属冶炼和压延加工业	58498	1817	358
金属制品业	491350	47224	11175
通用设备制造业	303600	18688	6673
专用设备制造业	427631	－10413	19699
汽车制造业	8082312	1950498	372496
铁路、船舶、航空航天和其他运输设备制造业	355090	26275	8011
电气机械和器材制造业	607215	39572	2995
计算机、通信和其他电子设备制造业	18590448	－173923	16416
仪器仪表制造业	60150	8239	192
其他制造业			
金属制品、机械和设备修理业			
电力、热力生产和供应业	62730	18822	8259
燃气生产和供应业	334604	95050	8563
水的生产和供应业	40970	20221	1863

10－6　续表6

	亏损面(%)	产销率(%)	资　产贡献率(%)	负债率(%)	流动资产周转次数(次)
总　　计	**20.66**	**94.08**	**11.74**	**57.81**	**2.29**
按登记注册类型分					
港、澳、台商投资企业	20.00	94.28	－1.32	70.39	2.38
合资经营企业(港、澳、台资)	24.32	98.02	8.13	58.13	2.49
合作经营企业(港、澳、台资)		100.00	48.01	51.79	2.70
港澳台商独资企业	17.24	94.06	－2.45	71.57	2.38
港澳台投资股份有限公司	33.33	97.23	0.49	78.31	1.16
外商投资企业	20.94	93.94	20.05	49.81	2.23
中外合资经营企业	17.65	94.55	29.08	43.24	2.31
中外合作经营企业	33.33	98.39	24.72	61.47	1.93
外资企业	24.00	93.13	9.84	58.26	2.35
外商投资股份有限公司	16.67	92.68	7.42	35.94	0.86
其他外商投资企业	33.33	104.21	－6.35	79.08	0.61
按轻重工业分					
轻　工　业	14.29	98.08	18.55	43.24	2.37
重　工　业	25.67	93.57	10.55	60.37	2.28
按企业规模分					
大型企业	4.35	93.15	7.37	66.10	2.41
中型企业	21.69	98.37	9.74	55.13	2.28
小型企业	21.20	96.42	8.92	49.63	1.72
微型企业	36.36	88.89	35.77	42.34	2.42
按工业行业大类分					
#农副食品加工业	4.76	96.62	25.68	39.96	5.76
食品制造业	16.67	113.66	22.37	47.30	3.33
酒、饮料和精制茶制造业	21.43	95.31	15.47	45.62	2.47
纺 织 业	0.00	72.29	21.28	29.92	0.96

10－6 续表7

	亏损面(%)	产销率(%)	资产贡献率(%)	负债率(%)	流动资产周转次数(次)
纺织服装、服饰业	20.00	93.94	6.31	49.25	2.01
皮革、毛皮、羽毛及其制品和制鞋业	14.29	96.67	35.62	68.17	4.43
木材加工和木、竹、藤、棕、草制品业		100.79	4.29	26.80	0.84
家具制造业		110.60	12.13	47.08	1.22
造纸和纸制品业		92.22	32.39	21.86	1.96
印刷和记录媒介复制业	10.00	97.71	18.64	66.44	1.30
文教、工美、体育和娱乐用品制造业	50.00	96.28	52.31	68.85	4.61
化学原料和化学制品制造业	30.00	93.13	6.67	44.68	1.51
医药制造业	9.09	93.34	13.08	38.58	0.92
化学纤维制造业	100.00	95.90	－6.26	52.03	2.23
橡胶和塑料制品业	25.00	101.25	9.20	61.82	1.14
非金属矿物制品业	50.00	96.27	0.76	40.77	1.31
黑色金属冶炼和压延加工业		102.56	1.72	35.73	1.63
有色金属冶炼和压延加工业	33.33	99.87	5.87	13.43	2.97
金属制品业	15.00	95.85	14.71	36.40	2.53
通用设备制造业	33.33	97.72	8.26	67.59	2.07
专用设备制造业	35.00	104.97	0.07	55.73	0.68
汽车制造业	13.89	93.23	40.15	44.69	2.61
铁路、船舶、航空航天和其他运输设备制造业	25.00	102.51	9.94	43.26	1.77
电气机械和器材制造业	21.43	96.45	6.26	57.86	1.44
计算机、通信和其他电子设备制造业	23.33	92.94	－0.54	72.60	2.45
仪器仪表制造业	20.00	110.54	10.34	52.16	0.94
其他制造业					
金属制品、机械和设备修理业					
电力、热力生产和供应业	25.00	100.00	12.69	62.68	1.81
燃气生产和供应业		100.00	22.85	46.54	2.45
水的生产和供应业		99.33	25.29	23.71	0.77

10－7 大中型工业企业主要经济指标

Main Indicators of Large－scale and Medium－scale Industrial Enterprises

单位:万元

合　计	2013 年		2014 年		2015 年	
	合　计	占全市工业的比重(%)	合　计	占全市工业的比重(%)	合　计	占全市工业的比重(%)
企业单位数(个)	658	20.3	626	19.3	617	18.4
#亏损企业	81	20.6	76	17.0	86	16.6
工业总产值	60446996	65.9	75396286	72.6	73254021	65.2
流动资产合计	32448863	70.5	33074564	64.7	37004349	66.3
资产总计	63664195	71.4	71057651	70.3	74350495	69.6
负债总计	37285568	73.0	44154585	71.0	45044348	71.7
主营业务收入	63621091	72.5	72533736	73.1	63730277	63.6
#主营业务税金及附加	2426993	93.8	2859597	94.9	2577555	86.7
盈利企业的利润总额	5698617	80.0	6538383	80.5	4086285	63.5
亏损企业的亏损总额	544913	57.4	693090	134.4	1318322	75.4
盈亏相抵的利润总额	5153704	83.5	5656660	81.0	2767963	59.0
利税总额	10348308	84.5	11486774	83.2	7272586	68.3

注:“占全市工业的比重(%)”为大中型工业企业占年主营业务收入2000万元及以上的独立核算工业企业比重。

10－8 全部独立核算工业企业主要经济效益指标

(年主营业务收入2000万元及以上企业)

Main Indicators on Economic Benefit of Industrial Enterprises with Independent Accounting System

	单位	2014年	2015年		单位	2014年	2015年
总资产贡献率	**%**	**14.8**	**10.9**	**流动资产周转次数**	**次**	**2.0**	**1.8**
#国有控股经济	%	13.7	12.3	#国有控股经济	次	1.7	1.7
集体经济	%	18.4	15.4	集体经济	次	2.8	2.9
三资企业	%	25.6	11.7	三资企业	次	2.9	2.3
资本保值率	**%**	**104.3**	**106.7**	**成本费用利润率**	**%**	**7.6**	**5.0**
#国有控股经济	%	89.9	95.7	#国有控股经济	%	6.4	5.4
集体经济	%	89.7	117.0	集体经济	%	4.3	4.0
三资企业	%	109.1	99.3	三资企业	%	11.2	4.2
资产负债率	**%**	**61.5**	**58.8**	**产销率**	**%**	**98.2**	**95.2**
#国有控股经济	%	65.7	64.2	#国有控股经济	%	98.0	95.3
集体经济	%	68.8	63.0	集体经济	%	98.2	98.9
三资企业	%	61.7	57.8	三资企业	%	99.3	94.1

10－9 全市工业企业特色优势产业主要经济指标(2015年)

Main Indicators of Characteristic and Advantageous Industries(2015)

单位:万元

	工业总产值	资产合计	应收帐款
特色优势产业合计	**99020082**	**81584498**	**16308212**
占全市比重(%)	88.13	76.31	91.33
按工业行业分			
电子信息产品制造业	34255929	21835517	6700715
占全市比重(%)	30.49	20.41	37.52
占特色优势产业合计比重(%)	34.59	26.77	41.09
机械工业	13899393	17606922	3570409
占全市比重(%)	12.37	16.47	20.00
占特色优势产业合计比重(%)	14.04	21.58	21.89
汽车工业	15253875	10837845	3101722
占全市比重(%)	13.58	10.14	17.37
占特色优势产业合计比重(%)	15.40	13.28	19.02
石油化学工业	7512914	8463656	432429
占全市比重(%)	6.69	7.92	2.42
占特色优势产业合计比重(%)	7.59	10.37	2.65
食品、饮料及烟草工业	12069297	7698352	571339
占全市比重(%)	10.74	7.20	3.20
占特色优势产业合计比重(%)	12.19	9.44	3.50
冶金工业	4542356	4049272	312136
占全市比重(%)	4.04	3.79	1.75
占特色优势产业合计比重(%)	4.59	4.96	1.91
建材工业	3741031	4853091	935293
占全市比重(%)	3.33	4.54	5.24
占特色优势产业合计比重(%)	3.78	5.95	5.74
轻工行业	7745287	6239843	684169
占全市比重(%)	6.89	5.84	3.83
占特色优势产业合计比重(%)	7.82	7.65	4.20

注:“占全市比重(%)”指特色优势产业占年主营业务收入2000万元及以上的企业比重。

10－9 续表1

单位:万元

	产成品	负债合计	主营业务收入	管理费用
特色优势产业合计	**3562281**	**47262986**	**87665618**	**4081072**
占全市比重(%)	89.24	75.23	87.54	85.71
按工业行业分				
电子信息产品制造业	839470	14012809	27206087	1111170
占全市比重(%)	21.02	22.32	27.16	23.33
占特色优势产业合计比重(%)	23.56	29.66	31.03	27.22
机械工业	779863	9463519	13104633	883601
占全市比重(%)	19.54	15.06	13.09	18.56
占特色优势产业合计比重(%)	21.89	20.02	14.95	21.65
汽车工业	463284	6264494	13893930	410618
占全市比重(%)	11.61	9.97	13.87	8.62
占特色优势产业合计比重(%)	13.01	13.25	15.85	10.06
石油化学工业	197316	4796339	7087853	303113
占全市比重(%)	4.94	7.63	7.08	6.37
占特色优势产业合计比重(%)	5.54	10.15	8.09	7.43
食品、饮料及烟草工业	479610	4076021	11392520	475113
占全市比重(%)	12.02	6.49	11.38	9.98
占特色优势产业合计比重(%)	13.46	8.62	13.00	11.64
冶金工业	206230	3080602	4262554	241805
占全市比重(%)	5.17	4.90	4.26	5.08
占特色优势产业合计比重(%)	5.79	6.52	4.86	5.93
建材工业	235307	2400428	3613239	197106
占全市比重(%)	5.89	3.82	3.61	4.14
占特色优势产业合计比重(%)	6.61	5.08	4.12	4.83
轻工行业	361201	3168774	7104802	458546
占全市比重(%)	9.05	5.04	7.09	9.63
占特色优势产业合计比重(%)	10.14	6.70	8.10	11.24

10－9 续表2

单位：万元

	利息支出	利润总额	利税总额	从业人员平均人数（人）
特色优势产业合计	**889112**	**3459311**	**8870153**	**816649**
占全市比重(%)	75.25	73.72	83.35	88.13
按工业行业分				
电子信息产品制造业	248851	261464	628864	263828
占全市比重(%)	21.06	5.57	5.90	28.47
占特色优势产业合计比重(%)	27.99	7.56	7.09	32.30
机械工业	144832	611176	1135346	151571
占全市比重(%)	12.26	13.03	10.67	16.36
占特色优势产业合计比重(%)	16.29	17.67	12.80	18.56
汽车工业	57274	1511799	2613756	68542
占全市比重(%)	4.85	32.22	24.56	7.40
占特色优势产业合计比重(%)	6.44	43.70	29.47	8.39
石油化学工业	159368	180599	1080172	32218
占全市比重(%)	13.49	3.85	10.15	3.48
占特色优势产业合计比重(%)	17.92	5.22	12.18	3.95
食品、饮料及烟草工业	70792	600187	2548356	88512
占全市比重(%)	5.99	12.79	23.95	9.55
占特色优势产业合计比重(%)	7.96	17.35	28.73	10.84
冶金工业	76359	－207240	－96867	27727
占全市比重(%)	6.46	－4.42	－0.91	2.99
占特色优势产业合计比重(%)	8.59	－5.99	－1.09	3.40
建材工业	60152	87467	216771	47464
占全市比重(%)	5.09	1.86	2.04	5.12
占特色优势产业合计比重(%)	6.77	2.53	2.44	5.81
轻工行业	71484	413859	743755	136787
占全市比重(%)	6.05	8.82	6.99	14.76
占特色优势产业合计比重(%)	8.04	11.96	8.38	16.75

10－10　分月规模以上工业企业主要经济指标(2015 年)

Main Indicators of Industrial Enterprises above Designated Size of Each Month(2015)

单位:亿元

	主营业务收入	利润总额	利税总额
1－2　月	1351. 9	63. 1	151. 7
1－3　月	2211. 4	129. 3	269. 1
1－4　月	2974. 6	162. 3	348. 0
1－5　月	3776. 3	214. 1	451. 0
1－6　月	4592. 4	269. 6	560. 6
1－7　月	5246. 3	283. 3	608. 4
1－8　月	5957. 7	305. 4	666. 2
1－9　月	6826. 2	350. 2	768. 2
1－10　月	7669. 4	373. 2	839. 4
1－11　月	8558. 7	425. 7	955. 8
1－12　月	9579. 3	471. 3	1093. 7

注:此表数据为快报数

主 要 统 计 指 标 解 释

工业总产值 是指工业企业在一定时期内生产的已出售或可供出售的以货币表现的工业产品总量，它反映一定时间内工业生产的总规模和总水平。它包括：在本企业内不再进行加工，经检验、包装入库（规定不需包装的产品除外）的成品价值、对外加工费收入、自制半成品在产品期末期初差额价值。工业总产值采用"工厂法"计算，即以工业企业作为一个整体，按企业工业生产活动的最终成果来计算，企业内部不允许重复计算，不能把企业内部各个车间（分厂）生产的成果相加。但在企业之间、行业之间、地区之间存在着重复计算。

实收资本 是指企业实际收到投资者投入企业的可作为长期周转使用的经营资金。实收资本按投资主体可分为国家资本、法人资本、个人资本金、港澳台资本和外商资本、集体资本等。

总资产 指企业拥有或控制的全部资产。包括流动资产、长期投资、固定资产、无形及递延资产、其他长期资产、递延税项等即为企业资产负债表的资产总计项。

（1）流动资产指企业可以在一年内或者超过一年的一个生产周期内变现或耗用的资产合计。包括现金及各种存款、短期投资、应收及预付款项、存货等。

（2）固定资产指企业固定资产净值、固定资产清理、在建工程、待处理固定资产损失所占用的资金合计。

（3）无形资产指企业长期使用而没有实物形态的资产。包括专利权、非专利技术、商标权、著作权、土地使用权、商誉等。

总负债 指企业承担并需要偿还的全部债务。包括流动负债、递延税项等即为企业资产负债表的负债合计项。

（1）流动负债指企业在一年内或者超过一年的一个营业周期内需要偿还的债务合计其中包括短期借款、应付及预收款项、应付工资、应交税金和应交利润等。

（2）长期负债指企业在一年以上或者超过一年的一个生产周期以上需要偿还的债务合计其中包括长期借款、应付债务、长期应付款项等。

所有者权益合计 指企业投资人对企业净资产的所有权。企业净资产等于企业全部资产减去全部负债后的余额，包括实收资本、资本公积、盈余公积、未分配利润等。

利税总额 指企业利润总额、产品销售税金及附加和应交增值税之和。

资金利税率 指在一定时期内已实现的利润、税金总额与同期的资产（固定资产净值和流动资产）之比。计算公式为：

$$资产利税率(\%)=\frac{报告期累计实现利税总额}{固定资产净值平均余额+流动资产平均余额}\times 100\%$$

工业成本费用利润率 指在一定时期内实现的利润与成本费用之比反映工业生产的成本及费用投入的经济效益同时也反映企业降低成本所取得的经济效益。计算公式为：

$$工业成本费用利润率(\%)=\frac{利润总额}{成本费用总额}\times 100\%$$

工业成本费用总额包括营业成本、销售费用、管理费用、财务费用之和。

流动资产周转次数 指在一定时期内流动资产完成的周转次数，反映流动资产的周转速度。计算公式为：

$$流动资产周转次数=\frac{营业收入}{全部流动资产平均余额}\times 100\%$$

产品销售率 指一定时期内销售产值与同期全部工业总产值之比反映工业产品已实现销售的程度。计算公式为：

$$工业产品销售率(\%)=\frac{工业销售产值}{现价工业总产值}\times 100\%$$

资产负债率　指报告期流动负债和长期负债之和与同期的流动资产、长期资产、固定资产、无形及递延资产和其他长期资产之和之比是反映企业偿债能力的主要指标。计算公式为：

$$资产负债率(\%)=\frac{负债总额}{资产总额}\times 100\%$$

资本保值增值率　反映企业净资产的变动状况是企业发展能力的集中体现。计算公式为：

$$资本保值增值率(\%)=\frac{报告期期末所有者权益}{上年同期期末所有者权益}\times 100\%$$

总资产贡献率　反映企业全部资产的获利能力是企业经营业绩和管理水平的集中体现是评价和考核企业盈利能力的核心指标。计算公式为：

$$总资产贡献率(\%)=\frac{利润总额+税金总额+利息支出-利息收入}{平均资产总额}\times 100\%$$

其中:税金总额为产品销售税金及附加与应交增值税之和。

十一 运输、邮电

简 要 说 明

主要内容

本部分资料反映货物和旅客运输、邮电通信发展基础情况。

资料来源

铁路客、货运资料来源于成都铁路局分局和四川省地方铁路局。

民用航空资料来源于中国国际航空股份有限公司、四川航空公司、成都航空有限公司、双流国际机场。

水运和公路运输资料来源于成都市交通委员会。

邮政通信资料来源于成都市邮政局、中国电信成都市分公司、中国移动成都市分公司、中国联通四川分公司。

其他需要说明的问题

铁路运输按成都铁路局和四川省地方铁路局成都辖区部分发出量统计；民用航空运输按成都港发出量统计；水运、公路运输按辖区全社会口径统计。

11－1 历年货物运输量

Freight Traffic over the Years

单位:万吨

年份	总计	铁路	民用航空	水运	公路
1949	0.6				0.6
1950	1.6				1.6
1951	25.0				25.0
1952	76.0			8.4	67.6
1953	276.8	106.2		8	162.6
1954	242.6	83.9		9.8	148.9
1955	209.5	31.8		9.8	167.9
1956	513.9	200.4		24.3	289.2
1957	718.4	301.8		48.3	368.3
1958	690.9	184.5	0.1	49.6	456.7
1959	1370.7	586.7	0.2	50.9	732.9
1960	1178.4	269.1	0.3	61.3	847.7
1961	808.2	358.2	0.2	26.7	423.1
1962	915.9	472.8	0.1	23.5	419.5
1963	789.3	388.9	0.1	27.9	372.4
1964	992.2	507.2	0.1	29.6	455.3
1965	1248.9	682.2	0.2	44.2	522.3
1966	1422.5	758.7	0.2	44.6	619
1967	1113.4	552.4	0.2	55.0	505.8
1968	813.2	400.9	0.2	25.9	386.2
1969	1143.3	609.5	0.2	26.4	507.2
1970	1622.1	864.4	0.2	30.8	726.7
1971	1874.7	989.0	0.2	38.8	846.7
1972	1934.5	995.7	0.2	43.2	895.4
1973	1905.0	967.7	0.2	33.6	903.5
1974	1793.9	846.2	0.1	26.5	921.1
1975	2126.2	1060.6	0.2	30.8	1034.6
1976	1985.3	899.1	0.2	33.5	1052.5
1977	2494.9	1134.5	0.2	34.0	1326.2
1978	2873.6	1319.1	0.3	31.4	1522.8
1979	3723.7	1395.2	0.3	24.8	2303.4
1980	4295.0	1395.7	0.4	23.5	2875.4

11－1 续表

单位:万吨

年　　份	总　　计	铁　　路	民用航空	水　　运	公　　路
1981	4546. 2	1317. 4	0. 4	19. 1	3209. 3
1982	4813. 0	1360. 9	0. 4	16. 4	3435. 3
1983	6013. 4	1414. 7	0. 4	19. 9	4578. 4
1984	6732. 3	1494. 2	0. 7	11. 9	5225. 5
1985	7467. 8	1484. 3	1. 0	15. 9	5966. 6
1986	7810. 6	1536. 0	1. 0	31. 8	6241. 8
1987	8437. 4	1574. 8	1. 5	34. 1	6827. 0
1988	9308. 4	1622. 0	1. 5	45. 0	7639. 9
1989	10006. 0	1669. 0	2. 0	45. 0	8290. 0
1990	10139. 0	1594. 0	2. 0	43. 0	8500. 0
1991	10719. 0	1608. 0	2. 0	43. 0	9066. 0
1992	10505. 2	1715. 0	2. 2	44. 0	8744. 0
1993	11073. 8	1801. 0	2. 8	45. 0	9225. 0
1994	11191. 5	1764. 0	3. 5	46. 0	9378. 0
1995	11659. 3	1714. 0	4. 3	48. 0	9893. 0
1996	13073. 9	1861. 0	4. 9	75. 0	11133. 0
1997	14341. 9	1753. 0	5. 9	32. 0	12551. 0
1998	18598. 4	3906. 0	5. 4	210. 0	14477. 0
1999	19632. 5	3913. 0	6. 5	20. 0	15693. 0
2000	21489. 2	4081. 7	8. 5	20. 0	17379. 0
2001	23718. 5	4402. 0	9. 5	103. 0	19204. 0
2002	15309. 5	4565. 0	10. 5	54. 0	10680. 0
2003	17117. 9	4977. 0	12. 2	84. 7	12044. 0
2004	25686. 0	13050. 0	15. 3	82. 7	12538. 0
2005	26696. 0	13309. 0	18. 0	54. 0	13315. 0
2006	28143. 0	14007. 0	20. 0	42. 0	14074. 0
2007	30025. 4	14693. 9	22. 3	14. 5	15294. 7
2008	35456. 1	14099. 0	17. 1		21340. 0
2009	39540. 2	14119. 9	18. 5		25401. 8
2010	44086. 8	15385. 8	22. 0		28679. 0
2011	34368. 2	773. 2	24. 9		33570. 1
2012	39569. 1	764. 8	27. 4		38776. 9
2013	30318. 6	764. 4	26. 7		29527. 5
2014	28051. 2	931. 6	27. 3		27092. 3
2015	26610. 1	1020. 4	26. 8		25562. 9

注:①从 2002 年起交通部门的口径作了调整,公路客、货运输量不含人力车、出租车和私家车数据,下同;②2005 年成铁分局撤销,2004 年以后数据为西南三省合并后的铁路局数据;2011 年为成都地区铁路与地铁数据之和。

11－2 历年货物周转量

Freight Ton－Kilometers over the Years

单位:万吨公里

年 份	总 计	铁 路	民用航空	水 运	公 路
1949	26				26
1950	259				259
1951	1249			144	1105
1952	2164			489	1675
1953	62652	59366		357	2929
1954	52948	46900		570	5478
1955	24491	17776		536	6179
1956	122732	112024		889	9819
1957	180608	168706		988	10914
1958	112023	103136	181	1304	7402
1959	243218	227965	336	1742	13175
1960	168470	150427	466	2452	15125
1961	209017	200234	430	1481	6872
1962	279720	264295	191	970	14264
1963	227139	217395	193	683	8868
1964	293117	283525	202	758	8632
1965	396158	381350	279	932	13597
1966	445525	424113	402	786	20224
1967	328912	308792	430	777	18913
1968	237527	224103	325	592	12507
1969	358461	340711	372	598	16780
1970	530710	505686	391	689	23944
1971	579008	551386	338	546	26738
1972	580811	553059	449	581	26722
1973	560459	532104	330	619	27406
1974	491860	462396	387	483	28594
1975	632240	597437	544	379	33880
1976	534872	501721	691	486	31974
1977	693385	652497	750	449	39689
1978	812941	765995	793	496	45657
1979	818572	736246	910	294	81122
1980	866799	782111	897	259	83532

11－2 续表

单位:万吨公里

年　　份	总　　计	铁　　路	民用航空	水　　运	公　　路
1981	775434	678534	978	223	95699
1982	811892	704655	1049	195	105993
1983	897339	751125	1004	123	145087
1984	1059673	891346	1864	59	166404
1985	1164952	973843	2844	55	188210
1986	1269569	1063715	4669	111	201074
1987	1436309	1185030	5797	119	245363
1988	1556123	1245801	4538	157	305627
1989	1562690	1247164	5480	158	309888
1990	1478332	1183150	6459	149	288574
1991	1579549	1240720	6049	150	332630
1992	1616289	1256236	7545	153	352355
1993	1690540	1317584	10561	160	362235
1994	1815262	1394032	13518	162	407550
1995	1824422	1377400	16147	170	430705
1996	1918702	1459543	18747	231	440181
1997	1993532	1474000	19698	64	499770
1998	3398369	2793895	18816	140	585518
1999	3405441	2740700	17700	50	646991
2000	3626456	2893000	21172	41	712243
2001	4140255	3336200	20200	103	783752
2002	4264690	3835800	25100	60	403730
2003	4459619	3992220	22200	164	445035
2004	11619900	11118000	27400	100	474400
2005	11869780	11327800	32900	80	509000
2006	12050427	11440000	42900	27	567500
2007	13259008	12553000	52000	8	654000
2008	13944063	12869900	62171		1011992
2009	15272385	13731100	69718		1471567
2010	16577062	14749700	77975		1749387
2011	2883673	752136	80585		2050952
2012	3251812	784374	99974		2367464
2013	2876368	798509	102904		1974955
2014	3220855	785917	112689		2322249
2015	3139099	710317	116635		2312147

11－3 历年旅客运输量

Passenger Traffic over the Years

单位:万人

年份	总计	铁路	民用航空	水运	公路
1949	7.9				7.9
1950	9.9				9.9
1951	14.9				14.9
1952	29.2				29.2
1953	95.9	45.3			50.6
1954	107.1	41.1			66.0
1955	145.0	64.9			80.1
1956	231.6	113.4	0.2		118.0
1957	300.0	149.3	0.3		150.4
1958	254.7	158.8	0.8		95.1
1959	366.4	200.4	1.0		165.0
1960	414.9	276.6	1.3		137.0
1961	505.7	414.4	1.5		89.8
1962	777.3	455.3	1.1		320.9
1963	548.3	274.0	1.0		273.3
1964	604.1	218.1	1.7		384.3
1965	1001.5	578.7	2.3		420.5
1966	1244.9	723.5	1.9		519.5
1967	1510.2	1020.6	2.3		487.3
1968	1530.2	1133.9	2.3		394.0
1969	1919.7	1400.0	2.2		517.5
1970	1960.7	1432.8	2.2	4.8	520.9
1971	2009.3	1367.4	2.6	5.0	634.3
1972	2405.6	1560.6	3.3	7.4	834.3
1973	2489.5	1700.4	3.4	7.4	778.3
1974	2255.8	1493.3	4.1	9.3	749.1
1975	2155.7	1415.5	5.8	8.9	725.5
1976	2114.0	1413.9	7.3	9.7	683.1
1977	2281.0	1495.8	8.5	5.3	771.4
1978	2634.6	1541.4	11.3	3.9	1078.0
1979	3224.8	1740.7	14.2	3.5	1466.4
1980	4586.4	1894.3	14.6	1.2	2676.3

11－3 续表

单位:万人

年　份	总　计	铁　路	民用航空	水　运	公　路
1981	5122. 2	1785. 9	16. 3	2. 0	3318. 0
1982	5793. 8	1830. 7	16. 0	1. 4	3945. 7
1983	6682. 5	1916. 2	11. 8	5. 0	4749. 5
1984	8149. 5	2112. 6	22. 5	12. 0	6002. 4
1985	9384. 2	2141. 6	31. 4	10. 2	7201. 0
1986	9861. 7	2119. 0	43. 3	12. 3	7687. 1
1987	11088. 8	2303. 0	55. 2	34. 2	8696. 4
1988	11512. 4	2476. 0	52. 8	42. 5	8941. 1
1989	12484. 0	2208. 0	61. 0	44. 0	10171. 0
1990	12894. 0	1729. 0	71. 0	46. 0	11048. 0
1991	14003. 0	1838. 0	96. 0	49. 0	12020. 0
1992	14728. 0	1968. 0	110. 0	50. 0	12600. 0
1993	13942. 0	2028. 0	139. 0	51. 0	11724. 0
1994	14769. 0	1998. 0	169. 0	57. 0	12545. 0
1995	19931. 0	1703. 0	200. 0	60. 0	17968. 0
1996	24668. 0	1408. 0	205. 0	55. 0	23000. 0
1997	29092. 0	1473. 0	207. 0	151. 0	27261. 0
1998	36248. 1	2126. 0	213. 1	157. 0	33752. 0
1999	40140. 4	2423. 0	242. 4	10. 0	37465. 0
2000	46459. 0	2685. 8	269. 2	23. 0	43481. 0
2001	52432. 7	2925. 0	304. 7	103. 0	49100. 0
2002	28884. 6	2896. 0	379. 3	142. 3	25467. 0
2003	28234. 4	2601. 0	410. 0	158. 4	25065. 0
2004	35511. 0	7323. 0	581. 0	161. 0	27446. 0
2005	38086. 0	7931. 0	693. 0	123. 0	29339. 0
2006	39742. 2	8837. 0	808. 0	120. 0	29977. 2
2007	43313. 9	10125. 4	911. 5	99. 5	32177. 5
2008	79016. 3				
	10948. 2	844. 1	82. 0	67142. 0	
2009	94083. 7	11060. 8	1121. 8	72. 0	81829. 1
2010	99811. 3	12488. 0	1287. 9	37. 4	85998. 0
2011	99070. 0	9299. 9	1446. 6	41. 0	88282. 5
2012	106873. 8	14270. 6	1577. 0	46. 2	90980. 0
2013	45091. 3	28169. 3	1656. 7	45. 1	15220. 2
2014	49891. 6	32787. 9	1876. 9	47. 4	15179. 4
2015	54596. 8	38312. 2	2103. 9	56. 7	14124. 0

11－4 历年旅客周转量

Passenger－Kilometers over the Years

单位:万人公里

年　份	总　计	铁　路	民用航空	水　运	公　路
1949	14220				14220
1950	15689				15689
1951	16346				16346
1952	23990				23990
1953	38444	6116			32328
1954	42608	5549			37059
1955	55573	8762			46811
1956	22561	15309	166		7086
1957	29895	20156	305		9434
1958	27294	21438	913		4943
1959	39479	27054	1119		11306
1960	47142	37341	1470		8331
1961	63589	55944	1952		5693
1962	79986	61466	1150		17370
1963	51745	36990	1142		13613
1964	53540	29444	1895		22201
1965	108661	78125	2478		28058
1966	131822	97673	2116		32033
1967	167960	137781	2547		27632
1968	176058	153076	2504		20478
1969	224763	189000	2476		33287
1970	227179	193424	2150	89	31516
1971	217262	184604	3136	94	29428
1972	252518	210681	8705	151	32981
1973	273320	229551	8624	169	34976
1974	247593	201598	11466	213	34316
1975	239669	191087	15516	198	32868
1976	240981	190871	17724	199	32187
1977	255573	201930	19822	75	33746
1978	271649	206262	23826	55	41506
1979	316515	236050	30612	46	49807
1980	384271	267253	32251	25	84742

11－4 续表

单位:万人公里

年 份	总 计	铁 路	民用航空	水 运	公 路
1981	383510	245020	34060	42	104388
1982	431061	269390	36262	29	125380
1983	477603	291645	31226	40	154692
1984	590417	335040	58460	52	196865
1985	738637	409835	92383	50	236369
1986	794146	443206	101884	31	249025
1987	949921	526262	134960	86	288613
1988	1021681	579028	126224	106	316323
1989	1041080	529545	141300	110	370125
1990	984166	436419	173439	116	374192
1991	1180397	472902	288575	123	418797
1992	1318135	506818	379124	135	432058
1993	1485535	544638	545355	126	395416
1994	1688276	569102	683796	140	435238
1995	1874098	530012	835187	147	508752
1996	1981118	460279	885593	134	635112
1997	1946330	433000	755486	254	757590
1998	2465078	793188	743575	248	928067
1999	2703787	848100	822200	23	1033464
2000	2889525	858900	882448	49	1148128
2001	3156153	898900	963900	232	1293121
2002	2918837	884000	1144900	373	889564
2003	2686781	831139	1041500	486	813656
2004	5343000	2909200	1428300	600	1004900
2005	6049029	3239300	1728100	329	1081300
2006	6771492	3549600	2074600	292	1147000
2007	7531209	3821000	2481000	209	1229000
2008	8104261	4245700	2450544	220	1407797
2009	10359608	4363400	3141004	234	2854970
2010	11190620	4895000	3657167	158	2638295
2011	7697050	344946	4416623	194	2935287
2012	8275398	386352	4769544	262	3119240
2013	7124232	496635	5434074	309	1193214
2014	8095989	585335	6279259	311	1231084
2015	9163719	672500	7165811	295	1325113

11－5 航空及公路运输情况

Basic Statistics of Civil Aviation and Highways Transportation

	单 位	2012 年	2013 年	2014 年	2015 年
航空运输					
民用航空线路条数	条	213	216	207	252
飞机架数	架	156	166	196	218
旅客吞吐量	万人	3160	3344.6	3771.2	4224.5
货邮吞吐量	万吨	50.80	50.18	54.77	55.67
公路运输					
公路通车里程	公里	22069	22515	22789	22972
#高级次高级	公里	19417	20010	20320	20542
全社会各种机动车辆	**万辆**	**304.36**	**338.61**	**385.69**	**428.61**
#载货汽车	万辆	17.59	19.35	20.51	21.12
载客汽车	万辆	203.63	239.32	290.91	343.73
摩 托 车	万辆	80.40	76.91	71.24	60.32
#私人汽车	万辆	192.55	227.14	277.70	328.5
电动自行车	**万辆**	**129.71**	**129.77**	**130.87**	**440.1934**

11－6 历年邮电业务基本情况

Basic Conditions of Postal and Telecommunications Services

年　份	邮电业务总量（万元）	函　件（万件）	长途电话（万次）	市内电话用户（户）
1952	381	351	20	1906
1957	1233	1480	27	3027
1962	2963	2312	103	5668
1965	1827	1999	133	6626
1970	1723	1833	89	6738
1975	2412	2004	160	8301
1978	2768	2140	203	9396
1979	2948	2371	218	9997
1980	3066	2655	207	11140
1981	3537	2794	210	12261
1982	3818	2876	229	13473
1983	4743	3307	260	14844
1984	5136	4173	311	17273
1985	6057	4681	370	19584
1986	6791	6353	395	21955
1987	8384	7450	475	27940
1988	10340	8358	592	34056
1989	13152	7873	717	42642
1990	15520	7538	946	50562
1991	20137	7415	1556	67287
1992	31160	8483	2844	105098
1993	48535	10070	5176	144867
1994	72166	11430	8884	246681
1995	110949	11939	14970	353470
1996	161132	11480	21706	477250
1997	196888	9256	18829	663758
1998	292225	9970	21855	813411
1999	464628	8983	25510	1054019
2000	716428	9481	30908	1481152
2001	731300	9565	27129	1684436
2002	756000	11400	27397	2216899
2003	808000	12428	31697	2959814
2004	866000	8467	42215	3837826
2005	933000	6877	48584	4283974
2006	1023000	5548	46521	4390186
2007	2381000	5325	54035	4189268
2008	2794200	4851	61537	4000644
2009	3726274	5585	—	4373587
2010	4412654	7980	—	3959092
2011	1708161	6131	—	3881200
2012	2131480	5562	—	3752046
2013	2510695	4932	—	4119500
2014	3791200	4362	—	4383627
2015	4771600	3235	—	4869977

注：从2011年起，电信相关资料均按国家新政策进行统计，故与往年数据不可比。

11－6　续表

年　　份	农村电话用　　户（户）	邮电局（所）	邮路及投递路线总长度（公里）	电话交换机总　容　量（门）	移动电话用　　户（万户）
1952	489	398	481	3391	
1957	888	384	3568	7152	
1962	2616	371	9781	12420	
1965	1757	394	16627	14466	
1970	1649	440	18335	13451	
1975	1922	384	20101	14672	
1978	2069	396	21583	17360	
1979	2154	402	15308	19980	
1980	2232	406	21829	21740	
1981	2292	400	23481	19280	
1982	2401	399	18899	23550	
1983	2418	401	17091	30280	
1984	2716	416	18599	31100	
1985	2973	420	19083	37550	
1986	3028	412	47507	39800	
1987	3138	414	47099	52070	
1988	3281	417	56141	62580	
1989	3392	423	83827	63600	
1990	3686	429	83765	84186	
1991	4105	433	83268	90084	
1992	4914	432	83237	164873	
1993	5879	430	77064	217828	
1994	8776	433	75602	466652	
1995	13774	427	75125	836969	
1996	21020	489	78809	1077455	
1997	53361	505	114271	1507487	
1998	94306	480	128531	2265378	
1999	167579	465	136677	2228600	76. 65
2000	283163	487	147886	2574169	99. 10
2001	425982	539	142843	3103191	230. 10
2002	565373	553	120154	4208563	306. 30
2003	499703	576	120879	5464699	441. 94
2004	512472	551	115730	5972728	658. 10
2005	651818	603	118939	7518272	789. 90
2006	704414	487	118402	7533800	988. 80
2007	716496	471	123485	7604300	1163. 40
2008	743475	477	129050	7559800	1274. 12
2009	646600	474	—	7674100	1449. 00
2010	654082	425	—	8200174	1732. 00
2011	638000	425	—	—	2022. 99
2012	702260	425	—	—	2187. 22
2013	753406	460	—	—	2274. 84
2014	936747	480	—	—	2203. 00
2015	—	480	—	—	2221. 09

主要统计指标解释

货物(旅客)运输量 指在一定时期内,各种运输工具实际运送的货物(旅客)数量。是反映运输业为国民经济和人民生活服务的数量指标,也是制定和检查运输生产计划,研究运输发展规模和速度的重要指标。货运量按吨计算,客运量按人计算。货物不论运输距离长短,货物类别,均按实际重量统计;旅客不论行程远近或票价多少,均按一人一次作为客运量统计。半价票、小孩票也按一人统计。

货物(旅客)周转量 指在一定时期内,由各种运输工具运送的货物(旅客)数量与其相应运输距离的乘积之总和,是反映运输业生产总成果的重要指标,也是编制和检查运输生产计划,计算运输效率、劳动生产率以及核算运输单位成本的主要基础资料。通常以吨公里和人公里为计算单位。计算货物周转量通常按发出站与到达站之间的最短距离,也就是计费距离计算。

邮电业务总量 指以货币表现的邮电部门用于传递信息和提供其他邮电服务的总数量。它综合反映了一定时期邮电工作的总成果,是研究邮电业务量构成和发展趋势的重要指标。根据邮电管理体制不同,分为中央国营业务总量和地方国营业务总量。它用各种邮电分类业务量,如函件件数、电报份数、长话张数、市内电话和农村电话的年均户数、订销报刊累计份数等,分别乘以相应的平均单价(不变价),加总后再加上出租电路和设备的收入、代用户维护电话交换机和线路等设备的收入、其他业务收入求得。

市内电话 指接入县城(包括个别城镇)及县以上城市的市内电话网上,并按市内电话进行经营管理的电话。按计费办法分为包月制和计次制两种。

(1)住宅电话指话机装在居民住宅里的电话。它包括私人付费、公费和免费三部分。

(2)私人付费电话指住宅居民自费安装并自己缴纳通话费的电话。

移动电话用户 指在邮电部门登记,通过移动电话交换机进入移动电话网、占有移动电话号码的电话用户。用户数量以实际办理登记手续进入邮电部门移动电话网的户数进行计算,一部或一台移动电话统计为一户。

十二 国内贸易、外经、旅游

简 要 说 明

主要内容

本部分资料反映国内市场和外资、旅游发展及进出口情况。

国内贸易：包括全市范围内历年社会消费品零售总额及构成；各种经济类型企业商品销售总额；餐饮业营业总额；大中型批发零售贸易企业商品购、销、存情况；城乡个体私营工商企业情况；商品交易市场情况等。

旅游：包括成都地区涉外宾馆、饭店接待人数及创汇情况。

资料来源

国内贸易资料来自于成都市统计局。

城乡个体、私营工商企业及商品交易市场资料来源于成都市工商行政管理局。

外资资料来源于成都市投资促进委员会。

旅游资料来源于成都市旅游局。

进出口资料来源于成都海关。

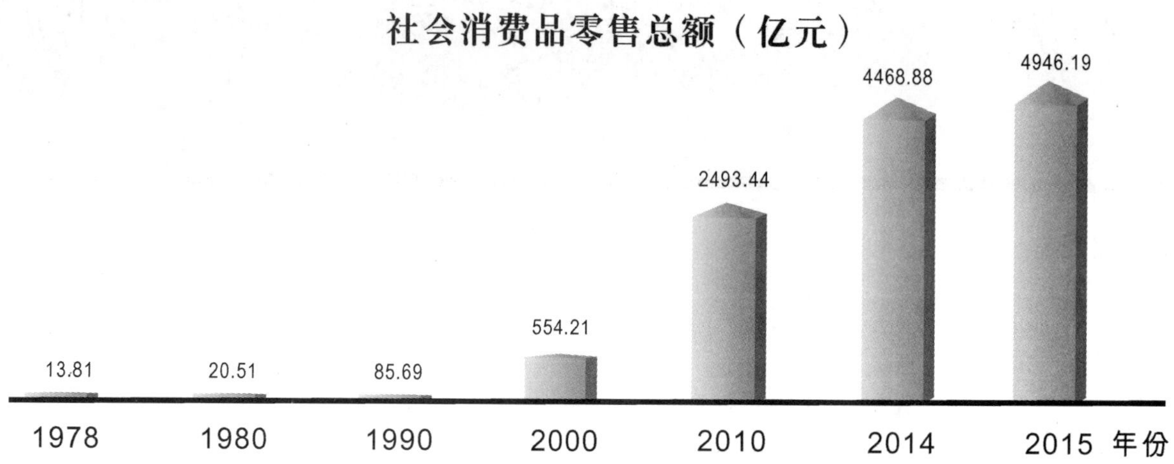
社会消费品零售总额（亿元）
13.81
20.51
85.69
554.21
2493.44
4468.88
4946.19
1978
1980
1990
2000
2010
2014
2015 年份

海关进出口总额(亿美元)

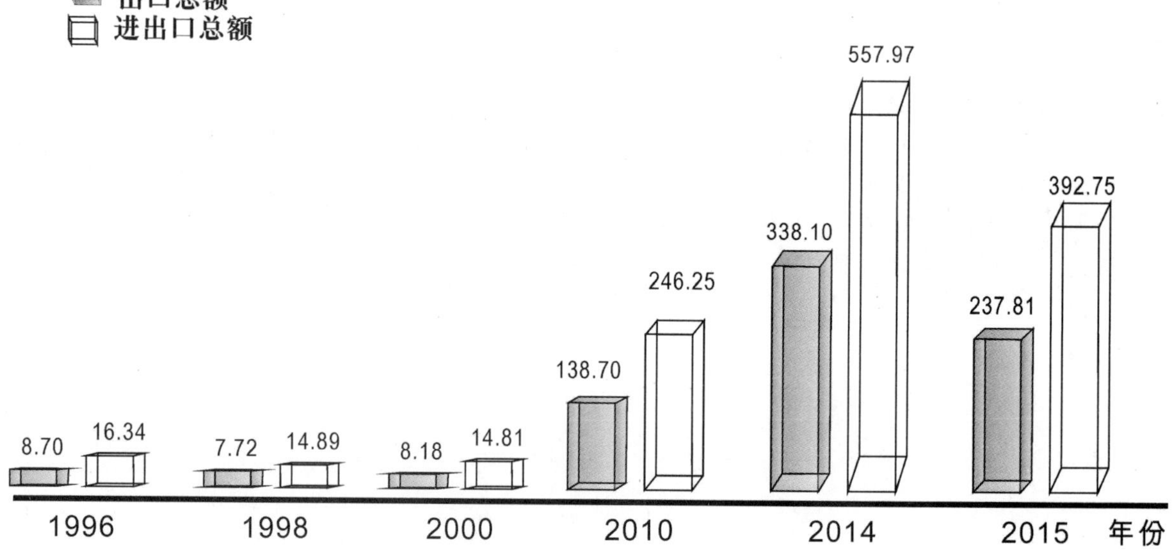
出口总额
进出口总额
8.70
16.34
7.72
14.89
8.18
14.81
138.70
246.25
338.10
557.97
237.81
392.75
1996
1998
2000
2010
2014
2015 年份

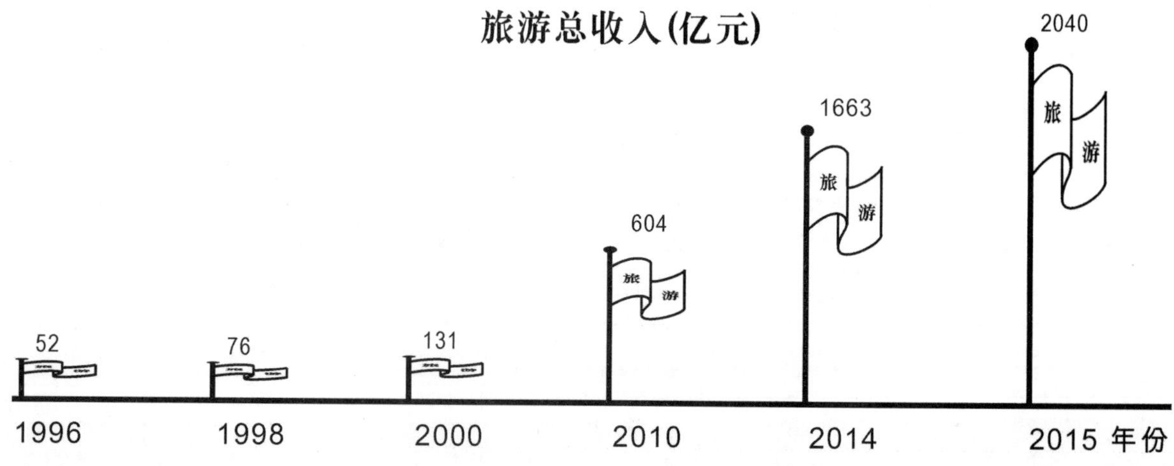
旅游总收入(亿元)
52
76
131
604
1663
2040
旅
游
1996
1998
2000
2010
2014
2015 年份

12－1 历年社会消费品零售总额及发展速度

Total Retail Sale of Consumer Goods and Development Rates of Consumer Goods Over The Years

年份	社会消费品零售总额（万元）	社会消费品零售总额发展速度（%）	年份	社会消费品零售总额（万元）	社会消费品零售总额发展速度（%）
1954	36113	104.5	1985	401200	126.0
1955	37545	103.9	1986	465422	116.0
1956	46902	124.9	1987	556536	119.6
1957	52521	111.9	1988	754398	135.6
1958	57508	109.4	1989	800147	106.1
1959	70510	122.6	1990	856919	107.1
1960	74193	105.2	1991	1022264	119.3
1961	64280	86.6	1992	1188406	116.3
1962	66705	103.7	1993	1601707	134.8
1963	62154	93.1	1994	2204903	137.7
1964	67159	108.0	1995	2859688	129.7
1965	72601	108.1	1996	3470809	121.4
1966	78777	108.5	1997	4099934	118.1
1967	85721	108.8	1998	4511917	110.0
1968	70838	82.6	1999	5000817	110.8
1969	81556	115.1	2000	5542123	110.8
1970	86349	105.8	2001	6275187	113.2
1971	92003	106.5	2002	7095076	113.1
1972	101458	110.2	2003	7759984	109.4
1973	106568	105.0	2004	8807581	113.5
1974	110287	103.4	2005	10058833	114.2
1975	117196	106.2	2006	11552571	114.9
1976	112498	95.9	2007	13572003	117.5
1977	121196	107.7	2008	16218543	119.5
1978	138147	113.9	2009	20939438	116.7
1979	167159	121.0	2010	24934379	118.8
1980	205140	122.7	2011	30197889	118.4
1981	234329	114.2	2012	35087160	116.0
1982	242251	103.3	2013	39911842	113.1
1983	265505	109.5	2014	44688846	112.0
1984	318393	119.9	2015	49461930	110.7

注：①1995年社会消费品零售总额含居民购房；②发展速度以上年为基期；③2003年及以后社会消费品零售总额不含制造业和农业生产者零售；④2009年－2014年数据为经普调整后数据。

12 -2 历年社会消费品零售总额分类情况

Basic Statistics of Total Retail Sale of Consumer Goods by Sorts

单位:万元

年 份	社会消费品零售总额	在总额中:			在总额中:	
		批发零售贸易业	餐饮业	其 他	市	县及县以下
1978	138147	142345	9327	1194	75005	83137
1979	167159	167621	11335	1916	90293	99287
1980	205140	192121	13104	4620	108391	117249
1981	234329	202051	14236	6095	127805	123122
1982	242251	214024	14654	7630	131438	127728
1983	265505	229606	15749	10332	140054	141218
1984	318393	269233	17837	14487	162051	172419
1985	401200	312890	23625	20239	199554	208732
1986	465422	379872	29614	7719	232919	239671
1987	556536	444796	42119	12427	326201	235803
1988	754398	584342	60225	21321	466684	289939
1989	800147	626841	66214	34140	520203	290967
1990	856919	647934	70563	49527	565717	293299
1991	1022264	781647	82306	50283	690714	338004
1992	1188406	886478	93188	77238	799573	388833
1993	1601707	1075156	151252	224621	1081611	520096
1994	2204903	1360081	216486	380112	1633802	571101
1995	2859688	1618234	261646	694854	2159480	700208
1996	3470809	2054537	364366	721592	2308553	1162256
1997	4099934	2333547	546797	879904	2678785	1421149
1998	4511917	2538598	671567	998566	2919555	1592362
1999	5000817	2832153	831075	1055669	3216789	1784028
2000	5542123	3265303	1022633	976214	3554447	1987676
2001	6275187	3703392	1212790	1066014	4005583	2269604
2002	7095076	4361093	1373968	1060480	4594867	2500209
2003	7759984	6110052	1543727	106205	5092824	2667160
2004	8807581	7185349	1572232	50000	5814778	2992803
2005	10058833	8195353	1810205	53275	6808943	3249890
2006	11552571	9398393	2094432	59746	7850168	3702403
2007	13572003	11019515	2502920	49568	9428483	4143520
2008	16218543	13126812	3033174	58557	11531154	4687389
2009	20939438	18092256	2730842	116340	16230760	4708678
2010	24934379	21632383	3026076	275920	24622246	312133
2011	30197889	26182292	3654543	361054	29817367	380522
2012	35087160	30334497	4328630	424033	34641702	445458
2013	39911842	34841398	4609928	460516	38722871	1188971
2014	44688846	39244960	4948406	495480	42938199	1750647
2015	49461930	43464417	5378475	619038	47498227	1963703

注:①2004 年 - 2009 年餐饮业数据包括住宿业,其他行业为除批发零售业、住宿餐饮业以外的行业。2010 年其他行业为住宿业。②从 2010 年起,市、县及县以下数据为城镇、乡村口径。③1992 年之前的地域分组资料为社会商品零售总额的分组。④2009 - 2014 年分行业数据为经普调整后数据

12－3 限额以上批发零售贸易业商品销售、库存总额

Total Sales and Inventory of Enterprises above Designated Size in Wholesale and Retail Sale Trade

单位：万元

	2013 年	2014 年	2015 年
商品销售总额	**65686593**	**72701113**	**66856268**
批 发 额	41756882	45193103	39051857
对居民和社会集团消费品零售额	23929711	27508010	27804411
年末库存总额	**4521657**	**4913041**	**4985037**

12－4 商品交易市场情况

Main Indicators of Commodities Markets

	2013 年	2014 年	2015 年
商品交易市场数(个)	**713**	**741**	**791**
一、消费品市场	674	703	740
(一)综合市场	154	154	237
(二)农副产品市场	437	466	385
(三)工业消费品市场	41	41	33
(四)其　　他	12	42	85
二、生产资料市场	39	38	81
(一)生产资料综合市场	5	5	39
(二)工业生产资料市场	29	28	32
(三)农业生产资料市场	3	3	6
(四)其　　他	2	2	4

12-5 限额以上批发零售贸易业分类销售及库存总额(2015年)

Total Value of Sales and Inventory of Enterprises above Designated Size in Wholesale and Retail Sale Trade(2015)

	法人企业 (个)	产业活动和个体户 单位数 (个)	从业人数 (人)
批发零售贸易企业	**1702**	**709**	**229112**
一、批发贸易业	**891**	**66**	**66633**
(一)按登记注册类型分			
内资企业	870	3	63284
国有企业	20	1	4169
集体企业	2	0	163
股份合作企业	3	0	271
联营企业	0	0	0
有限责任公司	377	1	25032
股份有限公司	20	0	3085
私营企业	438	1	30100
其他企业	10	0	464
港、澳、台商投资企业	11	0	1077
外商投资企业	10	0	1564
个体经营	0	63	708
(二)按国民经济行业分			
农、林、牧产品批发	22	2	773
食品、饮料及烟草制品批发	101	28	11651
纺织、服装及家庭用品批发	80	4	7427
文化、体育用品及器材批发	24	0	1487
医药及医疗器材批发	188	0	13495
矿产品、建材及化工产品批发	257	25	17589
机械设备、五金产品及电子产品批发	196	7	13390
贸易经纪与代理	4	0	146
其他批发	19	0	675
二、零售贸易业	**811**	**643**	**162479**
(一)按登记注册类型分			
内资企业	740	6	123957
国有企业	7	1	1555
集体企业	12	0	248

12－5 续表1

单位：万元

	法人企业（个）	产业活动和个体户单位数（个）	从业人数（人）
股份合作企业	9	1	239
联营企业	1	0	11
有限责任公司	336	1	49932
股份有限公司	19	0	30105
私营企业	344	2	41364
其他企业	12	1	503
港、澳、台商投资企业	31	0	13168
外商投资企业	40	1	20853
个体经营	0	636	4501
（二）按国民经济行业分			
综合零售	108	59	66818
食品、饮料及烟草制品专门零售	39	9	3679
纺织、服装及日用品专门零售	76	15	17180
文化、体育用品及器材专门零售	30	3	9707
医药及医疗器材专门零售	35	7	6555
汽车、摩托车、燃料及零配件专门零售	411	11	40702
家用电器及电子产品专门零售	52	34	8168
五金、家具及室内装修材料专门零售	31	504	5454
货摊、无店铺及其他零售	29	1	4216
（三）按经营方式分			
独立门店	621	637	68025
连锁商店总店	53	0	45760
连锁商店分店	29	1	31422
其　　他	108	5	17272
（四）按业态分			
#百 货 店	53	2	31851
#超市及大型超市	68	43	30435
#专 业 店	269	31	33451
#专 卖 店	349	52	46139
#网上商店	18	0	3585

12－5 续表2

单位:万元

	商品销售总额	批发	零售
批发零售贸易企业	**66856268**	**39051857**	**27804411**
一、批发贸易业	**38699188**	**37476345**	**1222843**
(一)按登记注册类型分			
内资企业	37216448	36025414	1191034
国有企业	3703182	3695814	7368
集体企业	1740935	1740935	0
股份合作企业	38602	37204	1398
联营企业	0	0	0
有限责任公司	20557547	19964953	592594
股份有限公司	1599461	1332307	267154
私营企业	9479151	9168986	310165
其他企业	97570	85215	12355
港、澳、台商投资企业	270057	262431	7626
外商投资企业	681491	680197	1294
个体经营	531192	508303	22889
(二)按国民经济行业分			
农、林、牧产品批发	524761	519125	5636
食品、饮料及烟草制品批发	4709051	4517729	191322
纺织、服装及家庭用品批发	1507814	1463769	44045
文化、体育用品及器材批发	1155501	1142166	13335
医药及医疗器材批发	5697791	5367019	330772
矿产品、建材及化工产品批发	18415834	18042349	373485
机械设备、五金产品及电子产品批发	6481980	6218557	263423
贸易经纪与代理	105247	105247	0
其他批发	101209	100384	825
二、零售贸易业	**28157080**	**1575512**	**26581568**
(一)按登记注册类型分			
内资企业	22132463	1484102	20648361
国有企业	351183	84116	267067
集体企业	32763	1907	30856

12－5　续表3

单位:万元

	商　　品 销售总额	批　　发	零　　售
股份合作企业	28032	3306	24726
联营企业	6497	0	6497
有限责任公司	10172009	578427	9593582
股份有限公司	4228867	624080	3604787
私营企业	7227859	192053	7035806
其他企业	85253	213	85040
港、澳、台商投资企业	2283110	4089	2279021
外商投资企业	3084274	38580	3045694
个体经营	657233	48741	608492
(二)按国民经济行业分			
综合零售	5500096	3867	5496229
食品、饮料及烟草制品专门零售	216968	14543	202425
纺织、服装及日用品专门零售	1037415	94326	943089
文化、体育用品及器材专门零售	605567	48510	557057
医药及医疗器材专门零售	266110	3832	262278
汽车、摩托车、燃料及零配件专门零售	16249553	1251272	14998281
家用电器及电子产品专门零售	1539049	93048	1446001
五金、家具及室内装修材料专门零售	840504	49209	791295
货摊、无店铺及其他零售业	1901818	16905	1884913
(三)按经营方式分			
独立商店	17110727	887466	16223261
连锁商店总店	3972386	81567	3890819
连锁商店分店	1849212	2894	1846318
其　　他	5224755	603585	4621170
(四)按业态分			
#百 货 店	3433005	847	3432157
#超市及大型超市	1878682	4701	1873982
#专 业 店	9019853	1195752	7824101
#专 卖 店	10678273	320170	10358103
#网上商店	1844199	2664	1841535

12－6 分月社会消费品零售总额(2015年)

Monthly Retail Sales Of Consumer Goods(2015)

单位:万元

	全　市	市　区
总　计	**49461930**	**46511898**
一季度	**11761135**	**10978715**
二季度	**12070716**	**11321025**
4　月	3788344	3543357
5　月	4224461	3944456
6　月	4057911	3833212
三季度	**11959839**	**11299588**
7　月	4023466	3793862
8　月	3936929	3725787
9　月	3999444	3779939
四季度	**13670240**	**12912570**
10　月	4630381	4359293
11　月	4326724	4141385
12　月	4713135	4411892

12－7 城乡个体工商业、私营企业基本情况(2015年)

Basic Conditions of Individual Enterprises and Private Enterprises in Urban and Rural Areas(2015)

	个体工商业		私营企业		
	户 数(户)	从业人员(人)	户 数(户)	投资者人 数(人)	雇工人数(人)
总 计	**789136**	**1557009**	**399880**	**845955**	**1912672**
按行业分					
#农林牧渔业	10583	34814	7304	14560	28306
采 矿 业	42	288	111	213	721
制 造 业	21847	91545	21890	51284	100493
电力、燃气及水的生产和供应业	23	51	576	2120	3475
建 筑 业	1104	3326	30177	57720	91937
交通运输仓储邮政业	4992	8485	8744	18553	26636
信息传输、计算机服务和软件业	1064	2114	32502	67575	101162
批发和零售业	546899	914361	141933	269967	445218
住宿和餐饮业	63202	217747	4571	9560	17787
金 融 业	23	53	1209	3247	5333
房地产业	3832	7369	11450	24654	34655
租赁和商务服务业	49858	76802	85435	207683	879258
科学研究、技术服务和地质勘探业	3690	6721	38549	89335	120345
水利、环境和公共设施管理业	68	137	1385	2999	4319
居民服务和其它服务业	74272	173638	8540	16449	28616
教 育	1442	2826	533	1073	1682
卫生、社会保障和社会福利业	3621	9540	920	1800	6398
文化、体育和娱乐业	2562	7121	4034	7135	16282
其它行业	12	71	17	28	49
按企业类型分					
独资企业			17021	16575	718802
合伙企业			3256	30075	27125
有限责任公司			377275	791424	1131825
股份有限公司			2328	7881	34920

12－8 外商投资情况(2015年)

Foreign Investment(2015)

	期末累计项目个数（个）	实际利用外资金额（万美元）
总　　计	**256**	**751995**
按利用外资方式分		
外资企业	171	598080
中外合资企业	84	151526
中外合作企业		
外商投资股份制	1	2389
按国民经济行业分		
#农　　业	8	3200
制 造 业	21	245600
服 务 业	227	503195
按国别、地区分		
#香　　港	101	435449
台　　湾	27	30360
新 加 坡	22	79235
日　　本	6	27412
韩　　国	22	6560
英　　国	2	4292
加 拿 大	8	225
美　　国	9	50740

注:本表中实际利用外资是在外商投资实际到位的基础上增加了外商投资企业再投资和金融利用外资。

12－9 旅游基本情况

Basic Conditions of Tourism

	2013 年		2014 年		2015 年	
	绝对数	构成(%)	绝对数	构成(%)	绝对数	构成(%)
旅游总收入(亿元)	**1331**		**1663**		**2040**	
国内旅游收入(亿元)	**1285**		**1617**		**1987**	
国内旅游人数(万人次)	**15339**		**18423**		**18904**	
涉外旅游人数(人)	**1764353**	**100**	**1977996**	**100**	**2305427**	**100**
外 国 人	1295224	73.4	1463488	74	1727825	74.95
#日　本	134479	7.6	145344	7.3	144617	8.37
菲 律 宾	8685	0.5	8411	0.4	17235	0.99
新 加 坡	86853	4.9	96324	4.9	106316	6.15
泰　国	46038	2.6	47641	2.4	53408	3.09
印度尼西亚	16656	0.9	17944	0.9	19959	1.15
美　国	207806	11.8	234313	11.8	268973	15.57
加 拿 大	47301	2.7	55325	2.8	67506	3.9
英　国	123673	7.0	141189	7.1	165434	9.57
法　国	48241	2.7	61032	3.1	66996	3.88
德　国	57280	3.3	65481	3.3	91379	5.29
意 大 利	24394	1.4	26338	1.3	23779	1.38
俄罗斯联邦	11300	0.6	13550	0.7	15328	0.89
港澳台同胞	469129	26.6	514508	26.0	577602	25.05
旅游创汇收入(万美元)	**73124**		**74032**		**87264**	

12－10 成都与国外结成的友好城市

Friendly Municipalities Joined be Chengdu and Overseas Countries

国　　别	城　　市	缔结日期
法　　国	蒙彼利埃市	1981 年
斯洛文尼亚	卢布尔雅那市	1981 年
奥 地 利	林 茨 市	1983 年
日　　本	甲 府 市	1984 年
美　　国	菲尼克斯市	1987 年
加 拿 大	温尼伯市	1988 年
比 利 时	马 林 市	1993 年
意 大 利	巴勒莫市	1999 年
韩　　国	金 泉 市	2000 年
印度尼西亚	棉 兰 市	2002 年
瑞　　典	达拉那省	2004 年
德　　国	波 恩 市	2009 年
英　　国	谢菲尔德市	2010 年
俄 罗 斯	伏尔加格勒市	2011 年
比 利 时	弗拉芒·布拉邦省	2011 年
美　　国	檀香山市	2011 年
澳大利亚	珀 斯 市	2012 年
荷　　兰	马斯特里赫特市	2012 年
以 色 列	海 法 市	2013 年
丹　　麦	霍森斯市	2013 年
印　　度	班加罗尔市	2013 年
泰　　国	清 迈 市	2013 年
爱 尔 兰	芬 戈 郡	2014 年
巴基斯坦	拉 合 尔	2014 年
新 西 兰	哈密尔顿	2015 年
波　　兰	罗 兹 市	2015 年
墨 西 哥	萨博潘市	2015 年
韩　　国	大 邱 市	2015 年

12－11 “黄金周”旅游接待情况

Main Tourism Indicators in Golden Weeks

	单　位	2015 年春节	2015 年国庆节
旅游住宿设施			
累计接待人天数	万人天	584.54	1065.16
平均停留天数	天	2.2	3.1
出 租 率			
#饭店宾馆	%	49.64	64.52
#旅馆招待所	%	52.13	56.37
旅行社			
累计接团数	个	5875	9507
累计接待人数	万人次	17.3	21.67
景区(点)			
统计的景区(点)	个	61	61
累计接待人数	万人次	670.44	572.68
一日游游客所占比重	%	82	70
门票收入	万元	6669.82	8239.66
交通客运			
累计抵达班车次	班、车次	29154	33214
#铁　　路	班、车次	1229	1121
民　　航	班、车次	2583	2975
公　　路	班、车次	25180	29118
累计抵达旅客量	万人次	190.83	252.73
#铁　　路	万人次	81.2	127.6
民　　航	万人次	41.42	43.71
公　　路	万人次	68.21	81.42
接待综合情况			
接待人数	万人次	1460.5	1158.8
旅游收入	万元	622234.9	1054577.5
人均天花费			
#过夜旅游者	元/人天	623.8	752.2
一日游游客	元/人天	215.6	310.8

12－12 进出口总值及构成(1993—2015 年)

Total value and Composition of Import and Export through customs(1993—2015)

	进出口总值(万美元)	进口	出口	构成	进口	出口
1993	24088	17595	6493	100	73. 0	27. 0
1994	137190	53236	83954	100	38. 8	61. 2
1995	151079	41592	109487	100	27. 5	72. 5
1996	163422	76469	86953	100	46. 8	53. 2
1997	123237	36357	86880	100	29. 5	70. 5
1998	148885	71640	77245	100	48. 1	51. 9
1999	161301	87147	74154	100	54. 0	46. 0
2000	148111	66290	81821	100	44. 8	55. 2
2001	189510	100160	89350	100	52. 9	47. 1
2002	207691	85790	121901	100	41. 3	58. 7
2003	251719	116254	135465	100	46. 2	53. 8
2004	336543	149707	186836	100	44. 5	55. 5
2005	453624	185701	267923	100	40. 9	59. 1
2006	695299	281183	414116	100	40. 4	59. 6
2007	951580	380331	571249	100	40. 0	60. 0
2008	1533586	627486	906100	100	40. 9	59. 1
2009	1786253	736417	1049836	100	41. 2	58. 8
2010	2462469	1075504	1386965	100	43. 7	56. 3
2011	3790633	1495037	2295596	100	39. 4	60. 6
2012	4755707	1718731	3036976	100	36. 1	63. 9
2013	5058047	1869817	3188230	100	37. 0	63. 0
2014	5579694	2198697	3380997	100	39. 4	60. 6
2015	3927488	1549415	2378073	100	39. 5	60. 5

12－13 海关进出口商品总值

total value of import and export commodities through customs

指 标	2014 年			2015 年		
	进出口总额	出 口	进 口	进出口总额	出 口	进 口
总 值(万美元)	**5579694**	**3380997**	**2198697**	**3927488**	**2378073**	**1549415**
按贸易方式分						
一般贸易	1564971	1052267	512704	1086498	749206	337292
其他捐赠物资	13	5	8	110	95	15
来料加工贸易	545068	212448	332620	623678	167093	456585
进料加工贸易	2081650	1369735	711915	1529047	1012815	516232
国家间、国际组织无偿援助和赠送的物资	296	296		38	38	
对外承包工程出口货物	132074	132074		100657	100657	
租赁贸易	47405	27	47378	32973	28	32945
外商投资企业作为投资进口的设备	3722		3722	2441		2441
出料加工贸易	13994	6881	7113	12651	6104	6547
保税监管场所进出境货物	28695	9880	18815	27446	8730	18716
海关特殊监管区域物流货物	1125007	594147	530860	482989	331211	151778
海关特殊监管区域进口设备	31530		31530	24731		24731
其他贸易	5269	3237	2032	4229	2096	2133
按运输方式分						
江海运输	1634535	1235606	398929	1230873	993246	237627
铁路运输	55417	55378	39	29573	28363	1210
汽车运输	238129	190780	47349	132820	97653	35167
航空运输	3650962	1898694	1752268	2534063	1258776	1275287
邮件运输	138	92	46	65	21	44
其 他	513	447	66	94	14	80
按企业性质分						
国有企业	487545	299038	188507	360078	227624	132454
民营企业	2003154	1263719	739435	1163324	806295	357029
外商投资企业	3088844	1818121	1270723	2403959	1344053	1059906
中外合资	128937	46505	82432	149072	50348	98724
中外合作	2467	3	2464	1201	25	1176
外商独资	2957440	1771613	1185827	2253686	1293680	960006
其 他	151	119	32	127	101	26

12－14 主要国别(地区)海关进出口商品总值

total value of import and export commodities through customs in main countries or territories

国别(地区)	2014年			2015年		
	进出口总额	出　口	进　口	进出口总额	出　口	进　口
总　　值(万美元)	**5579694**	**3380997**	**2198697**	**3927488**	**2378073**	**1549415**
亚　　洲	**2770865**	**1560916**	**1209949**	**1803795**	**1053946**	**749849**
#香　　港	479737	474687	5050	292820	262847	29973
印　　度	96749	91726	5023	46635	43628	3007
印度尼西亚	78888	75614	3274	34557	32753	1804
日　　本	322330	136527	185803	275372	117032	158340
马来西亚	546630	237010	309620	254294	153878	100416
巴基斯坦	14200	12688	1512	10731	10090	641
菲 律 宾	50661	16336	34325	39767	18477	21290
卡 塔 尔	2667	2235	432	3706	2667	1039
沙特阿拉伯	33718	19548	14170	17024	15075	1949
新 加 坡	70395	48729	21666	60604	47351	13253
韩　　国	271935	60259	211676	149821	44447	105374
泰　　国	42884	29842	13042	81644	63086	18558
土 耳 其	27571	24373	3198	17483	14138	3345
阿拉伯联合酋长国	93746	90096	3650	60634	59208	1426
越　　南	107672	71332	36340	113129	57486	55643
台湾金马关税区	174486	26604	147882	134552	25238	109314
非　　洲	**161914**	**132420**	**29494**	**130475**	**117237**	**13238**
#埃　　及	6443	6436	7	10823	10818	5
南　　非	40935	12678	28257	27931	15611	12320
埃塞俄比亚		32008	180	26964	26815	149
欧　　洲	**926945**	**732873**	**194072**	**608626**	**432272**	**176354**
#比 利 时	11110	7565	3545	6146	4154	1992
英　　国	120955	111664	9291	72723	63626	9097
德　　国	166040	107219	58821	136653	80674	55979
法　　国	77591	22089	55502	54010	15585	38425
意 大 利	58424	46320	12104	39959	32077	7882
荷　　兰	272307	269585	2722	155906	151783	4123
西 班 牙	17559	13875	3684	13826	11214	2612
芬　　兰	2262	1845	417	1668	971	697
瑞　　典	10741	2662	8079	17910	9743	8167
瑞　　士	10435	1107	9328	6521	1021	5500
俄 罗 斯	93742	88303	5439	33848	33444	404
拉丁美洲	**115646**	**78039**	**37607**	**76210**	**62754**	**13456**
#阿 根 廷	3960	3400	560	3221	2880	341
巴　　西	48755	38157	10598	30839	28447	2392
智　　利	9715	4187	5528	9233	4897	4336
墨 西 哥	15786	10568	5218	12889	9734	3155
北 美 洲	**1406650**	**830564**	**576086**	**1147969**	**659154**	**488815**
#加 拿 大	20534	15563	4971	15425	13266	2159
美　　国	1386116	815001	571115	1132544	645888	486656
大 洋 洲	**83125**	**46185**	**36940**	**75992**	**52710**	**23282**
#澳大利亚	61462	41307	20155	58572	48415	10157
新 西 兰	20056	3282	16774	16540	3420	13120

主要统计指标解释

社会消费品零售总额 社会消费品零售总额:指批发和零售业、住宿和餐饮业以及其他行业直接售给城乡居民和社会集团的消费品零售额。其中,对居民的消费品零售额,是指售予城乡居民用于生活消费的商品金额;对社会集团的消费品零售额,是指售给机关、社会团体、部队、学校、企事业单位、居委会或村委会等,公款购买的用作非生产、非经营使用与公共消费的商品金额。社会消费品零售总额包括:售给城乡居民作为生活消费用的商品和修建房屋用的建筑材料的金额,以及售给来华的外国人、华侨、港澳台同胞的消费品金额;售给社会集团用作非生产、非经营使用与公共消费的商品金额。

不包括:——城市居民间或居民委托信托商店卖出的商品;

——售给农业、工业、建筑业等行业用于生产的商品。

对外借款 是我国利用外资的主要部分。包括我国通过外国政府贷款,国际金融组织贷款,外国银行商业贷款,出口信贷以及对外发行债券,股票等方式,从境外筹措的资金。

外商直接投资 是指外国企业和经济组织或个人(包括华侨、港澳台胞以及我国在境外注册的企业)按我国有关政策、法规,用现汇、实物、技术等在我国境内开办外商独资企业、与我国境内的企业或经济组织共同举办中外合资经营企业、合作经营企业或合作开发资源的投资(包括外商投资收益的再投资)以及经政府有关部门批准的项目投资总额内,企业从境外借入的资金。

入境游客 指报告期内来中国(大陆)观光、度假、探亲访友、就医疗养、购物、参加会议和从事经济、文化、体育、宗教等活动的外国人、港澳台同胞等海外游客(即旅游入境人数)。统计时,海外游客按每人入境一次统计1人次。

国际旅游(外汇)收入 入境游客在中国(大陆)境内旅行、游览过程中用于交通、参观游览、住宿、餐饮、购物、娱乐等全部花费。

进出口总额 海关进出口总额指实际进出我国国境的货物总金额。包括对外贸易实际进出口货物,来料加工装配进出口货物,国家间、联合国及国际组织无偿援助物资和赠送品,华侨、港澳台同胞和外籍华人捐赠品,租赁期满归承租人所有的租赁货物,进料加工进出口货物,边境地方贸易及边境地区小额贸易进出口货物(边民互市贸易除外),中外合资经营企业、中外合作经营企业、外商独资经营企业进出口货物和公用物品,到、离岸价格在规定限额以上的进出口货样和广告品(无商业价值、无使用价值和免费提供出口的除外),从保税仓库提取在中国境内销售的进口货物,以及其他进出口货物。我国规定出口货物按离岸价格统计,进口货物按到岸价格统计。

利用外资 指我国各级政府、部门、企业和其他经济组织通过对外借款,吸收外商直接投资以及用其他方式筹措的境外现汇、设备、技术等。

十三 科技、教育和文化

简要说明

主要内容

本部分资料包括科学技术活动、科技人员、教育、文化、艺术事业等基本情况。

资料来源

科技资料分别来源于成都市科技局、成都市统计局和成都市高新技术产业开发区管委会。

教育资料分别来源于四川省教育厅、成都市教育局和成都市人力资源和社会保障局。

文化资料分别来源于四川省文化厅、成都市文化局。

广播、电视资料分别来源于四川省广播电影电视局、成都市广播电视和新闻出版局。

其他需要说明的问题

本部分资料除科技外，其余部分资料均为全社会统计口径。

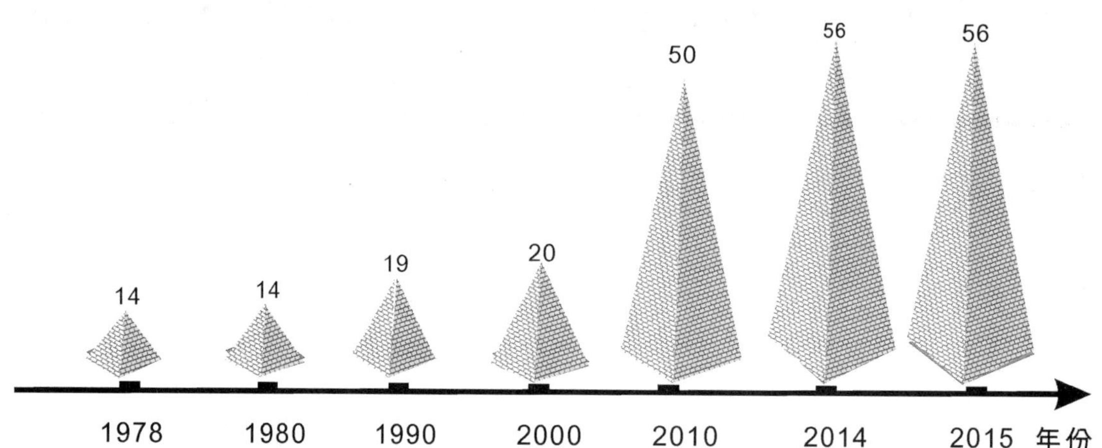
普通高等学校数（所）
14
14
19
20
50
56
56
1978
1980
1990
2000
2010
2014
2015
年份

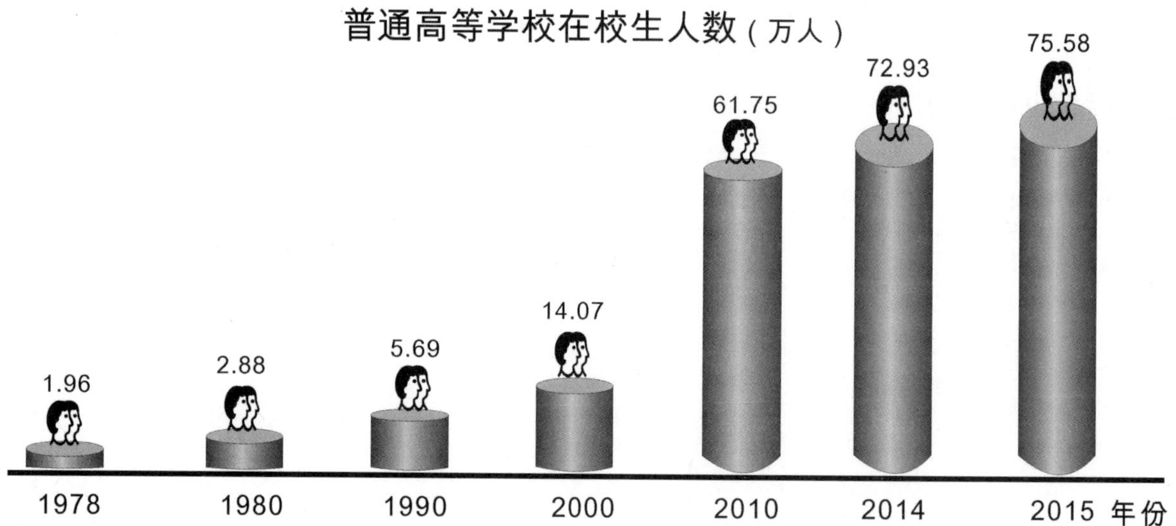
普通高等学校在校生人数（万人）
1.96
2.88
5.69
14.07
61.75
72.93
75.58
1978
1980
1990
2000
2010
2014
2015
年份

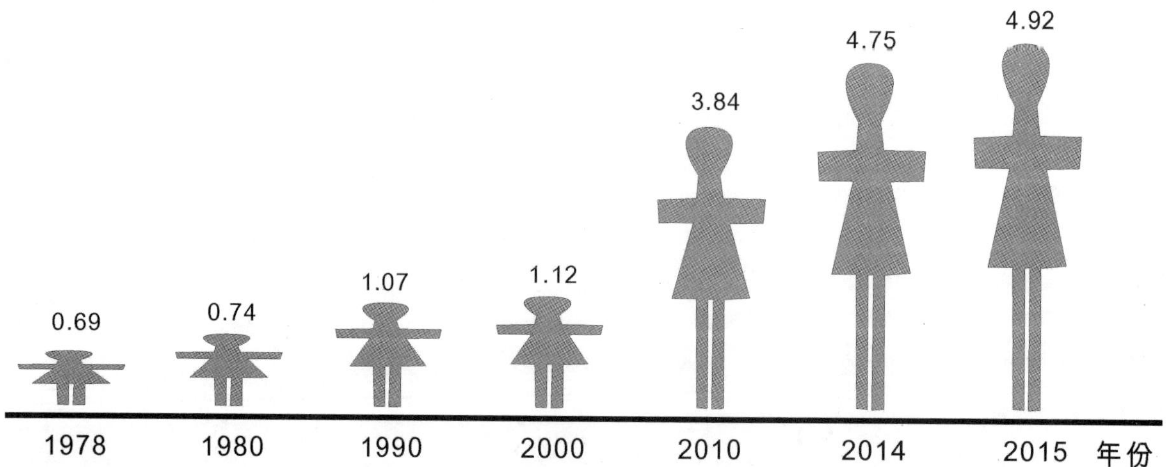
普通高等学校专任教师数（万人）
0.69
0.74
1.07
1.12
3.84
4.75
4.92
1978
1980
1990
2000
2010
2014
2015
年份

13－1 科研机构、人员、经费及活动情况(2015年)

Basic Statistics on Agencies, Personnel, Expenditures and Activities of Scientific Technological Research Institutions(2015)

	单 位	合 计	自然科学技术	社会科学	转制机构	科技情报文献机构
机构数	个	107	59	12	28	8
#地市属	个	84	49	12	15	8
从业人员	人	20546	11192	941	7895	518
#从事科技活动人员	人	12674	6894	732	4673	375
#大学本科及以上学历	人	10020	5597	674	3526	223
经费收入	万元	1009162	487246	30282	476878	14757
#政府资金	万元	369922	296669	19579	43522	10152
经费支出总额	万元	983045	495293	30714	442207	14830
#科技经费支出	万元	505109	344730	17721	132817	9840
基本建设投资实际完成额	万元	30330	19884	893	9553	0
年末固定资产原价	万元	666635	469262	14676	178589	4108
课题情况:课题数	个	3305	2653	191	401	60
内部经费支出	万元	231060	176572	2529	50688	1271
投入人员	人年	7780	5170	599	1783	228
发表科技论文	篇	3547	2176	707	595	69
#国外发表	篇	698	607	3	88	0
出版科技著作	种	112	48	55	8	1
专利申请受理数	件	796	501	3	292	0
专利授权数	件	559	411	0	148	0
#发明专利	件	367	288	0	79	0

13 - 2 国家级高新技术产业企业主要经济指标(2015年)

Main Economic Indicators of State - Level High - Tech Enterprises(2015)

	单　位	合　计	区内企业	区外企业
企业数	个	1681	725	956
总产值	万元	2004.4	617.2	1387.3
总收入	万元	3108.1	877.3	2230.8
#技术收入	万元	857.7	224.0	633.7
产品销售收入	万元	2014.9	596.6	1418.3
#高新技术产品收入	万元	1527.0	498.5	1028.5
出口创汇总额	万美元	37	20.9	16.1
净利润	万元	161.2	78.5	82.8
实际上缴税费总额	万元	175.1	51.6	123.5
年末资产总计	万元	5435.5	1676.0	3759.5
#流动资产	万元	3549.2	1168.2	2381.0
固定资产原价	万元	1440.5	329.2	1111.3
无形资产	万元	147.1	39.5	107.6
年末负债合计	万元	2916.7	806.2	2110.4
年末所有者权益	万元	2518.8	869.7	1649.1
全部科技项目经费内部支出	万元	183.7	79.5	104.2
科技活动经费内部支出(非政府)	万元	174.7	75.1	99.6
科技活动经费内部支出(来自政府)	万元	9.1	4.2	4.9
年末从业人员	人	412735	126349	286386

注:区内、区外企业指高新技术产业开发区集中区范围内、外的企业。

13－3 技术市场交易情况(2015年)

Statistics on Transactions in Technological Market(2015)

项　　目	合同数(个)	金额(万元)
输出技术合计	**9791**	**236.33**
技术开发	7120	77.38
技术转让	198	8.01
技术咨询	259	1.09
技术服务	2214	149.86
吸纳技术合计	**7338**	**170.36**
技术开发	4618	45.20
技术转让	186	14.65
技术咨询	261	2.61
技术服务	2273	107.89

13－4 教育事业基本情况

Basic Statistics on Education

	单 位	1978 年	1980 年	1990 年	2000 年	2010 年	2014 年	2015 年
学校数								
普通高等学校	所	14	14	19	20	50	56	56
中等职业技术学校	所	40	44	50	51	95	84	84
普通中学	所	791	625	580	548	487	497	494
小　　学	所	4669	4860	3580	2467	504	522	523
在校生数								
普通高等学校	人	19632	28790	56874	140661	617482	729338	755767
中等职业技术学校	人	14967	17306	27972	64969	214674	230578	232342
普通中学	人	574039	438221	347004	482494	635099	577296	548071
小　　学	人	1202491	1234444	670718	771582	682423	745689	784266
毕业生数								
普通高等学校	人	4411	4216	16777	23624	156646	187188	190544
中等职业技术学校	人	3470	4293	8401	20148	63318	73742	69469
普通中学	人	224994	169679	87343	106203	201516	196766	199148
小　　学	人	227553	193944	139585	147700	133462	111623	108498
招生数								
普通高等学校	人	7973	6603	16087	55131	190078	223517	238333
中等职业技术学校	人	6676	5153	9703	17697	81338	84809	81755
普通中学	人	254708	171351	115835	182487	213144	181570	176166
小　　学	人	279079	230882	91258	129966	108810	142020	142284
专任教师数								
普通高等学校	人	6940	7366	10699	11246	38404	47463	49203
中等职业技术学校	人	2206	2622	3262	3175	7498	9727	9641
普通中学	人	27423	25636	24947	30655	42429	46359	46073
小　　学	人	41040	42617	40492	37618	38250	40320	41527
每一教师负担学生数								
普通高等学校	人	2.8	3.9	5.3	12.5	16.1	15.4	15.4
中等职业技术学校	人	6.8	6.6	8.6	20.5	28.6	23.7	24.1
普通中学	人	20.9	17.1	13.9	15.7	15.0	12.5	11.9
小　　学	人	29.3	29.0	16.6	20.5	17.8	18.5	18.9

13－5 各类学校基本情况(2015年)

Basic Statistics on Various Schools(2015)

	学校数 (所)	毕业生 (人)	招生数 (人)	在校生 (人)	专任教师 (人)
普通高等学校	**56**	**190544**	**238333**	**755767**	**49203**
#研　究　生		21734	24754	78550	
中等技术学校	**84**	**69469**	**81755**	**232342**	**9641**
#职业中学	25	21287	25148	68378	3505
普通中学	**494**	**199148**	**176166**	**548071**	**46073**
高　　中	125	70197	64859	198518	16627
初　　中	369	128951	111307	349553	29446
小　　学	**523**	**108498**	**142284**	**784266**	**41527**
特殊教育学校	**20**	**294**	**674**	**2617**	**417**

注:普通中学高中学校数中含完全中学。普通中学初中校数中含9年制学校156所。研究生数包含科研院校的研究生人数。

13－6 普通中学基本情况(2015年)

Basic Statistics on Regular Secondary Schools(2015)

	学校数(所)	毕业生(人)	招生数(人)	在校生(人)	专任教师(人)
总计	**494**	**199148**	**176166**	**548071**	**46073**
城市	200	101159	89617	280610	22505
县镇	253	85423	76020	234383	20581
农村	41	12566	10529	33078	2987
高中	**125**	**70197**	**64859**	**198518**	**16627**
城市	71	36445	33271	101663	8631
县镇	46	29544	27915	85597	6936
农村	8	4208	3673	11258	1060
初中	**369**	**128951**	**111307**	**349553**	**29446**
城市	129	64714	56346	178947	13874
县镇	207	55879	48105	148786	13645
农村	33	8358	6856	21820	1927

13－7 小学基本情况(2015年)

Basic Statistics on Primary Schools(2015)

	学校数(所)	毕业生(人)	招生数(人)	在校生(人)	教职员工(人)	专任教师(人)
总计	**523**	**108498**	**142284**	**784266**	**34539**	**41527**
城市	264	59104	77522	435198	20129	21992
县镇	173	41275	55145	294225	11657	15994
农村	86	8119	9617	54843	2753	3541

13－8 成人高等学校教育基本情况

Basic Statistics on Education in Institutions of Higher Learning for Adults

	单 位	1990 年	2000 年	2014 年	2015 年
成人高等院校					
学 校 数	所	40	31	13	12
毕业生数	人	14849	23943	82185	13689
在校生数	人	51247	82919	105977	10000
招 生 数	人	17925	47027	245259	31904

注:2011 年以后成人高校数据包含普通高等学校中的成人教育数据。

13－9 幼儿园基本情况

Basic Statistics on Kindergartens

	单 位	1990 年	2000 年	2014 年	2015 年
幼儿园数	所	2497	2835	1945	2003
幼儿园班数	班	6199	7697	13178	14152
在园幼儿数	人	181959	270318	423871	455587
教职员工数	人	13269	16049	50162	55019
#教　师	人	8142	10193	24439	27099
保 育 员	人	587	1201	11071	11979

注:2013 年起保育员包含民办幼儿园的数据。

13－10 艺术表演团体及场所演出情况

Basic Statistics on Performance of Art Troupes and Sites

	单 位	1990 年	2000 年	2014 年	2015 年
艺术表演团体	个	**20**	**19**	**6**	**6**
国内演出场次	千场	2. 6	3. 0	0. 6	0. 96
国内观众人次	万人次	135. 3	204. 2	23. 5	71
出访演出场次	场		251	10	23
艺术表演场所	个	**27**	**25**	**9**	**9**
座 席 数	千个	29. 0	12. 9	3. 6	2. 99
演映出场数	千场	53. 8	8. 8	0. 2	0. 26
#艺术场数	千场	0. 7	0. 5	0. 02	0. 015
观众人次	万人次	1294. 6	49. 0	8. 1	6. 9
#艺术场数	万人次	46. 7	38. 1	1. 2	1. 2

13－11 群众文化事业(2015 年)

Main Indicators on Mass Culture(2015)

	单 位	总 计	文化馆	文化站
机 构 数	个	336	21	315
人 员 数	人	1584	462	1122
举办展览	个	1698	224	1474
举办训练班	次	10508	1999	8509
组织文艺活动	次	13808	1869	11939
藏 书	万册	211. 52	1. 99	209. 53
总 收 入	万元	26854. 9	12878. 4	13976. 5
总 支 出	万元	26806. 1	12594. 6	14211. 5

13－12 公共图书馆基本情况

Basic Statistics on Public Libraries

	单 位	1990 年	2000 年	2014 年	2015 年
图书馆数	个	16	17	21	21
阅览室座席数	个	2375	2200	9607	9413
总藏量	万册(件)	643	746	1952	1577
图书流通人数	万人次	113	89	606	641
公共房屋建筑面积	万平方米	4. 1	5. 1	11. 25	12. 32
#书 库	万平方米	1. 7	2. 1	2. 45	2. 49
阅 览 室	万平方米	0. 8	1. 0	3. 7	4. 36
经费支出	万元	318	1416	9494	12126. 9
#购书费	万元	106	277	1354	1720. 5

13－13 博物馆基本情况

Basic Statistics on Museums

	单 位	1990 年	2000 年	2014 年	2015 年
博物馆数	个	8	10	33	33
综 合 馆	个	4	4	11	9
专 业 馆	个	1	4	22	24
文物藏品	件	168275	183670	565750	452577
#一 级 品	件	513	910	1606	857
展 览	个	21	34	85	74
参观人数	万人次	313	247	1220	1230
公用房屋建筑面积	万平方米	6. 8	10. 1	29. 5	27. 6

13－14 广播、电视事业基本情况(2015年)

Basic Statistics on Broadcasting and Television(2015)

	单 位	广播事业	# 市 级	# 县 级	电视事业	# 市 级	# 县 级
基本情况							
电(电视)台	座	2	1		2	1	
县级广播电视台	座	12		12	12		12
发 射 台	座	67	2	16	70	2	21
节目套数	套	28	5	12	32	8	12
全年节目播音时间	小时	170079	39133	62978	211961	59192	62789
人口覆盖率	%	100	99.74	58.74	100	98.62	58.96
全年节目制作情况	**小时**	**98050**	**34423**	**5456**	**39326**	**19898**	**4716**
新闻咨询节目	小时	28635	12496	1552	14424	7102	1820
综艺益智	小时	30328	5754	1199	5965	2003	558
专题服务节目	小时	34043	14752	2389	15512	9090	1402
广告节目	小时	5044	1421	316	3425	1703	936

主要统计指标解释

普通高等学校 指按照国家规定的设置标准和审批程序批准举办，通过国家统一招生考试，招收高中毕业生为主要培养对象，实施高等教育的全日制大学、独立设置的学院和高等专科学校、短期职业大学。

成人高等学校 指按照国家有关规定审批，招收通过全国成人高教统一招生考试的具有高中毕业或同等学历的在职从业人员利用脱产、半脱产、业余或函授等多种形式对其实施高等学历教育培养高等教育专科或本科毕业水平的专门人才，修业年限、课程设置和总学时数均按高等学历教育要求付诸实施的学校。包括广播电视大学、职工高等学校、农民高等学校、管理干部学院、教育学院、独立设置的函授学院等。

小学学龄儿童入学率 指调查范围内已入小学学习的学龄儿童占学龄儿童总数（包括弱智儿童在内，但不包括盲聋哑儿童）的比重。计算公式：

$$小学学龄儿童入学率=\frac{已入学的小学学龄儿童数}{校内外小学学龄儿童总数}\times 100\%$$

独立研究与开发机构 指有明确的任务和研究方向，有一定学术水平的业务骨干和一定数量的研究人员，具有研究、开发、开展学术工作的基本条件，主要进行科学研究与技术开发活动，并且在行政上有独立的组织形式，财务上独立核算盈亏，有权与其他单位签订合同，在银行有单独户头的单位。包括国务院各部门、中国科学院、中国社会科学院和各省、自治区、直辖市以及地（市）以上〔含地（市）〕各部门所属的国有独立的科学研究与技术开发机构。

独立研究与开发机构职工 指在科学研究与技术开发机构工作，并由其支付工资的各种人员。包括长期职工和临时职工，不包括编制以外的离休、退休人员和停薪留职人员，但包括招聘人员。

研究与发展经费支出 指报告期内用于研究与实验发展课题活动（基础研究、应用研究、实验发展）的全部实际支出。包括用于研究与发展课题活动的直接支出，还包括间接用于研究与发展活动的一切支出（院、所管理费、维持院、所正常运转的必需费用和与研究发展有关的基本建设支出）。

科学家和工程师 指具有大学本科及以上学历的和不具备上述学历但有高、中级职称的人员。

专业技术人员 指已取得科学技术职称，或大学、中专的理、工、农、医科系毕业，以及国民经济各部门从工作实践中提拔，从事理、工、农、医等自学科学技术的研究、教学、生产的专业人员和在机关、企业、事业中从事科学技术业务管理工作的专业人员。

工程技术人员 指在国民经济各行业从事工程技术工作的自然科学技术专业人员，包括：高级工程师、工程师、助理工程师、技术员和未评定职称的技术人员。

农业技术人员 指在国民经济各行业从事农业技术工作的自然科学技术专业人员，包括：高级农艺师、农艺师、助理农艺师、技术员和未评定职称的技术人员。

卫生技术人员 指在国民经济各行业从事卫生医务工作的自然科学技术专业人员，包括：正副主任医师、主治医师、医师、医（护）士和未评定职称的技术人员。

科学研究人员 指在国民经济各行业从事科学技术活动的自然科学技术专业人员，包括：正副研究员、助理研究员、研究实习员、技术员和未评定职称的技术人员。

自然科学教学人员 指在国民经济各行业从事自然科学技术方面教学活动的专业人员，包括：正副教授、讲师、助教、教师和在中学从事自然科学技术方面教学活动的人员。

文化事业机构 指从事专业文化工作和为专业文化工作服务的独立建制的单独核算的单位。不包括这些单位另外举办独立核算的其他机构和各部门的业余文化组织。

十四 体育、卫生、福利及其他

简 要 说 明

主要内容

本部分反映体育、卫生、社会福利及其他事业发展情况。

体育：包括体育竞赛、体育竞技和全民健身的群众体育，以及相关的体育信息。

卫生：包括各类医疗卫生机构、床位、工作人员及病床使用率等指标。

民政：包括社会福利院、儿童福利院、精神病人福利院、社会办敬老院等各级福利院个数、床位及收养人数；优抚、救济情况。

其他事业：包括全市范围内司法、社会治安情况等。

资料来源

体育资料来源于成都市体育局。

卫生资料来源于成都市卫生局。

社会福利资料来源于成都市民政局。

司法、社会治安等资料分别来源于成都市司法局、成都市公安局。

其他需要说明的问题

体育资料为全市统计口径。

卫生资料为全社会统计口径。

福利机构相应指标为市及市以下统计口径。

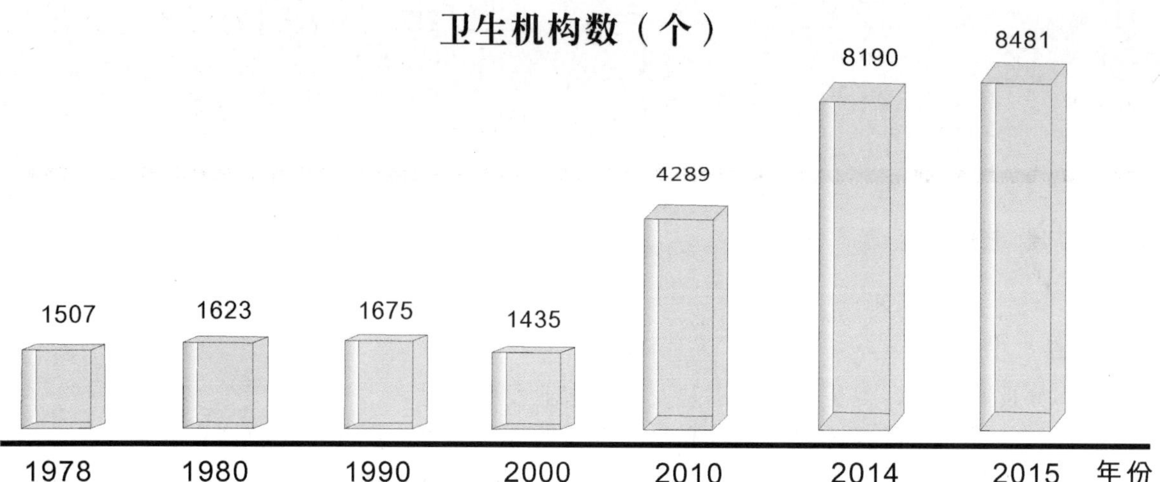
卫生机构数（个）
1507
1623
1675
1435
4289
8190
8481
1978
1980
1990
2000
2010
2014
2015
年份

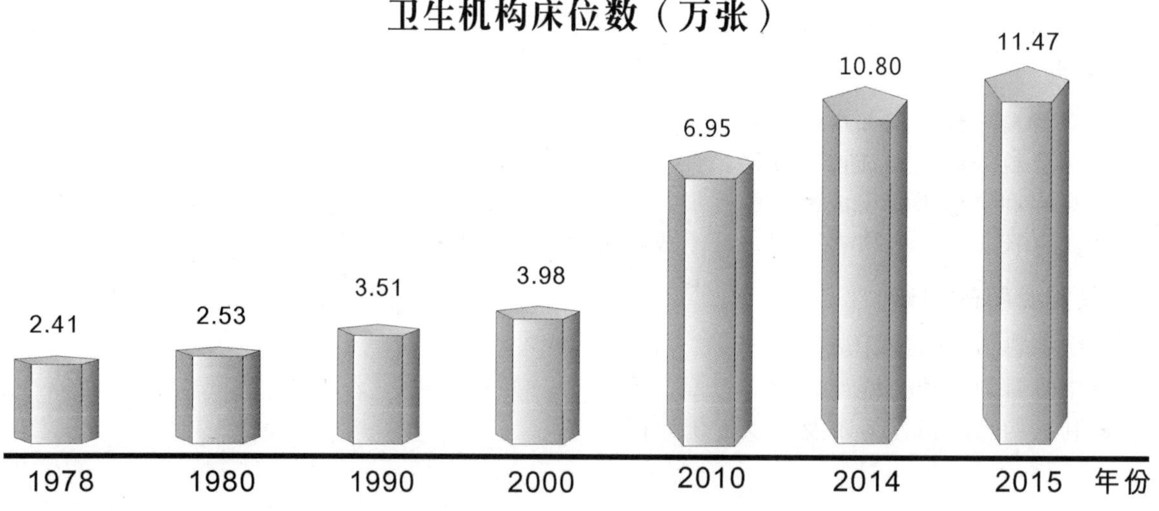
卫生机构床位数（万张）
2.41
2.53
3.51
3.98
6.95
10.80
11.47
1978
1980
1990
2000
2010
2014
2015
年份

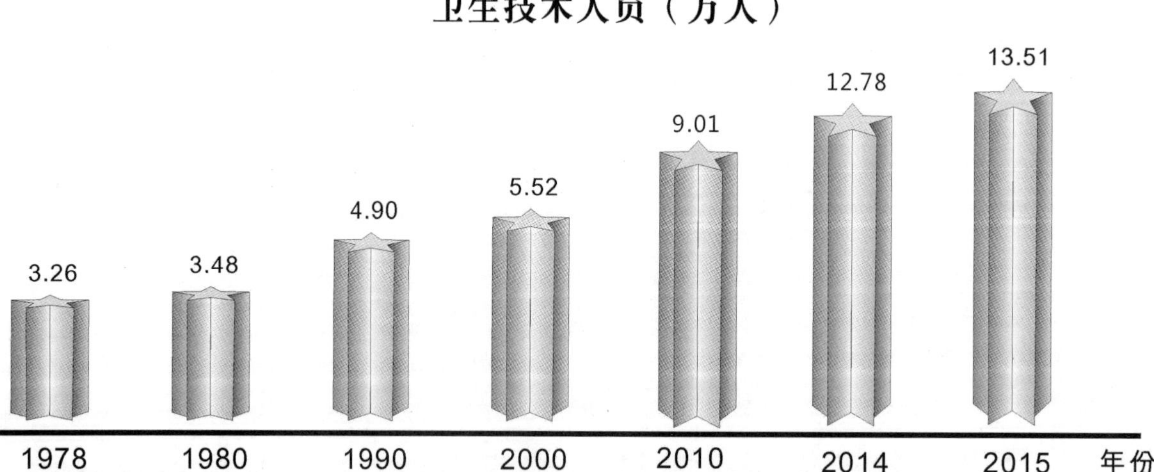
卫生技术人员（万人）
3.26
3.48
4.90
5.52
9.01
12.78
13.51
1978
1980
1990
2000
2010
2014
2015
年份

14－1 体育活动情况

Activities of Sports

	单 位	1990 年	2000 年	2014 年	2015 年
体育场地数	个	2831	3414	18243	18664
等级运动员发展人数	人	172	437	349	293
#二级运动员	人	93	149	349	293
等级裁判员发展人数	人	312	438	312	232
优秀运动队运动员	人	108	75	135	134
专职教练员	人	12	17	162	173
体育后备人才数	人	2927	6121	8756	9263
各部门举办全民健身活动次数	次	1173	1439	2636	2747
全民健身路径	条			6061	6296

14－2　医疗卫生事业基本情况

Basic Statistics of Health Care

	单　位	1990 年	2000 年	2014 年	2015 年
总　　计					
机 构 数	个	1675	1435	8190	8481
#医院、卫生院	个	516	568	746	768
床 位 数	万张	3. 51	3. 98	10. 80	11. 47
#医院、卫生院	万张	3. 04	3. 41	10. 13	10. 78
工作人员	万人	6. 49	7. 29	16. 43	17. 32
#卫生技术人员	万人	4. 90	5. 52	12. 78	13. 51
#执业(助理)医师	万人			4. 82	5. 02
注册护士	万人			5. 51	5. 96
药剂人员	万人		0. 54	0. 73	0. 71
总计中:政府办医院					
机 构 数	个	150	170	98	98
床 位 数	万张	2. 32	2. 63	5. 12	5. 30
工作人员数	万人	3. 48	3. 94	6. 91	7. 08
#卫生技术人员	万人	2. 66	3. 00	5. 53	5. 72
#医　　生	万人	1. 07	1. 21	1. 87	1. 95
平均每万人口拥有					
医院、卫生院床位数	张	33. 3	33. 8	84. 5	73. 6
卫生技术人员	人	53. 6	54. 7	106. 6	92. 2
#执业(助理)医师	人			40. 2	34. 3

注:“总计中:政府办医院”的机构数 2001 年及以前年度指政府及非政府部门举办的县及县以上医院,2002 年及以后各年度指由政府部门举办的所有医院。从 2011 年起将村卫生室纳入统计范围。2015 年“平均每万人口拥有”数据按常住人口计算。

14－3　农村村级卫生组织情况(2015 年)

Health Organization at Village Level(2015)

	总　计	按设置/主办单位分					按行医方式分		
		村　办	乡卫生院设点	联合办	私人办	其他	西医为主	中医为主	中西医结　合
机构数(个)	3050	1670	192	175	976	37	1748	167	1135
执业(助理)医师(人)	871	482	115	42	214	18	485	66	320
注册护士数(人)	87	46	15	10	8	8	54	5	28
乡村医生和卫生员(人)	3931	2178	215	330	1182	26	2073	169	1689
乡村医生数	3737	2085	200	311	1115	26	1977	164	1596
卫 生 员	194	93	15	19	67	0	96	5	93

14－4 医院诊疗情况(2015年)

Number of Hospital Patients(2015)

	诊疗人次(万人次)	#门急诊	健康检查人数(万人)	入院人数(万人)	病床使用率(%)	出院者平均住院日(天)	死亡率(%)
医院总计	**58708881**	**56992042**	**3953131**	**2776783**	**89.2**	**10.7**	**0.834**
综合医院	38691906	37460366	3143352	1959146	86.7	9.9	0.880
中医医院	7935436	7751450	460306	316528	98.2	11.9	0.707
中西医结合医院	2508883	2468344	113455	114755	108.8	13.1	1.180
专科医院	9572656	9311882	236018	386354	88.2	13.1	0.601
口腔医院	948390	941608		5415	67.8	10.5	
眼科医院	337627	336391	32066	28740	58.3	4.5	
耳鼻喉医院	41046	39772		10882	55.8	4.8	
肿瘤医院	253793	253150	9885	46488	113.5	13.5	0.752
心血管病医院	15119	4141	48	641	25.8	12.5	0.304
妇产(科)医院	395570	394324	647	8873	43.6	5.7	0.011
儿童医院	2374828	2277579	4839	59302	103.1	5.6	0.128
精神病医院	548559	546866	97	23200	102.6	69.5	0.893
传染病医院	668622	668622	4309	20675	120.3	16.1	1.798
皮肤病医院	4108	4108		684	100.0	10.7	
职业病医院	91879	91879	60888	7869	92.3	14.7	4.385
骨科医院	218666	218340		23368	82.3	9.5	0.004
康复医院	95548	89642	155	10995	43.2	7.9	0.202
整形外科医院	18493	16681		1383	24.9	2.0	
美容医院	228021	187010		3070	23.7	3.7	
其他专科医院	3332387	3241769	123084	134769	81.6	10.3	0.703

14－5 卫生部门综合医院有关经营情况(2015 年)

Operation of Hospitals Runs by The Health Department(2015)

	机构数(个)	医师人均担负年诊疗人次(人次)	医师人均担负年住院床日(人次)	平均每诊疗人次医疗费(元)			平均每一出院者住院医疗费(元)			
					#药品费	#检查费		#床位费	#药费	#治疗费
综合医院合计	**44**	**2116**	**914**	**296**	**47**	**65**	**11484**	**394**	**3738**	**1540**
部属	1	1776	694	606	328	130	20834	794	5752	1754
省属	4	2364	995	366	196	87	16426	499	6352	2332
省辖市属	7	1883	964	240	110	42	12913	354	4455	2112
县辖市属	20	2043	962	171	65	40	6527	248	2017	1036
县属	12	2706	980	153	59	38	5950	205	1839	902

14－6 全市居民前十位死亡原因、死亡率(2015 年)

Cause of Death and Death Rate of 10 Major Diseases(2015)

序位及死因	死亡序位	死亡率(/10 万)	死亡构成(%)
十种死亡原因合计		**637. 87**	**98. 72**
肿瘤小计	1	197. 28	30. 53
循环系统疾病小计	2	187. 73	29. 05
呼吸系统疾病小计	3	153. 23	23. 71
损伤和中毒外部原因小计	4	35. 63	5. 51
消化系统疾病小计	5	21. 38	3. 31
内分泌,营养和代谢的其他疾病小计	6	20. 30	3. 14
泌尿生殖系统疾病小计	7	7. 17	1. 11
传染病和寄生虫病小计	8	6. 67	1. 03
神经系统疾病小计	9	6. 16	0. 95
起源于围生期的某些情况小计	10	2. 33	0. 36

14－7 社会福利机构情况

Basic Statistics on Social Welfare Institutions

	单 位	1990 年	2000 年	2014 年	2015 年
社会福利院					
单 位 数	个	5	5	20	57
床 位 数	张	710	1118	5243	12489
年末收养人数	人	648	893	2522	7054
儿童福利院					
单 位 数	个	1	2	2	3
床 位 数	张	150	492	779	814
年末收养人数	人	127	487	720	661
精神病人福利院					
单 位 数	个	1	1	1	1
床 位 数	张	320	358	800	800
年末收养人数	人	322	358	720	720
社区养老机构和设施					
单 位 数	个	344	344	187	763
床 位 数	张	6981	7998	37800	21580
年末收养人数	人	4804	6392	20645	9586

14－8 优抚、救济情况

Persons Receiving Subsidies or Relief Funds

	1990 年	2000 年	2014 年	2015 年
优抚革命伤残人员（人）	8288	8622	8361	8512
抚恤人数（人）	11003	10917	9717	1328
#烈属抚恤	2715	2295	424	391
复退军人得到定期定量补助人数（人）	25371	30898	69213	70434

14－9　律师、公证、调解工作基本情况

Basic Statistics on Lawyers, Notarization and Mediation

	单　位	1990 年	2000 年	2014 年	2015 年
律师工作					
律师事务所	个	22	78	516	550
律师人员	人	817	1229	8343	9086
#专职律师	人	142	731	8040	8733
民事诉讼代理	件	3852	4792	35558	39932
刑事诉讼辩护及代理	件	2727	3056	8880	9130
行政诉讼代理	件		152	994	1544
非诉讼法律事务	件	1049	3018	19410	22992
解答法律咨询	件	15625	32000	103695	110420
代写法律事务文书	件	8954	6110	14201	15660
公证工作					
公证机构	个	18	21	22	21
公 证 员	人	48	121	191	191
公证员助理	人			198	
办理国内公证	件	16032	72874	427062	399787
办理涉外公证	件	4294	25750	55322	46254
办理涉港澳台公证	件			977	827
公证费总收入	万元	59.9	946.6	16570	14740.8

14－10 国内公证文书分类情况(2015年)

Domestic Notarial Documents by Type(2015)

单位:件

类　　别	数　量	类　　别	数　量
受　　理	**399787**	现场监督	1115
出　　证	**399731**	保全证据	4175
合同(协议)	109554	财 产 权	205
#买卖合同	1509	收养关系	1
赠与合同	1730	婚姻状况	309
委托合同	2172	亲属关系	945
担保合同	9084	其他有法律意义事实	314
财产分割协议	266	#出　　生	83
财产约定协议	753	死　　亡	11
继　承	18830	签名(印鉴)	18294
单方法律行为	182163	文本相符	1772
#委　　托	140474	赋予执行效力	50053
声　　明	37616	抵押登记	194
赠　　与	883	其　　他	8823
遗　　嘱	1576	**终　　止**	**1**
保证(担保)	118	**未　　结**	**50**
承诺(要约)	53	**撤　　销**	**5**

14－11 涉外及涉港澳台公证文书分类(2015年)

Foreign－related Notarial Documents Type(2015)

单位:件

类　　别	数　量	类　　别	数　量
涉外公证业务	**46254**	**涉港澳台公证业务**	**827**
委　　托	1861	委　　托	8
声　　明	680	声　　明	4
收养关系	31	收养关系	0
婚姻状况	2678	婚姻状况	32
亲属关系	4369	亲属关系	16
出　　生	7332	出　　生	24
死　　亡	29	死　　亡	5
生存、居住	29	生存、居住	6
学历(学位)	6155	学历(学位)	5
经　　历	41	经　　历	
有无犯罪记录	4146	有无犯罪记录	37
其他有法律意义事实	292	其他有法律意义事实	1
证书(执照)	1842	证书(执照)	36
签名(印鉴)	1177	签名(印鉴)	15
文本相符	8844	文本相符	28
其　　他	5036	其　　他	60

14－12 基层法律服务情况

Law Service for Grassroots Units

	单　位	2014年	2015年		单　位	2014年	2015年
一、机构人员情况				代理诉讼事务	件	5682	4684
已建基层法律事务所	个	117	103	代理非诉讼事务	件	2760	2650
基层法律工作者	人	576	504	调解纠纷	件	3376	12266
二、全年工作情况				解答法律咨询	人次	22561	63286
担任法律顾问	家	1163	1247	办理法律援助事务	件	2452	1052

14－13 劳动仲裁受理及处理案件情况(2015年)

Labor Disputes Accepted and Handled by labor Dispute Arbitration Committees(2015)

	单位	合计	#国有企业	#城镇集体企业	#外商及港澳台投资企业	#私营企业
上期末结案件数	件	246	1	0	30	215
案件受理情况						
案件数	件	12714	189	80	1019	11426
劳动者申述案件数	件	12560	189	80	995	11296
劳动者当事人人数	件	18212	219	80	1143	16770
案件处理情况						
结案案件数	件	12432	187	80	959	11206
处理方式						
仲裁调解	件	3467	42	8	123	3294
仲裁裁决	件	7166	118	68	699	6281
其他方式	件	1799	27	4	137	1631
处理结果						
用人单位胜诉	件	763	15	41	48	659
劳动者胜诉	件	3279	23	13	221	3022
双方部分胜诉	件	6065	108	16	461	5480
本期末结案数	**件**	**528**	**3**	**0**	**90**	**435**

14－14 社会治安及交通、火灾情况

Basic Statistics of law－and－order Situation, Traffic Accidents and Fires

	单 位	2011 年	2012 年	2013 年	2014 年	2015 年
治安案件						
受理数	起	75034	68795	63239	70716	169058
查处数	起	51329	47846	42717	42805	138378
交通事故						
交通事故发生数	起	2809	2417	2325	2384	2132
死伤人数	人	3675	2971	2851	3008	2639
#死亡人数	人	684	657	653	652	616
直接经济损失	万元	799.9	570.6	559.6	585.5	772.9
火灾事故						
火灾事故发生数	起	2235	3217	7114	7721	8160
死伤人数	人	5	16	26	24	28
#死亡人数	人	5	10	10	11	26
直接财产损失	万元	1906.8	3400.2	1889.1	3873.8	3537.3

主要统计指标解释

等级运动员人数 指经考核正式批准授予等级运动员称号的人数。运动员等级分为国际级运动健将、运动健将、一级运动员、二级运动员、三级运动员、少年级运动员。

等级裁判员人数 指经考核正式批准授予等级裁判员称号的人数。裁判员等级分为国际裁判、国家级裁判、一级裁判、二级裁判、三级裁判。

体育场 指有400米跑道(中心含足球场),有固定跑道6条以上,并有固定看台的室外田径场地。以看台容纳观众人数分:甲级25000人以上,乙级15000-25000人,丙级5000-15000人,丁级5000人以下。体育馆指有固定看台,可供篮球、排球、羽毛球、乒乓球、体操等项目训练比赛活动用的室内运动场地。以看台容纳观众人数分:甲级6000人以上,乙级4000-6000人,丙级2000-4000人,丁级2000人以下。

医院 指名称为医院,设有固定床位能收容病人住院并能为病人提供医疗、护理服务的医疗机构。包括县及县以上医院、农村乡卫生院、其他医院三部分。按所属性质分为卫生部门、工业及其他部门,集体经济单位三类。其中县及县以上医院按业务性质分为综合医院和专科医院。

卫生技术人员 指卫生事业机构支付工资的全部固定职工和合同制职工中现任职务为卫生技术工作的专业人员。包括中医师、西医师、中西医结合高级医师、护师、中药师、西药师、检验师、其他技师、中医士、西医士、护士、助产士、中药剂士、西药剂士、检验士、其他技士、其他中医、护理员、中药剂员、西药剂员、检验员,其他初级卫生技术人员。

社会福利事业单位 指集中收养社会孤老、残、幼的机构。包括由民政部门管理的社会福利院、儿童福利院、精神病人福利院和城镇集体办的福利院,以及农村集体举办的敬老院。

律师 指受聘参加法律顾问处工作,担任法律顾问、刑(民)事代理人、刑事辩护人,办理非诉讼事件、解答法律询问,代写法律事务文书等主要从事律师业务的专职法律工作者和兼职律师。

离休、退休、退职人员 指正式办理了离休、退休、退职手续,并享受相应的离休、退休、退职待遇的人员。

保险福利费用 指企业、事业、机关单位在工资以外实际支付给职工和离休、退休、退职人员个人以及用于集体的劳动保险和福利费用。

离休、退休、退职人员保险福利费用包括:①离休金;②退休金;③退职生活费;④医疗卫生费;⑤护理费;⑥生活补贴;⑦交通费补贴;⑧丧葬抚恤救济费;⑨其他。

十五 区(市)县

简 要 说 明

主要内容

本部分资料反映成都市各区（市）县经济、社会发展的基本情况，主要包括：土地、人口、地区生产总值、农业、工业、交通运输邮电、固定资产投资、社会消费品零售总额、财政金融、税收情况等主要社会经济情况。

资料来源

全市资料来源于成都市统计局和市级有关主管部门。

区（市）县资料，主要来源于各区（市）县统计局，部分资料来源于市级相关主管部门。

其他需要说明的问题

历史资料按现行行政区划口径计算。

财政指标按分级核算口径计算，金融指标按金融业务统计口径计算，其余各项指标均按辖区口径计算。

因本章部分指标未列锦江、青羊、金牛、武侯、成华五区及高新区统计数，故分项之和不等于全市合计。

2015年全市主要指标构成（%）

土地面积

B:82.1

A:17.9

年末户籍总人口

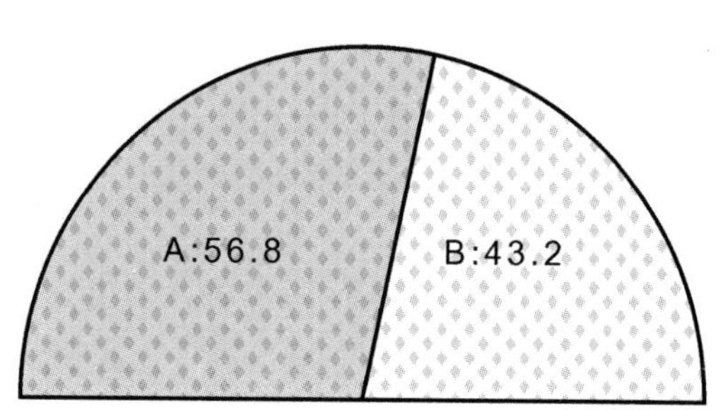

地区生产总值

A:79.0 B:21.0

全社会固定资产投资

A:71.7 B:28.3

社会消费品零售总额

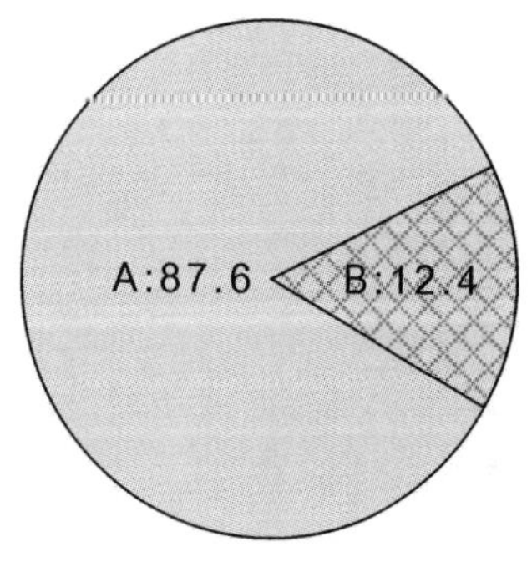

规模以上工业总产值

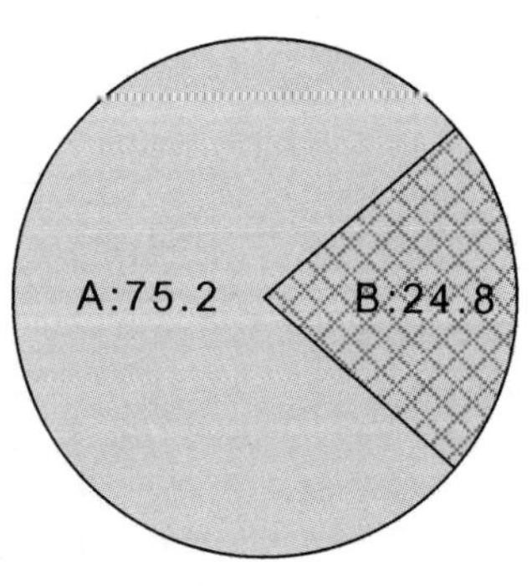

A：市区合计　　B：县（市）合计

15－1 区(市)县土地面积、户籍总户数和总人口数(2015年)

Land Area, Registered Households and Population in Districts, Cities at County Level and Counties(End of 2015)

	土地面积（平方公里）	耕地面积（公顷）	年末总户数（户）	年末总人口（人）	平均每户人口（人）	人口密度（人/平方公里）
全　市	**12121**	**422833**	**4759924**	**12280485**	**2.58**	**1006**
#锦江区	61	880	196411	511578	2.60	8233
青羊区	66	464	235197	656091	2.79	9822
金牛区	108	919	298823	755994	2.53	6990
武侯区	122	472	426263	1085989	2.55	8755
成华区	108	1358	287404	722776	2.51	6623
龙泉驿区	556	8156	245688	643441	2.62	1147
青白江区	379	19190	183050	417718	2.28	1101
新都区	496	26042	288929	733601	2.54	1464
温江区	276	13748	167940	415335	2.47	1484
双流区	1068	42827	383163	1038843	2.71	959
金堂县	1156	56929	341266	892037	2.61	772
郫　县	437	20789	212473	558600	2.63	1260
大邑县	1284	29867	195111	511811	2.62	399
蒲江县	580	24128	120839	267792	2.22	461
新津县	329	15634	143182	312956	2.19	949
都江堰市	1208	26828	246395	620468	2.52	513
彭州市	1421	50894	300862	808140	2.69	569
邛崃市	1377	44620	230012	658733	2.86	478
崇州市	1089	39089	256916	668582	2.60	615

注：此表中武侯区含高新区土地、户籍人口数据；耕地面积为2014年数据；人口密度按户籍人口计算。

15－2 历年区(市)县

Total Registered Population in Districts, Cities at County Level

年份	全市	锦江区	青羊区	金牛区	武侯区	成华区	龙泉驿区	青白江区	新都区
1949	50132						2102	1704	2920
1952	51196						2169	1801	3093
1957	59419						2047	2009	3415
1962	55134						2022	2158	3144
1965	60938						2268	2387	3495
1970	69521						2716	2850	4093
1975	78197						3186	3302	4597
1978	80606						3363	3449	4733
1979	81581						3369	3470	4753
1980	82254						3403	3488	4786
1981	83341						3455	3517	4850
1982	84325						3497	3545	4904
1983	84885						3508	3558	4934
1984	85400						3511	3563	4954
1985	86268						3535	3585	4988
1986	87473						3577	3627	5050
1987	88730						3625	3668	5125
1988	89857						3695	3665	5248
1989	90859						3697	3722	5290
1990	91950	3953	4438	4336	3486	4389	3729	3749	5323
1991	92773	3958	4474	4404	3563	4461	3779	3779	5388
1992	93686	3983	4498	4518	3664	4527	3837	3800	5460
1993	94730	4014	4561	4620	3786	4616	3915	3822	5541
1994	96039	4041	4608	4717	3917	4726	4291	3848	5642
1995	97160	4032	4665	4827	4057	4823	4505	3877	5716
1996	98074	3939	4581	5016	4689	4993	4586	3909	5782
1997	98919	3927	4578	5136	4893	5068	4655	3934	5829
1998	99700	3928	4595	5245	5028	5117	4731	3953	5874
1999	100356	3886	4593	5414	5156	5222	4792	3966	5893
2000	101335	3810	4568	5650	5338	5338	4848	4002	5959
2001	101990	3898	4587	5810	5483	5443	4920	4011	5976
2002	102848	3933	4669	6001	5742	5546	4996	4016	5989
2003	104431	3902	4650	6361	6217	5810	5108	4024	6048
2004	105969	3926	4780	6649	6540	5944	5251	4040	6130
2005	108203	3972	4996	6812	7330	6094	5380	3943	6387
2006	110340	3995	5124	6953	7955	6157	5646	4000	6501
2007	111228	3974	5231	6987	8147	6154	5724	4028	6587
2008	112496	4023	5374	6991	8358	6192	5805	4068	6671
2009	113963	4114	5540	7117	8622	6321	5880	4086	6755
2010	114907	4234	5679	7178	9435	6433	5923	4106	6829
2011	116328	4386	5860	7227	9594	6605	5988	4139	6905
2012	117335	4539	6011	7318	9831	6750	6038	4134	6965
2013	118799	4706	6188	7408	10086	6881	6149	4149	7023
2014	121074	4929	6405	7538	10502	7078	6320	4167	7186
2015	122805	5116	6561	7560	10860	7228	6434	4177	7336

年末户籍人口数

and Counties over the Years(Year - end)

单位:百人

温江区	双流区	金堂县	郫县	大邑县	蒲江县	新津县	都江堰市	彭州市	邛崃市	崇州市
1454	6727	4431	2553	3008	1233	1566	3044	4089	3795	4061
1550	5938	4768	2642	3096	1316	1703	3173	4378	4003	4220
1678	5716	5212	2815	3467	1496	1874	3509	4968	4528	4475
1485	4498	4966	2461	2809	1346	1618	3177	4664	3771	4032
1656	5043	5412	2737	3163	1521	1800	3650	5172	4089	4318
1990	5800	6287	3245	3718	1848	2111	4234	6024	4832	5055
2256	7308	7163	3704	4289	2177	2432	4666	6603	5592	5537
2331	7443	7424	3803	4366	2238	2488	4761	6753	5752	5634
2350	7552	7470	3840	4375	2248	2500	4798	6781	5764	5662
2370	7617	7487	3869	4391	2259	2524	4817	6817	5781	5705
2398	7751	7540	3916	4437	2287	2556	4868	6884	5827	5752
2441	7837	7593	3943	4480	2308	2576	4919	6950	5852	5796
2458	7863	7609	3955	4494	2313	2584	4949	6968	5879	5823
2467	7899	7605	3959	4497	2323	2591	4989	6977	5895	5847
2499	7952	7652	3992	4515	2354	2612	5044	7026	5914	5888
2498	8071	7711	3995	4562	2389	2639	5109	7120	5962	5942
2520	8190	7790	4034	4616	2412	2668	5191	7218	6019	6003
2555	8301	7868	4070	4652	2430	2691	5271	7271	6067	6067
2591	8451	7951	4110	4694	2437	2711	5326	7322	6110	6141
2650	8494	8053	4212	4737	2454	2728	5429	7381	6188	6221
2685	8554	8108	4245	4762	2463	2743	5492	7427	6223	6264
2755	8618	8142	4271	4794	2472	2766	5545	7469	6273	6294
2848	8693	8173	4312	4813	2478	2784	5602	7517	6298	6335
2897	8730	8189	4355	4837	2492	2797	5682	7559	6330	6381
2933	8790	8226	4412	4861	2522	2819	5728	7592	6362	6413
2977	8401	8263	4475	4883	2533	2838	5773	7607	6382	6448
3008	8457	8295	4557	4910	2537	2851	5804	7619	6402	6458
3039	8518	8331	4627	4924	2545	2865	5849	7652	6410	6468
3052	8543	8373	4662	4931	2550	2882	5874	7691	6409	6467
3056	8616	8446	4709	4961	2563	2895	5944	7740	6398	6462
3066	8667	8438	4758	4961	2563	2900	5946	7726	6386	6451
3087	8698	8448	4804	4966	2564	2907	5955	7722	6361	6444
3137	8846	8448	4833	4968	2559	2920	5971	7782	6354	6493
3194	9064	8455	4883	4990	2566	2938	5984	7774	6353	6508
3293	9269	8536	4696	5061	2575	2966	6025	7788	6447	6633
3384	9281	8619	4843	5137	2610	2993	6104	7837	6514	6687
3439	9389	8650	4947	5149	2605	3019	6090	7947	6506	6656
3535	9485	8764	5017	5167	2620	3048	6118	7996	6561	6702
3649	9661	8833	5045	5175	2630	3063	6096	8034	6600	6741
3699	9200	8845	5086	5180	2630	3078	6096	8002	6582	6692
3776	9421	8890	5135	5186	2637	3087	6118	8053	6605	6718
3833	9600	8904	5187	5120	2635	3080	6138	8035	6561	6658
3904	9781	8918	5262	5127	2649	3100	6157	8062	6568	6680
4039	10097	8938	5425	5122	2664	3117	6193	8085	6572	6699
4153	10388	8920	5586	5118	2678	3130	6205	8081	6587	6686

15 – 3 区(市)县户籍人口自然变动情况(2015 年)

Statistics on Natural Changes of Registered Population in Districts, Cities at County Level and Counties(2015)

	出生人口 (人)	死亡人口 (人)	出生率 (‰)	死亡率 (‰)	自然增长率 (‰)
全　市	**141056**	**74899**	**11.57**	**6.14**	**5.43**
#锦 江 区	6109	3006	12.16	5.99	6.18
青 羊 区	7343	2718	11.33	4.19	7.13
金 牛 区	7635	4389	10.11	5.81	4.30
武 侯 区	14431	3811	13.51	3.57	9.94
成 华 区	7698	3341	10.76	4.67	6.09
龙泉驿区	8385	3527	13.15	5.53	7.62
青白江区	4457	3490	10.68	8.36	2.32
新 都 区	8835	4750	12.17	6.54	5.63
温 江 区	5500	2290	13.43	5.59	7.84
双 流 区	14014	4813	13.68	4.70	0.90
金 堂 县	8762	6260	9.81	7.01	7.01
郫　县	7892	3369	14.33	6.12	6.12
大 邑 县	5244	3336	10.24	6.52	6.52
蒲 江 县	3086	1121	11.55	4.20	4.20
新 津 县	3382	2470	10.83	7.91	7.91
都江堰市	5865	4940	9.46	7.97	7.97
彭 州 市	8083	6977	10.00	8.63	8.63
邛 崃 市	8435	5443	12.82	8.27	8.27
崇 州 市	5900	4848	8.82	7.24	7.24

15－4 区(市)县户籍人口机械变动情况(2015年)

Moving Changes of Registered Population in Districts, Cities at County Level and Counties(2015)

	迁入人口 (人)	迁出人口 (人)	迁入率 (‰)	迁出率 (‰)	机械变动 增长率 (‰)
全　市	**234697**	**127733**	**19.25**	**10.48**	**8.77**
#锦 江 区	15763	5934	31.39	11.82	19.57
青 羊 区	20175	7886	31.12	12.16	18.96
金 牛 区	15079	8655	19.97	11.46	8.51
武 侯 区	42913	22901	40.18	21.44	18.74
成 华 区	19884	7063	27.80	9.87	17.92
龙泉驿区	14410	7817	22.60	12.26	10.34
青白江区	3119	3105	7.48	7.44	0.03
新 都 区	16363	5472	22.54	7.54	15.00
温 江 区	15501	7248	37.84	17.70	20.15
双 流 区	30319	10364	29.60	10.12	19.48
金 堂 县	5324	9619	5.96	10.77	－4.81
郫　　县	17670	6119	32.09	11.11	20.98
大 邑 县	2144	4397	4.19	8.59	－4.40
蒲 江 县	1310	1871	4.90	7.01	－2.10
新 津 县	1753	1361	5.61	4.36	1.26
都江堰市	5023	4759	8.10	7.68	0.43
彭 州 市	2872	4345	3.55	5.38	－1.82
邛 崃 市	2724	4139	4.14	6.29	－2.15
崇 州 市	2351	4678	3.51	6.99	－3.48

15－5 区(市)县婚姻、计划生育情况(2015年)

Matrimony and Family Planning in Districts, Cities at County Level and Counties(2015)

	结婚登记人数 (人)	离婚登记人数 (人)	符合政策生育率 (%)	一孩率 (%)
全　　市	**250170**	**77410**	**94.82**	**68.89**
#锦 江 区	11996	3578	99.81	76.99
青 羊 区	18976	3936	99.55	80.28
金 牛 区	15744	4735	97.28	75.45
武 侯 区	13524	4237	98.99	75.52
成 华 区	14860	5249	96.42	75.13
龙泉驿区	14200	4244	94.99	64.00
青白江区	7234	2713	93.57	65.88
新 都 区	14210	4549	96.00	67.33
温 江 区	7808	2731	95.58	64.1
双 流 区	11066	4770	97.45	64.63
金 堂 县	15642	4552	85.21	66.26
郫　　县	10386	3403	95.01	63.15
大 邑 县	9560	3066	94.17	63.21
蒲 江 县	4808	1421	91.71	64.17
新 津 县	5976	2082	94.02	62.07
都江堰市	12014	4335	94.30	69.01
彭 州 市	14006	5113	95.30	67.06
邛 崃 市	12902	3931	90.98	62.07
崇 州 市	12516	3876	94.43	68.83

15-5 续表

	已婚育龄妇女人数（万人）	已婚育龄妇女中一孩妇女人数（万人）	综合避孕率（%）
全　市	**237.09**	**183.00**	**83.68**
#锦江区	6.94	5.22	86.49
青羊区	10.12	7.86	81.80
金牛区	11.41	8.26	87.15
武侯区	18.18	13.19	87.51
成华区	10.19	7.53	79.39
龙泉驿区	13.20	10.36	85.36
青白江区	8.92	7.06	87.01
新都区	19.01	14.96	80.40
温江区	8.36	6.77	82.44
双流区	19.46	15.07	82.65
金堂县	18.44	11.47	85.95
郫　县	11.32	9.29	85.12
大邑县	11.39	9.25	84.84
蒲江县	5.85	4.82	85.13
新津县	6.69	5.43	83.16
都江堰市	13.09	10.52	87.13
彭州市	16.35	13.02	77.26
邛崃市	13.90	11.01	82.18
崇州市	14.29	11.92	84.84

15－6 区(市)县地区生产总值(2015年)

Gross Domestic Product in Districts, Cities at County Level and Counties(2015)

单位:万元

	地区生产总值	第一产业	第二产业	#工业	第三产业
全市	**108011633**	**3731535**	**47234926**	**40561918**	**57045172**
#锦江区	7681896	6028	954862	586968	6721006
青羊区	8681370	434	1534918	866216	7146018
金牛区	8753708	945	1943696	1081514	6809067
武侯区	7951709	36	1691315	1280549	6260358
成华区	6932083	1304	1359788	1103431	5570991
龙泉驿区	10021326	259243	7862029	7573851	1900054
青白江区	3382561	135846	2465501	2332259	781214
新都区	5827700	248018	3521837	3254983	2057845
温江区	3915784	168272	1996892	1904716	1750620
双流区	8676111	341215	4228850	3488615	4106046
金堂县	2850974	405233	1327924	850901	1117817
郫县	4259679	210500	2477775	2269333	1571404
大邑县	1830048	310690	767655	643126	751703
蒲江县	1059271	171841	528874	471771	358556
新津县	2301816	156850	1347905	1244215	797061
都江堰市	2753768	238325	1018388	640135	1497055
彭州市	3335497	446075	1973643	1903972	915779
邛崃市	2042066	332821	941974	807747	767271
崇州市	2260951	313787	1099917	813354	847247

15-7 区(市)县地区生产总值发展速度(2015年)

Development Rates of Gross Domestic Product in Districts, Cities at County Level and Counties(2015)

单位:%

	地区生产总值	第一产业	第二产业	#工业	第三产业
全　市	**107.9**	**103.9**	**107.2**	**107.4**	**109.0**
#锦江区	107.4	90.6	103.3	102.8	108.1
青羊区	107.4	81.9	104.9	105.4	108.0
金牛区	106.5	73.2	103.1	101.0	107.7
武侯区	107.6	17.5	104.7	102.9	108.5
成华区	106.7	74.1	105.2	106.1	107.2
龙泉驿区	105.0	102.0	102.9	102.6	113.8
青白江区	105.1	103.4	105.0	105.0	105.8
新都区	108.7	103.9	108.3	108.7	110.0
温江区	108.2	103.6	107.8	108.0	109.2
双流区	107.7	100.0	105.7	103.9	110.9
金堂县	111.9	105.1	112.8	114.7	113.6
郫　县	108.5	103.8	109.5	109.7	107.3
大邑县	111.7	104.6	113.9	114.7	112.0
蒲江县	110.2	104.9	111.8	112.7	110.3
新津县	111.7	104.1	113.1	113.9	110.6
都江堰市	110.0	105.0	110.5	108.8	110.4
彭州市	111.7	104.6	113.7	113.8	110.6
邛崃市	112.1	104.5	113.6	114.7	113.4
崇州市	112.3	104.8	114.0	114.9	113.2

注:发展速度以上年度为基期,按可比价格计算。

15－8 区(市)县农林牧渔业总产值

Gross Output Value of Farming, Forestry, Animal Husbandry and Fishery in Districts, Cities at County Level and Counties

单位:万元

	1978 年	1980 年	1990 年	2000 年	2010 年	2014 年	2015 年
全　市	**157073**	**171518**	**601911**	**1977360**	**4701886**	**6130048**	**6630582**
#龙泉驿区	8551	8402	31264	156929	442929	482767	500494
青白江区	6540	7591	21574	67411	165317	225566	242020
新 都 区	11133	12687	44402	129089	287293	393202	428071
温 江 区	7369	7765	21371	74367	209485	240191	274677
双 流 区	17079	19464	54809	200855	528510	613793	623897
金 堂 县	13567	14985	56926	179171	468581	621026	709320
郫　县	11108	10958	36945	127977	286232	352425	374429
大 邑 县	7492	9645	35912	112632	329418	516348	543347
蒲 江 县	5380	6322	22200	74275	221831	275713	296160
新 津 县	4924	5745	19173	80910	203064	281123	293510
都江堰市	10492	11948	40924	131933	252159	353759	414921
彭 州 市	14812	17203	61611	195610	463405	668447	762785
邛 崃 市	10485	13377	52290	171294	403475	580144	609605
崇 州 市	14852	16075	54908	158879	393963	506453	542140

15-9 区(市)县农林牧渔业总产值(2015年)

Gross Output Value of Farming, Forestry, Animal Husbandry and Fishery in Districts, Cities at County Level and Counties(2015)

单位:万元

	总计	其中:				
		农业	林业	牧业	渔业	农林牧渔服务业
全市	**6630582**	**3751421**	**114626**	**2375230**	**192282**	**197023**
#锦江区	10071	9985				86
青羊区	630	630				
金牛区	1386	1386				
武侯区	52	52				
成华区	2392	1887		505		
龙泉驿区	500494	301335	39518	96447	27461	35733
青白江区	242020	147373	1545	74878	3765	14459
新都区	428071	247380	1101	153570	6410	19610
温江区	274677	242917	316	24448	2921	4075
双流区	623897	399397	3679	183285	25622	11914
金堂县	709320	432088	7189	224729	15964	29350
郫县	374429	324396	768	36402	1915	10948
大邑县	543347	172814	9824	332498	18755	9456
蒲江县	296160	143546	534	139694	7784	4602
新津县	293510	116708	2311	152563	16785	5143
都江堰市	414921	146618	34580	189749	22339	21635
彭州市	762785	449068	8232	293291	7629	4565
邛崃市	609605	209797	32962	353722	8934	13190
崇州市	542140	237818	8598	264425	13870	17429

15－10 区(市)县农林牧渔业总产值构成(2015年)

Gross Output Value of Farming, Forestry, Animal Husbandry and Fishery in Districts, Cities at County Level and Counties and Its Composition(2015)

单位:%

	总计	其中:				
		农业	林业	牧业	渔业	农林牧渔服务业
全市	**100**	**56.58**	**1.73**	**35.82**	**2.90**	**2.97**
#锦江区	100	99.15	0.00	0.00	0.00	0.85
青羊区	100	100.00	0.00	0.00	0.00	0.00
金牛区	100	100.00	0.00	0.00	0.00	0.00
武侯区	100	100.00	0.00	0.00	0.00	0.00
成华区	100	78.89	0.00	21.11	0.00	0.00
龙泉驿区	100	60.21	7.90	19.27	5.49	7.14
青白江区	100	60.89	0.64	30.94	1.56	5.97
新都区	100	57.79	0.26	35.87	1.50	4.58
温江区	100	88.44	0.12	8.90	1.06	1.48
双流区	100	64.02	0.59	29.38	4.11	1.91
金堂县	100	60.92	1.01	31.68	2.25	4.14
郫县	100	86.64	0.21	9.72	0.51	2.92
大邑县	100	31.81	1.81	61.19	3.45	1.74
蒲江县	100	48.47	0.18	47.17	2.63	1.55
新津县	100	39.76	0.79	51.98	5.72	1.75
都江堰市	100	35.34	8.33	45.73	5.38	5.21
彭州市	100	58.87	1.08	38.45	1.00	0.60
邛崃市	100	34.42	5.41	58.02	1.47	2.16
崇州市	100	43.87	1.59	48.77	2.56	3.21

15－11　区(市)县年末生猪存栏数

Number of Living Hogs in Districts, Cities at County Level and Counties

单位:头

	1978 年	1980 年	1990 年	2000 年	2010 年	2014 年	2015 年
全　市	**4590063**	**5421991**	**5329303**	**4331741**	**5246321**	**4341270**	**4186365**
#锦江区				26742	1760		
青羊区				32740	704		
金牛区	269677	283544	277319	61134	4023		
武侯区				20923	1250		
成华区				56027	11183	2605	
龙泉驿区	227517	241606	268666	172649	129369	70673	75951
青白江区	235256	267619	248464	202242	171770	99259	96463
新都区	355193	400301	322210	234262	227812	126015	111766
温江区	167215	214417	249651	200312	129670	53171	43122
双流区	542336	593404	533261	323112	433775	376952	295002
金堂县	502264	575928	552860	584138	587166	518813	521718
郫　县	261455	344499	344841	261861	147096	63204	58248
大邑县	274919	323895	322571	313159	596314	501688	489390
蒲江县	149605	190968	207639	148680	430819	467194	492537
新津县	157642	181843	202910	172552	201232	157237	157021
都江堰市	284847	379640	332703	253086	283269	236094	240344
彭州市	434814	518500	486550	373744	447449	326385	327238
邛崃市	354797	436806	493786	550662	831801	828009	803915
崇州市	372526	469021	485872	310862	597660	513971	503650

15 – 12 历年区(市)县

Total Grain Yield in Districts, Cities at

年 份	全 市	龙泉驿区	青白江区	新都区	温江区	双流区	金堂县
1949	1273658	57550	59710	88810	60890	155510	95544
1957	1870274	78905	71760	140335	76055	193463	133102
1962	1372761	48095	60370	111510	59295	117443	113043
1965	1917783	82975	77990	145530	86535	189340	147963
1970	2339406	107370	100345	173055	98385	240780	192538
1975	2539669	132180	113290	205800	112030	286099	211019
1978	2948539	156920	126085	214775	125870	332503	245199
1979	3104080	159605	131755	222950	126965	335998	260504
1980	3051394	156495	130740	217670	130160	344047	282109
1981	3010770	149550	117340	214290	133645	330815	216615
1982	3526560	171495	144160	259995	143555	399362	315752
1983	3712175	180210	153415	262570	147915	412318	351130
1984	3593555	186975	151900	260585	151175	389172	345765
1985	3447355	176890	151670	241675	138715	372821	339120
1986	3577317	170335	149669	250441	150124	387088	315512
1987	3538924	171232	142942	252429	150438	372897	327089
1988	3295664	155911	137991	230236	143431	338568	317010
1989	3567994	176466	148740	252453	151220	386346	346236
1990	3817016	187058	153745	273361	158486	416971	349793
1991	3922619	189782	161912	275714	164900	437011	337694
1992	3990512	196678	165086	276635	166593	437509	362942
1993	3975301	170404	161258	281046	166691	435888	356033
1994	3972979	170500	160438	281676	167179	429424	359200
1995	3989688	172587	163254	283686	168309	432569	365046
1996	4006090	172782	166824	285593	169260	428096	367342
1997	4020984	172240	160677	271665	168885	422736	371452
1998	4038582	171150	162409	282547	164785	422402	371929
1999	3970178	165061	163377	272092	161227	413132	377661
2000	3637072	125018	155671	263925	137437	371383	332631
2001	3107297	102928	132257	203563	108864	295681	252783
2002	2990804	74601	137962	221015	94565	294670	267163
2003	2651189	52482	132909	190036	64655	258602	255478
2004	2760346	50572	146918	198342	67614	286070	297327
2005	2599076	52520	145605	190395	63384	280497	289811
2006	2651040	51623	139262	204927	58219	286652	246687
2007	2701146	51907	145962	205708	59155	289231	293701
2008	2745143	54231	149814	209829	59692	294963	318878
2009	2788817	54003	150351	210659	60369	300301	321660
2010	2747776	51405	148899	209442	56729	273271	326138
2011	2654293	49956	134886	211155	52568	259005	338748
2012	2499921	35628	117353	212410	15237	232671	306946
2013	2431075	33292	115205	212799	12969	222737	309601
2014	2370496	30909	110422	206960	10524	216236	323194
2015	2301516	29573	111269	196814	8299	193848	326178

粮食总产量

County Level and Counties over the Years

单位:吨

郫　县	大邑县	蒲江县	新津县	都江堰市	彭州市	邛崃市	崇州市
96710	75875	45605	33236	101460	124925	84518	123315
143020	128010	67785	65255	134295	196350	158475	175080
113790	84485	38920	50760	86890	157220	116005	141805
145745	120985	70416	69520	126710	195426	168310	184650
169290	149085	91463	80790	148285	247711	189582	217030
180380	148625	88997	90615	152380	264658	188039	216935
208028	199850	111516	106445	184225	285237	235438	257410
216370	214815	122845	109540	193885	310418	263125	274605
212992	205680	118195	110580	178835	301665	255510	253870
217861	215440	118410	110780	194610	300280	264850	265050
250940	235555	129885	119585	229930	346225	304285	307650
258840	250610	138665	127180	232225	361250	330420	332155
237195	246620	121865	120160	227700	340340	285205	350950
233170	233360	118675	121125	211835	305105	299070	339110
254201	247259	127790	126652	227581	328326	330838	350705
250029	241526	132989	127762	225417	309278	332162	345083
234655	218718	133310	108674	210891	292780	304775	318577
243844	235544	139559	123681	222647	324015	327406	332982
269136	275918	143934	129562	255716	349609	337250	357397
279412	287890	146927	138606	264161	364937	348013	367756
274367	284728	151119	142771	260557	387642	358200	369807
285296	281348	151772	147093	254986	397966	370004	369954
294634	261279	152325	147088	262847	406035	363781	379303
292139	262324	154798	147235	266579	408556	365198	379393
292192	270120	156592	148136	266596	412617	370222	379571
296379	279322	159730	151981	266650	417795	379689	385032
296462	281596	160116	151657	266630	420124	385655	385121
280063	285908	155956	147584	265568	420388	378772	383309
242205	276013	138363	139069	239895	404117	360011	369538
190756	255617	124296	122791	222914	363450	333414	339302
179377	255130	125761	118590	198826	326228	313898	333583
153472	238507	121433	115859	174009	267105	294200	296323
152593	235869	127243	120000	169614	279401	295008	302323
150596	205720	113161	114633	151166	263728	261480	293604
158822	211730	118752	119695	168494	285796	269937	314051
165640	212449	121236	122503	159407	265181	277761	320143
171180	214798	122264	123734	159044	253719	282574	323139
175134	216043	123010	124891	167487	271095	283030	324925
163353	211287	121973	123565	168943	276703	274831	327712
116498	202984	120230	113361	168246	280669	273835	323534
94883	203320	116470	108828	169220	285514	275349	321085
81816	202674	100635	105095	167326	285686	277879	300467
68142	195163	99890	105041	158064	287694	275858	281042
62083	191874	85615	103938	152075	288255	277371	273389

15－13 区(市)县农林牧渔业主要产品产量

Yield of Major Farm Crops in Districts, Cities at County Level and Counties

单位:吨

	稻谷产量		小麦产量		油菜籽产量	
	2014 年	2015 年	2014 年	2015 年	2014 年	2015 年
全　市	**1486686**	**1447316**	**312860**	**284340**	**245911**	**244849**
#锦 江 区						
青 羊 区	209	30	11	3	136	68
金 牛 区	329	213	14		204	157
武 侯 区					10	
成 华 区	341	346				
龙泉驿区	7802	6870	76	72	4357	4074
青白江区	55878	56074	18734	17779	10950	11331
新 都 区	153730	146518	39987	38740	21906	21541
温 江 区	9642	7598	258	135	1664	1463
双 流 区	124313	111872	24869	19490	23239	22938
金 堂 县	103478	102808	65056	60315	29533	29715
郫　县	53448	50653	7824	5523	10083	10208
大 邑 县	128532	129293	25679	23463	15079	14663
蒲 江 县	59134	43725			17895	16792
新 津 县	74683	74314	15912	15463	10567	10178
都江堰市	114883	113976	28298	23321	20026	21503
彭 州 市	212306	212988	15955	15316	16109	16213
邛 崃 市	187805	189800	16513	17749	39941	38452
崇 州 市	199872	199984	53674	46971	24074	25410

15－13　续表 1

单位:吨

	蔬菜产量		水果产量		禽蛋产量	
	2014 年	2015 年	2014 年	2015 年	2014 年	2015 年
全　市	**5419622**	**5708391**	**1230857**	**1308143**	**165327**	**165800**
#锦 江 区	907	458		7		
青 羊 区	1530	668				
金 牛 区	5386	4311			55	
武 侯 区	652	256				
成 华 区	8751	7795	86	87	112	45
龙泉驿区	271966	258827	216091	235370	5234	5038
青白江区	191774	196741	23532	28811	5895	6323
新 都 区	276095	306626	20927	28136	12637	12005
温 江 区	56698	56140	15	12	4522	4619
双 流 区	434311	419634	228872	227168	7672	5578
金 堂 县	967792	1021843	238741		22520	23522
郫　县	609760	691052	9982	10164	2436	2351
大 邑 县	252879	254357	33459	42232	24166	23277
蒲 江 县	182759	194904	241481	268021	3275	3426
新 津 县	208912	212814	33815	36841	12206	12343
都江堰市	171646	204114	39265	39298	9091	9201
彭 州 市	1203198	1263796	30680	31376	14039	14721
邛 崃 市	288275	316199	88402	89149	11552	11231
崇 州 市	284146	296187	25509	25488	29913	32120

15－13 续表2

	水产品（吨）		出栏生猪头数（头）		出栏羊只数（只）	
	2014年	2015年	2014年	2015年	2014年	2015年
全　市	**94102**	**105500**	**7402972**	**7206208**	**387574**	**394298**
#锦江区						
青羊区	0		226			
金牛区	800	350	1285			
武侯区			1483			
成华区	500	380	5315	1910		
龙泉驿区	8600	9600	169034	154077	7912	11526
青白江区	3500	3750	208018	201422	14498	15003
新都区	2100	2000	220274	202090	638	636
温江区	1000	1050	128011	104995		
双流区	17002	19515	565168	536211	57115	42846
金堂县	8300	10000	692835	679631	190157	203783
郫　县	1000	1050	133482	118580		
大邑县	8500	9340	812143	786310	43872	42863
蒲江县	6800	7350	654713	662872	8507	7593
新津县	10000	10550	348925	343276	9121	9236
都江堰市	1000	1110	457579	459808	9572	9706
彭州市	3600	4300	581736	579960	6867	7220
邛崃市	10900	12675	1519997	1508007	22084	24763
崇州市	9700	11600	899116	867059	17231	19123

15－13 续表3

单位：吨

	肉类总产量		#猪肉		牛奶	
	2014年	2015年	2014年	2015年	2014年	2015年
全市	**692445**	**681706**	**516305**	**505917**	**113412**	**102074**
#锦江区						
青羊区	15		15			
金牛区	100		89			
武侯区	101		101			
成华区	515	205	365	131	16	
龙泉驿区	12843	13014	10073	10363	2029	1261
青白江区	15691	15500	12760	12502	3014	6008
新都区	22828	21751	15584	14298	12099	11814
温江区	9436	7964	7804	6530	718	
双流区	59773	54456	39621	37713	12372	7940
金堂县	71956	71881	48899	47982	21794	21981
郫县	11653	10347	9517	8423	8355	7511
大邑县	76800	75700	58231	56357	483	457
蒲江县	56357	57157	46529	47461	10	6
新津县	39919	40621	21038	21348	1714	1715
都江堰市	46084	46693	32442	32894	1787	1797
彭州市	59815	59994	41337	41322	9178	9133
邛崃市	128063	127854	108513	107657	32679	25483
崇州市	80219	78569	63137	60936	7161	6968

15－14 区(市)县农村居民人均收入情况(2015年)

Per Capita Income of Rural Residents in Districts, Cities at County Level and Counties(2015)

单位:元

	农村居民人均总收入		农民人均可支配收入	
	绝对数	比上年±%	绝对数	比上年±%
全　市	**22529**	**12.4**	**17690**	**9.6**
#龙泉驿区	26819	16.1	21640	9.1
青白江区	20127	9.1	17812	9.0
新 都 区	21064	10.5	19349	9.2
温 江 区	26817	16.7	21508	9.3
双 流 区	24636	6.0	20610	9.2
金 堂 县	22017	18.5	14765	10.4
郫　县	24156	8.0	20401	9.0
大 邑 县	21374	7.1	16511	10.1
蒲 江 县	25332	-5.7	16547	10.1
新 津 县	23834	21.4	16856	10.2
都江堰市	21196	15.8	16506	10.2
彭 州 市	20377	18.1	16319	10.1
邛 崃 市	22447	14.2	15536	10.2
崇 州 市	20037	17.1	16269	10.3

15－15 区(市)县农村居民人均支出情况(2015年)

Per Capita Annual Expenditure of Rural Residents in Districts, Cities at County Level and Counties(2015)

单位:元

	人均家庭经营费用支出		人均生活消费支出	
	绝对数	比上年±%	绝对数	比上年±%
全　　市	**3538**	**24.2**	**12711**	**9.9**
#龙泉驿区	3785	115.4	15193	10.5
青白江区	1220	60.5	12502	9.3
新 都 区	849	－20.1	13545	8.8
温 江 区	2918	61.7	15036	9.1
双 流 区	2544	－28.0	14562	10.5
金 堂 县	6245	40.4	10461	5.2
郫　　县	2554	－8.8	15032	14.2
大 邑 县	3480	－11.7	12017	10.0
蒲 江 县	7937	－26.1	11776	6.8
新 津 县	5407	88.0	12485	10.3
都江堰市	3344	72.3	12066	9.6
彭 州 市	2805	104.0	12378	13.9
邛 崃 市	5044	20.4	11364	9.5
崇 州 市	2758	106.6	11393	9.0

15－16 历年区(市)县

Per Capita Disposable Income of Rural Residents in Districts,

年　份	全　市	龙泉驿区	青白江区	新都区	温江区	双流区	金堂县
1949	32	30	23	24	45	40	21
1957	54	62	35	56	80	72	34
1962	44	43	47	53	66	58	35
1965	67	71	57	87	103	65	50
1970	82	80	74	124	125	72	63
1975	90	93	80	132	132	80	61
1978	140	155	129	156	176	130	138
1979	175	179	142	202	204	141	144
1980	223	221	187	259	262	192	151
1981	276	194	133	303	304	227	156
1982	310	260	195	374	323	265	197
1983	334	298	213	375	373	305	236
1984	366	308	280	459	392	343	278
1985	413	359	357	492	433	378	310
1986	458	470	420	549	490	435	343
1987	526	528	467	625	553	507	390
1988	632	570	526	684	624	596	443
1989	693	790	598	746	702	650	502
1990	773	692	649	876	791	690	552
1991	832	831	755	987	880	745	609
1992	903	944	820	1067	969	850	660
1993	1029	1046	906	1167	1128	1029	777
1994	1303	1378	1160	1498	1560	1375	1081
1995	1649	1703	1463	1769	1891	1771	1424
1996	2051	2047	1815	2202	2318	2226	1808
1997	2427	2499	2196	2417	2556	2578	2187
1998	2631	2699	2418	2623	2763	2808	2390
1999	2783	2881	2570	2793	2936	2979	2543
2000	2926	3041	2713	2943	3092	3141	2686
2001	3178	3268	2944	3114	3298	3308	2804
2002	3377	3493	3141	3345	3527	3517	2951
2003	3655	3755	3351	3661	3838	3831	3123
2004	4072	4207	3787	4141	4345	4293	3482
2005	4485	4679	4175	4605	4864	4767	3834
2006	4905	5124	4552	5033	5351	5227	4143
2007	5642	5934	5231	5803	6245	6079	4690
2008	6481	7255	6236	7086	7611	7129	5410
2009	7129	7901	6767	7699	8264	7718	5800
2010	8205	9248	7871	8985	10007	9030	6699
2011	9895	11079	9369	10800	12028	10818	8215
2012	11501	12554	10612	12256	13628	12262	9409
2013	12985	14098	12045	13800	15345	13758	10670
2014	14478	15649	13551	15345	17125	15299	12078
2015	17690	21640	17812	19349	21508	20610	14765

农民人均可支配收入

Cities at County Level and Counties over the Years

单位:元

郫　县	大邑县	蒲江县	新津县	都江堰市	彭州市	邛崃市	崇州市
42	38	22	23	33	37	29	32
77	66	32	48	67	70	52	52
62	63	36	39	45	48	36	41
101	80	59	54	66	65	60	64
120	110	79	68	73	83	68	75
135	111	83	70	75	85	60	67
168	136	135	151	121	131	122	131
188	187	195	206	172	181	135	154
238	198	202	225	197	229	208	224
281	247	257	291	262	271	237	272
325	340	341	327	278	309	253	321
359	377	351	329	315	350	264	354
405	384	359	346	347	366	345	422
457	442	417	435	399	404	429	438
493	464	459	470	456	466	477	500
552	501	505	553	503	543	522	609
584	611	559	595	622	671	644	688
667	711	626	630	666	696	684	719
707	754	651	635	692	742	711	819
821	803	788	773	777	831	754	846
868	891	859	865	835	915	832	884
1036	1066	950	968	1020	1026	941	1044
1415	1327	1220	1330	1330	1347	1227	1326
1844	1654	1544	1710	1758	1763	1580	1682
2190	2034	1909	2087	2219	2195	1944	2100
2555	2343	2188	2420	2434	2487	2209	2447
2771	2572	2443	2635	2636	2710	2420	2652
2942	2737	2596	2787	2788	2841	2572	2803
3098	2887	2739	2933	2933	2984	2715	2946
3270	3060	2898	3072	3193	3062	2886	3075
3480	3252	3093	3248	3389	3257	3070	3269
3782	3438	3300	3558	3609	3485	3251	3502
4210	3872	3708	4013	4038	3847	3622	3899
4700	4282	4130	4462	4466	4262	4022	4266
5156	4649	4472	4862	4852	4635	4359	4616
5996	5314	5094	5523	5536	5275	4969	5222
7320	6095	5856	6417	5400	5228	5689	5970
7944	6538	6298	6962	5832	5602	6110	6412
9271	7544	7330	8020	7086	6672	7071	7464
11107	9095	8855	9669	9671	8647	8598	9084
12595	10406	10135	11064	10417	9793	9833	10406
14132	11759	11453	12524	11792	11066	11101	11780
15701	13229	12839	14102	13266	12438	12444	13241
20400	16511	16547	16856	16506	16319	15536	16269

15－17 区(市)县规模以上工业企业主要经济指标(2015年)

Main Indicators of Industrial Enterprises above Designed Size in Districts, Cities at County Level and Counties(2015)

单位:万元

	企业数(个)		#亏损企业	亏损面(%)	工业总产值	
	绝对数	占全市的比重(%)			绝对数	占全市的比重(%)
全　市	**3356**	**100.00**	**519**	**15.46**	**112359309**	**100.00**
#锦江区	12	0.36	4	33.33	207839	0.18
青羊区	34	1.01	2	5.88	2514405	2.24
金牛区	47	1.40	7	14.89	888006	0.79
武侯区	61	1.82	11	18.03	1557768	1.39
成华区	34	1.01	7	20.59	1366097	1.22
龙泉驿区	269	8.02	57	21.19	18327206	16.31
青白江区	248	7.39	32	12.90	5012044	4.46
新都区	348	10.37	43	12.36	7326134	6.52
温江区	214	6.38	25	11.68	4067909	3.62
双流区	312	9.30	37	11.86	11306130	10.06
金堂县	183	5.45	37	20.22	1807229	1.61
郫　县	343	10.22	16	4.66	5989804	5.33
大邑县	125	3.72	23	18.40	2194740	1.95
蒲江县	91	2.71	14	15.38	921447	0.82
新津县	153	4.56	37	24.18	4779073	4.25
都江堰市	95	2.83	30	31.58	1656317	1.47
彭州市	141	4.20	33	23.40	6021537	5.36
邛崃市	144	4.29	18	12.50	1929086	1.72
崇州市	159	4.74	27	16.98	2616755	2.33

注:规模以上工业企业指年主营业务收入在2000万元及以上的工业企业。

15－17 续表1

单位:万元

	利税总额		利润总额		亏损企业亏损额	
	绝对数	占全市的比重(%)	绝对数	占全市的比重(%)	绝对数	占全市的比重(%)
全　市	**10641966**	**100.00**	**4692199**	**100.00**	**1747987**	**100.00**
#锦江区	31718	0.30	21662	0.46	1477	0.08
青羊区	235253	2.21	160525	3.42	1845	0.11
金牛区	142955	1.34	64840	1.38	10326	0.59
武侯区	216251	2.03	163095	3.48	12322	0.70
成华区	－4450	－0.04	－39011	－0.83	113276	6.48
龙泉驿区	4176002	39.24	1509157	32.16	174090	9.96
青白江区	－111035	－1.04	－219188	－4.67	320440	18.33
新都区	809120	7.60	421717	8.99	23687	1.36
温江区	400828	3.77	241338	5.14	27413	1.57
双流区	767471	7.21	440599	9.39	95399	5.46
金堂县	110868	1.04	56580	1.21	17376	0.99
郫　县	631038	5.93	394533	8.41	10595	0.61
大邑县	179828	1.69	99909	2.13	14440	0.83
蒲江县	71496	0.67	51813	1.10	10187	0.58
新津县	272503	2.56	90219	1.92	50985	2.92
都江堰市	122716	1.15	57761	1.23	12243	0.70
彭州市	953157	8.96	102874	2.19	39713	2.27
邛崃市	133323	1.25	60591	1.29	47970	2.74
崇州市	230923	2.17	157962	3.37	3827	0.22

15－17 续表2

	资产总计(万元)		主营业务收入(万元)		从业人员平均人数(人)	
	绝对数	占全市的比重(%)	绝对数	占全市的比重(%)	绝对数	占全市的比重(%)
全　市	**106906116**	**100.00**	**100146815**	**100.00**	**926691**	**100.00**
#锦 江 区	544480	0.51	196250	0.20	2545	0.27
青 羊 区	4444250	4.16	2443498	2.44	31183	3.36
金 牛 区	2061765	1.93	874702	0.87	22686	2.45
武 侯 区	1923120	1.80	1401270	1.40	16284	1.76
成 华 区	1907717	1.78	1401709	1.40	14768	1.59
龙泉驿区	17087976	15.98	16820173	16.80	90608	9.78
青白江区	4974719	4.65	4486753	4.48	46296	5.00
新 都 区	6830309	6.39	6948224	6.94	99556	10.74
温 江 区	4250855	3.98	4126277	4.12	47329	5.11
双 流 区	6583173	6.16	8666359	8.65	70460	7.60
金 堂 县	2070015	1.94	1536845	1.53	22223	2.40
郫　县	3438961	3.22	5474834	5.47	44893	4.84
大 邑 县	1823553	1.71	2014012	2.01	27494	2.97
蒲 江 县	770274	0.72	798806	0.80	8813	0.95
新 津 县	3334941	3.12	4032004	4.03	24392	2.63
都江堰市	2159419	2.02	1563506	1.56	19322	2.09
彭 州 市	6989308	6.54	5663846	5.66	30149	3.25
邛 崃 市	1695027	1.59	1837227	1.83	27363	2.95
崇 州 市	2540238	2.38	2645652	2.64	52892	5.71

15－17　续表3

单位:%

	产　品 销售率	总资产 贡献率	成本费用 利 润 率	资　产 负债率	流动资产 周转次数(次)
全　市	**95.20**	**10.94**	**4.99**	**58.77**	**1.82**
#锦 江 区	95.44	6.53	12.03	33.23	0.73
青 羊 区	99.29	5.76	6.90	65.72	0.88
金 牛 区	95.22	7.46	7.74	38.03	0.79
武 侯 区	93.96	11.61	12.03	47.24	1.23
成 华 区	99.39	0.96	－2.89	70.01	1.01
龙泉驿区	93.86	24.83	10.83	56.42	1.61
青白江区	94.89	－0.16	－4.53	67.05	1.85
新 都 区	97.66	13.02	6.41	55.61	1.91
温 江 区	98.97	9.97	6.15	49.48	1.83
双 流 区	83.32	13.54	5.32	61.03	2.44
金 堂 县	93.72	6.54	3.73	62.02	1.66
郫　　县	95.28	19.00	7.74	49.33	2.77
大 邑 县	95.30	10.84	5.52	58.04	2.02
蒲 江 县	96.68	10.71	6.91	51.73	1.94
新 津 县	97.58	9.06	2.28	61.95	2.34
都江堰市	93.48	7.37	3.70	53.68	2.05
彭 州 市	95.67	15.30	2.13	52.03	2.71
邛 崃 市	94.43	8.62	3.39	57.92	2.35
崇 州 市	98.64	10.10	6.30	54.44	1.83

15－18 区(市)县工业集中发展区主要经济指标(2015年)

Main Indicators of Centralized Industrial Development Zone(2015)

	企业数(户)		签约工业企业数(户)	开工建设工业企业数(户)	竣工投产工业企业数(户)
	绝对数	占集中区的比重(%)			
全　市	2383	100	290	525	564
#锦 江 区	6	0.3			
青 羊 区	25	1	3	8	1
金 牛 区	35	1.5	42	42	42
武 侯 区	27	1.1	3	9	4
成 华 区	18	0.8	52	47	57
龙泉驿区	199	8.4	35	14	10
青白江区	177	7.4			
新 都 区	216	9.1	6	23	32
温 江 区	152	6.4	6	58	59
双 流 区	252	10.6	19	21	25
金 堂 县	146	6.1	7	27	25
郫　县	299	12.5	43	92	92
大 邑 县	89	3.7	10	46	72
蒲 江 县	59	2.5	1	10	12
新 津 县	102	4.3	10	42	48
都江堰市	64	2.7	27	26	20
彭 州 市	51	2.1	16	20	17
邛 崃 市	88	3.7	2	16	14
崇 州 市	92	3.9	8	24	34

15－18 续表1

单位:亿元

	固定资产投资	# 基础设施投资	# 工业投资	工业技改投资	实际到位资金
全　市	**786.3**	**90.9**	**615.5**	**470.0**	**207.9**
#锦江区	1.3				
青羊区					1.2
金牛区	0.4		0.4	0.4	10.4
武侯区	24.6	0.2	0.8		2.1
成华区					10.3
龙泉驿区	94.1	32.1	39.5	15.8	1.8
青白江区	71.6	3.9	67.7	61.1	130.7
新都区	62.2	3.4	61.7	58.9	0.4
温江区	19.5	1.7	12.4	12.4	
双流区	142.2	16	111.4	71.4	34.8
金堂县	33.5	6.0	23.7	16.1	
郫　县	29.2		29	25.4	7.8
大邑县	91.7	3.7	89.1	75.1	0.9
蒲江县	30.0	4.7	25.3	20.5	
新津县	65.9	8.5	50.5	49.2	1.2
都江堰市	15.4	0.4	14.2	11.8	6.0
彭州市	26.4	8.9	12.5	11.2	0.4
邛崃市	25.4	1.0	24.8	15.6	
崇州市	52.9	0.4	52.5	25.1	

15－18 续表2

	主营业务收入(亿元)		利税总额(亿元)	
	绝对数	比上年同期±%	绝对数	比上年同期±%
全　市	**8628.3**	**－3.5**	**1000.0**	**－19.3**
#锦江区	14.6	－13.9	0.4	－66.7
青羊区	82.1	－0.1	6.8	9.7
金牛区	75.9	－2.4	10.6	21.8
武侯区	57.0	－11.2	10.4	－20.0
成华区	89.4	－12.9	4.2	－36.4
龙泉驿区	1591.3	－6.3	411.7	－16.1
青白江区	372.9	－6.6	－12.5	
新都区	589.6	10.3	68.5	0.7
温江区	359.1	9.3	34.1	－5.5
双流区	735.6	－17.4	56.9	－11.1
金堂县	134.0	6.7	8.2	－3.5
郫　县	508.1	12.1	57.2	34.6
大邑县	166.3	8.4	14.0	2.9
蒲江县	53.7	12.5	4.2	23.5
新津县	367.5	5.8	17.2	－44.9
都江堰市	122.2	－0.9	6.6	－29.0
彭州市	444.5	－0.9	87.8	1102.7
邛崃市	127.2	5.8	11.2	－7.4
崇州市	210.4	24.8	19.1	19.4

15 – 19　区(市)县邮电通信指标

Main Indicators of Postal and Telecommunications in Districts, Cities at County Level and Counties

	邮电主营业务收入（万元）		年末移动电话用户数（户）		年末固定电话用户数（户）	
	2015 年	± %	2015 年	± %	2015 年	± %
全　　市	**2748900**	**29.1**	**22210900**	**0.8**	**4869977**	**11.1**
#龙泉驿区	20031	-72.7	918500	-5.0	102000	5.7
青白江区	37427	1.6	484923	3.2	99906	9.1
新 都 区	120537	4.4	1384577	7.3	233075	20.8
温 江 区	78242	5.6	860000	7.4	174000	25.5
双 流 区	8742	11.0	1389000	-22.9	251000	-45.6
金 堂 县	7707	-44.5	166900	33.5	82700	27.2
郫　　县	29910	5.8	523973	2.7	169302	0.4
大 邑 县	35224	3.2	480915	-10.1	89575	16.6
蒲 江 县	42164	10.1	212530	10.2	90143	1.6
新 津 县	29846	213.1	345521	2.2	64730	20.1
都江堰市	72932	5.9	691041	20.3	154606	25.2
彭 州 市	16714	9.0	793670	0.1	91200	1.3
邛 崃 市	—	—	—	—	—	—
崇 州 市	—	—	180430	14.4	80320	-15.8

15－20　区(市)县交通运输指标

Main Indicators of Transportation in Districts, Cities at County Level and Counties

	运营性公路旅客周转量 (万人公里)		运营性公路货物周转量 (万吨公里)	
	2014 年	2015 年	2014 年	2015 年
全　　市	**1231084**	**1256858**	**2322249**	**2578184**
#龙泉驿区	610397	778184	367500	459150
青白江区	117003	127468	93197	94183
新 都 区	129537	164496	549801	477729
温 江 区	59126	214120	4826	4290
双 流 区	220281	98802	86285	120292
金 堂 县	7128	31343	7507	40721
郫　　县	92492	93150	40596	41400
大 邑 县	62370	69000	100950	99750
蒲 江 县	9477	12009	19029	23876
新 津 县	82833	88868	213635	139660
都江堰市	267335	195469	40452	22320
彭 州 市	37782	38726	23549	24027
邛 崃 市	52017	61443	39337	35898
崇 州 市	—	—	—	—

15 - 21 区(市)县全社会固定资产投资

Total Investment in Fixed Assets in Districts, Cities at County Level and Counties

单位:万元

	1978 年	1980 年	1990 年	2000 年	2010 年	2014 年	2015 年
全　　市	**29391**	**55744**	**401156**	**4759020**	**42553662**	**66203739**	**70069660**
#龙泉驿区	551	878	16043	218244	2609703	4055004	4829564
青白江区	2177	1799	21266	99302	1509969	2884991	2812268
新 都 区	99	1344	14913	146479	2445310	4051665	4160959
温 江 区	872	756	8865	81182	2205890	3251457	3270132
双 流 区	427	725	20615	359317	3725208	7792171	8203790
金 堂 县	597	657	11400	122368	1105387	2880110	3265963
郫　　县	98	282	9611	220084	2046757	3213007	3022048
大 邑 县	879	1130	3835	109986	1059553	2006622	1982488
蒲 江 县	522	768	3948	62290	521648	1150807	1165221
新 津 县	77	253	3000	73676	1265805	2743494	2555733
都江堰市	1243	3070	16338	182365	2033638	1233506	1801383
彭 州 市	590	1117	18683	79965	1801041	1827321	1804640
邛 崃 市	1396	1356	6197	87677	1110943	2107392	2050258
崇 州 市	465	504	4353	93373	1063233	1937451	2158349

15－22 区(市)县全社会固定资产投资(2015 年)

Total Investment in Fixed Assets in Districts, Cities at County Level and Counties(2015)

单位:万元

	合　　计	#更新改造	#房地产开发
全　　市	**70069660**	**13355742**	**24419542**
#龙泉驿区	4829564	928667	1476581
青白江区	2812268	912972	275903
新 都 区	4160959	774185	2340256
温 江 区	3270132	480217	1625075
双 流 区	8203790	1010998	2749157
金 堂 县	3265963	637691	550781
郫　　县	3022048	605253	1337637
大 邑 县	1982488	785182	251076
蒲 江 县	1165221	531855	124785
新 津 县	2555733	1209788	226204
都江堰市	1801383	411093	634932
彭 州 市	1804640	842098	113098
邛 崃 市	2050258	701782	287806
崇 州 市	2158349	484608	208882

15－23　区(市)县教育、卫生情况(2015年)

Main Indicators on Education and Health Care in Districts, Cities at County Level and Counties(2015)

	普　通　中　学			普　通　小　学		
	学　校 (所)	在校学生 (人)	专任教师 (人)	学　校 (所)	在校学生 (人)	专任教师 (人)
全　市	**494**	**548071**	**46073**	**523**	**784266**	**41527**
#龙泉驿区	20	29753	2548	36	47323	2564
青白江区	15	18518	1639	11	20838	1082
新 都 区	39	36734	2809	29	63279	2839
温 江 区	18	20196	1541	11	28183	1576
双 流 区	42	44657	4166	41	52791	3195
金 堂 县	28	34405	2990	18	44322	2373
郫　　县	32	24693	2513	22	34645	2059
大 邑 县	29	22709	1778	31	23575	1499
蒲 江 县	18	22727	2030	31	27527	1948
新 津 县	38	28974	2382	14	46545	1833
都江堰市	27	34523	2568	49	48044	2781
彭 州 市	16	12648	1238	15	14208	903
邛 崃 市	20	16133	1629	15	21916	1298
崇 州 市	16	9343	947	7	10457	763

15－23 续表

	初中入学率(%)	卫生机构(个)	#医院卫生院	医疗机构床位数(张)	卫生技术人员(人)	#医生
全市	**99.98**	**8481**	**768**	**114726**	**135131**	**50236**
#龙泉驿区	99.8	339	33	3820	5016	1962
青白江区	100	268	21	2767	2714	989
新都区	100	477	33	5680	6382	2291
温江区	100	326	31	5507	5051	1645
双流区	100	554	62	6222	7583	3074
金堂县	100	516	43	5214	3723	1510
郫县	99.91	422	31	3631	4842	1963
大邑县	100	454	44	3583	3347	1241
蒲江县	100	177	18	1512	1616	583
新津县	100	182	19	2160	2278	816
都江堰市	100	460	48	5901	5284	1804
彭州市	100	491	48	5337	4636	1715
邛崃市	100	424	45	3423	3148	1194
崇州市	99.98	392	51	4952	4291	1572

15－24 区(市)县社会消费品零售总额(2015年)

Total Retail Sale of Consumable Goods in Districts, Cities at County Level and Counties(2015)

单位:万元

	社会消费品零售总额	在总额中:		在总额中:		
		批发零售贸易业	住宿和餐饮业	城镇的零售额	城区的零售额	乡村的零售额
全　市	**49461930**	**43464417**	**5997513**	**47498227**	**43406199**	**1963703**
#龙泉驿区	1126899	882773	244126	849505	635804	277394
青白江区	635709	472413	163296	481785	459273	153924
新 都 区	1397523	1115752	281771	1252150	1029783	145373
温 江 区	889475	680366	209109	727897	324621	161578
双 流 区	2266113	1894455	371658	1919147	663062	346966
金 堂 县	654048	522229	131819	524482	215258	129566
郫　县	927398	756244	171154	828240	545043	99158
大 邑 县	501033	407259	93774	356851	210913	144182
蒲 江 县	253619	176981	76638	181966	111070	71653
新 津 县	613934	490715	123219	517037	111363	96897
都江堰市	1083768	826101	257667	979800	812638	103968
彭 州 市	720743	547164	173579	583116	434419	137627
邛 崃 市	655134	528302	126832	608395	474548	46739
崇 州 市	701128	584152	116976	652451	469445	48677

15－25 区(市)县一般公共预算收入(2015 年)

General Public Budget Revenue in Districts, Cities at County Level and Counties(2015)

单位:万元

	一般公共预算支出	# 增值税	# 营业税	# 企业所得税	政府性基金支出
全　市	**11576393**	**1024362**	**1816329**	**1039536**	**7990566**
#锦江区	492668	34479	84293	40533	0
青羊区	506486	53347	60107	78733	20000
金牛区	508866	54724	69212	37362	307036
武侯区	558362	54924	74051	71546	0
成华区	535384	35615	95382	28194	453988
龙泉驿区	661910	94406	118754	76580	400108
青白江区	204512	22944	30909	7368	114485
新都区	479591	45507	114699	28479	349046
温江区	341439	29771	91260	20064	316978
双流区	851035	62332	219339	52875	1291160
金堂县	204246	9990	26688	6723	55566
郫　县	413022	21482	82146	18576	217353
大邑县	153594	12115	32202	6507	70949
蒲江县	64035	2723	15173	3247	112380
新津县	201243	11777	17686	8193	223216
都江堰市	229593	15533	46594	12532	221999
彭州市	194725	23425	26207	5889	60031
邛崃市	135511	8862	23905	9715	77629
崇州市	151448	13044	22149	10279	80707

15－26　区(市)县一般公共预算支出(2015年)

General Public Budget Expenditure in Districts, Cities at County Level and Counties(2015)

单位:万元

	一般公共预算支出	#一般公共服务	#教　育	#社会保障和就业	政府性基金支出
全　市	**14684242**	**1533158**	**2283411**	**1052074**	**7607108**
#锦 江 区	539103	78118	81583	50567	2993
青 羊 区	566204	65651	102361	48982	39092
金 牛 区	661335	42861	126890	32299	280869
武 侯 区	678487	91841	122480	82772	5170
成 华 区	564659	58498	103971	27501	418546
龙泉驿区	823585	82088	167717	35157	361816
青白江区	335450	36423	61789	28066	110722
新 都 区	633760	64728	111107	36357	283556
温 江 区	406241	52890	56307	27430	270750
双 流 区	1182377	179722	237239	65189	1282135
金 堂 县	451178	57321	89099	52083	63868
郫　县	568781	97297	83002	25038	182393
大 邑 县	314252	52678	60445	31283	72883
蒲 江 县	206002	22886	35192	16859	125115
新 津 县	323838	38999	55460	21410	226295
都江堰市	385027	58537	83772	61135	214183
彭 州 市	394710	45640	85141	45609	63803
邛 崃 市	367764	44915	72918	34183	93495
崇 州 市	381381	41905	77173	41193	105007

15－27　区(市)县上划中央增值税和消费税情况

Value － added Tax and Consumption Tax Turned over to Central Government in Districts, Cities at County Level and Counties

单位:万元

	2000 年	2010 年	2011 年	2012 年	2014 年	2015 年
全　市	**460874**	**2685930**	**3342563**	**3870118**	**5315456**	**5525663**
#锦 江 区	12662	141809	168886	143800	192730	233148
青 羊 区	12917	182522	210174	223866	253694	337219
金 牛 区	19054	150432	187852	183084	187962	194060
武 侯 区	17680	146076	179482	203071	212664	213432
成 华 区	15350	139281	119789	144310	136846	151329
龙泉驿区	8421	925173	1244535	1440898	1910853	1711544
青白江区	9813	77095	64347	67889	64007	62559
新 都 区	16755	101280	116993	116413	142390	150785
温 江 区	10741	63931	72318	92796	126448	117232
双 流 区	17030	93409	105863	131138	139693	144549
金 堂 县	6027	25727	31914	32756	32319	33054
郫　县	10421	47255	73493	81893	81305	84599
大 邑 县	5771	27383	32540	39274	51269	49720
蒲 江 县	2632	7406	9714	10854	10441	10612
新 津 县	4170	58824	65105	56683	49693	41736
都江堰市	9259	43299	50049	50758	59484	68077
彭 州 市	9228	42193	51889	51760	460067	753177
邛 崃 市	7157	28953	33797	41340	43381	42320
崇 州 市	5795	30996	37061	41790	58898	55033

15－28 区(市)县税收情况(2015年)

Main Indicators of Taxation in Districts, Cities at County Level and Counties(2015)

单位:万元

	合　计	内资企业			
		小　计	#国有企业	#集体企业	#联营企业
全　市	**21378045**	**16975144**	**1953396**	**39060**	**4832**
#锦江区	1276367	938664	224365	1649	21
青羊区	1762512	1619661	384576	4262	112
金牛区	1166540	991494	54743	4964	29
武侯区	1492998	1324248	21011	3140	62
成华区	1046557	910752	73988	3989	94
龙泉驿区	3065509	2110494	112892	6154	339
青白江区	308007	274420	7463	541	47
新都区	788437	677244	19039	2165	714
温江区	589896	416745	19865	1098	110
双流区	1302878	967951	39572	1478	1459
金堂县	241482	219307	7011	1278	20
郫　县	561432	469575	20447	674	362
大邑县	253354	229048	4600	505	8
蒲江县	92230	74145	775	1201	2
新津县	248368	227914	1847	105	17
都江堰市	373421	316177	36222	1764	510
彭州市	1039440	985573	10216	362	193
邛崃市	217816	196730	1032	229	0
崇州市	261885	217895	3405	205	1219

15－28 续表

单位:万元

	内资企业		港澳台及外商投资企业	个体经营
	#股份公司	#私营企业		
全　市	**12051827**	**1445033**	**3097319**	**1305582**
#锦江区	568501	97090	325563	12140
青羊区	1025717	135019	133029	9822
金牛区	872995	15279	134825	40222
武侯区	941853	272287	145312	23438
成华区	710329	90218	121140	14665
龙泉驿区	1760068	180688	931886	23128
青白江区	204287	16328	26889	6698
新都区	447396	49927	93911	17282
温江区	326668	48999	103586	69565
双流区	656641	99600	199582	135345
金堂县	176470	9609	9253	12922
郫　县	336811	19593	40904	50952
大邑县	158482	18225	7867	16439
蒲江县	54171	2653	5933	12153
新津县	214112	10523	14321	6133
都江堰市	233327	27387	22990	34254
彭州市	920975	9514	31566	22302
邛崃市	184686	4328	11502	9585
崇州市	148320	56165	16199	27791

15－29 区(市)县金融存贷款指标(2015年)

Main Indicators on Banking in Districts(2015)

单位:万元

	年末金融机构人民币存款余额	# 城乡居民年末储蓄余额	年末金融机构人民币贷款余额
全市	**294749203**	**99221841**	**219706426**
#龙泉驿区	8817428	4431285	4912085
新都区	7088447	4999121	3426044
温江区	5466832	3236922	3030707
双流区	11356683	6926102	6815243
金堂县	3192062	2035139	1730208
郫县	6397024	3810087	3502913
大邑县	2631832	1926035	1184006
蒲江县	1486025	942649	659500
新津县	2670191	1621672	2032276
都江堰市	5058385	3322325	2315318
彭州市	4302384	3112800	2059573
邛崃市	3182199	2119538	1597312
崇州市	3965066	2855431	1761741

注:本表中双流区数据包含天府新区成都直管区数据。

15－30 区(市)县城乡居民最低生活保障情况(2015年)

Basic Statistics on Lowest Living Ensure Persons in Districts, Cities at County Level and Counties(2015)

	城市居民最低生活保障年末人数(人)	农村居民最低生活保障年末人数(人)	城镇居民最低生活保障支出(万元)	农村居民最低生活保障支出(万元)
全　市	**33883**	**108546**	**16901.9**	**37853.2**
#锦 江 区	3058		1748.7	
青 羊 区	2643		1557.1	
金 牛 区	2827		1655.3	
武 侯 区	1963		1112.6	
成 华 区	4579		2520.5	
龙泉驿区	1165	3298	566.1	1278.3
青白江区	701	4185	338.9	1592.5
新 都 区	1171	5107	503.1	1212.3
温 江 区	600	1655	264.3	521.4
双 流 区	629	3345	309.8	1401.4
金 堂 县	1781	23109	581.6	6219.7
郫　县	764	1582	384.7	649.8
大 邑 县	2449	9986	1059.3	3644.3
蒲 江 县	771	3416	349.0	1297.6
新 津 县	417	2583	188.3	947.1
都江堰市	1916	10255	670.0	2946.4
彭 州 市	2763	15699	1133.2	6681.6
邛 崃 市	1340	10921	600.2	3766.5
崇 州 市	986	9251	455.7	3873.8

15－31 区(市)县联网直报调查单位数(2015年)

Network Direct Reporting Unit Number in Districts, Cities at County Level(2015)

单位:个

	合　计	规模以上工业	资质内建筑业	限额以上批发零售业	限额以上住宿餐饮业	房地产开发经营业	规模以上服务业
全　市	**11189**	**3328**	**1206**	**1702**	**880**	**1558**	**2515**
#锦江区	843	12	68	307	144	81	231
青羊区	1024	32	163	159	133	147	390
金牛区	875	47	201	166	120	114	227
武侯区	1027	61	176	264	100	125	301
成华区	529	29	66	86	47	108	193
龙泉驿区	556	257	56	65	17	96	65
青白江区	430	248	26	43	12	35	66
新都区	719	345	45	122	18	104	85
温江区	432	213	20	34	32	62	71
双流区	841	332	102	74	63	149	121
金堂县	313	183	30	20	14	46	20
郫　县	576	343	28	31	37	87	50
大邑县	264	125	28	28	11	53	19
蒲江县	149	91	13	22	3	9	11
新津县	290	153	22	36	11	41	27
都江堰市	342	95	37	28	45	84	53
彭州市	253	139	26	36	6	28	18
邛崃市	261	144	29	25	15	26	22
崇州市	264	159	47	10	7	29	12

注:本表只含联网直报法人库单位,不含联网直报产业库单位。

附录　全国重点城市主要指标

附录:全国重点城市主要指标(2015年)

Main Indicators of Major Cities in China(2015)

	土地面积 (平方公里)	建成区面积 (平方公里)	年末户籍总人口 (万人)	年末常住人口 (万人)
直辖市				
北　京	16411		1345.2	2170.5
上　海	6341		1433.6	2415.3
天　津	11917		1026.9	1547.0
重　庆	82269	1529	3371.8	3016.6
副省级城市				
成　都	12121	615.5	1228.1	1465.8
沈　阳	12860	465*	730.4	829.1
长　春	20571	506	753.8	
哈尔滨	53068	428	961.4	
青　岛	11282	570		909.7
武　汉	8494	566	829.3	1060.8
西　安	10097	549	815.7	870.6
南　京	6587	734*	653.4	909.7
济　南	8177	497	625.7	713.2
广　州	7434		854.2	1350.1
厦　门	1573	317	211.2	386.0
深　圳	1997	900	355.0	1137.9
大　连	12574	396	593.6	698.7
杭　州	16596	567	723.6	901.8
宁　波	9816	501	586.6	782.5
其他主要城市				
昆　明	21013		555.6	667.7
石家庄	15848		1024.9*	1070.2
太　原	6988	374	367.4	431.9
无　锡	4627	329	480.9	651.1
苏　州	8488	748	667.0	1061.6
合　肥	11445	416	717.7	779.0
南　昌	7402		520.4	530.3
长　沙	11816		671.4*	743.2
贵　阳	8043		391.8	462.2
珠　海	1724	124	112.5	163.4

注:带“*”为2014年数据(下同)。

续表 1

	地区生产总值（亿元）		第一产业增加值（亿元）		第二产业增加值（亿元）	
	2015 年	比 2014 年 ±%	2015 年	比 2014 年 ±%	2015 年	比 2014 年 ±%
直辖市						
北　京	22968.6	6.9	140.2	-9.6	4526.4	3.3
上　海	24965.0	6.9	109.8	-13.2	7940.7	1.2
天　津	16538.2	9.3	210.5	2.5	7723.6	9.2
重　庆	15719.7	11.0	1150.2	4.7	7071.8	11.3
副省级城市						
成　都	10801.2	7.9	373.2	3.9	4723.5	7.2
沈　阳	7280.5	3.5	341.4	3.5	3499.0	0.9
长　春	5530.0	6.5	343.3	5.0	2770.9	4.1
哈尔滨	5751.2	7.1	672.6	7.2	1862.8	4.1
青　岛	9300.1	8.1	364.0	3.2	4026.5	7.1
武　汉	10905.6	8.8	359.8	4.8	4981.5	8.2
西　安	5810.0	8.2	220.2	5.0	2165.5	6.8
南　京	9720.8	9.3	232.4	3.4	3916.1	7.2
济　南	6100.2	8.1	305.4	4.1	2307.0	7.4
广　州	18100.4	8.4	228.1	2.5	5786.2	6.8
厦　门	3466.0	7.2	23.9	-0.5	1509.0	7.9
深　圳	17503.0	8.9	5.7	-1.7	7205.5	7.3
大　连	7731.6	4.2	453.3	3.0	3580.8	0.9
杭　州	10053.6	10.2	287.7	1.8	3910.6	5.6
宁　波	8011.5	8.0	285.2	1.8	3924.5	4.8
其他主要城市						
昆　明	3970.0	8.0	188.1	5.8	1588.4	7.4
石家庄	5440.6	7.5	494.4	2.3	2452.9	5.8
太　原	2735.3	8.9	37.4	1.3	1020.1	6.0
无　锡	8518.3	7.1	137.7	-0.1	4197.4	5.0
苏　州	14504.1	7.5	215.7	3.3	7045.1	4.8
合　肥	5660.3	10.5	263.4	4.4	3097.9	10.6
南　昌	4000.0	9.6	171.3	3.9	2180.0	9.8
长　沙	8510.1	9.9	341.8	3.6	4478.2	8.8
贵　阳	2891.2	12.5	129.9	6.4	1108.5	14.6
珠　海	2025.0	10.0	46.6	3.0	1006.0	10.2

续表2

	#工业增加值（亿元）		第三产业增加值（亿元）		#交通运输、仓储和邮政业增加值（亿元）	
	2015年	比2014年±%	2015年	比2014年±%	2015年	比2014年±%
直辖市						
北　京	3662.9	0.9	18302.0	8.1	957.9	4.0
上　海	7109.9	0.5	16914.5	10.6	1130.9	7.3
天　津	6981.3	9.2	8604.1	9.6	764.7	7.7
重　庆	5557.5	10.5	7497.8	11.5	761.3	8.7
副省级城市						
成　都	4056.2	7.4	5704.5	9.0	470.1	7.7
沈　阳	3114.7	0.3	3440.1	6.3	354.3	7.4
长　春	2356.3	3.4	2415.8	9.8	261.5	2.1
哈尔滨	1301.5	3.5	3215.8	9.3	283.4	2.7
青　岛	3547.6	6.9	4909.6	9.4	654.7	6.7
武　汉	4081.9	8.4	5564.3	9.6	455.3	4.1
西　安	1417.6	6.6	3424.3	9.5	250.7	7.1
南　京	3395.3	8.0	5572.3	11.3	308.0	1.3
济　南	1844.4	7.1	3487.8	8.9	371.6	3.1
广　州	5246.1	6.9	12086.1	9.5	1265.7	7.5
厦　门	1287.5	7.9	1933.1	6.5	264.7	10.4
深　圳	6743.1	7.5	10291.8	10.2	526.5	7.6
大　连	3107.2	-0.1	3697.5	8.2	459.0	2.5
杭　州	3497.9	5.5	5855.3	14.6	300.0	8.9
宁　波	3460.9	4.4	3801.8	12.5	355.8	4.3
其他主要城市						
昆　明	1041.8	5.4	2193.5	8.7	89.1	7.3
石家庄	2160.9*	7.4*	2493.3	10.6	486.5	10.2
太　原	692.1	5.7	1677.8	11.4	137.6	8.6
无　锡	3837.3	4.8	4183.1	9.6	206.0	3.7
苏　州	6490.4	4.4	7243.2	9.2	436.0*	10.2*
合　肥	2498.9	11.0	2298.9	11.0	206.3	3.4
南　昌	1619.5	9.0	1648.8	9.8	154.5*	4.4*
长　沙	3745.0	8.8	3690.2	12.1	252.4	6.1
贵　阳	714.2	10.2	1652.8	11.1	239.1	10.7
珠　海	893.1	9.3	972.3	10.0	39.1	6.4

续表 3

	批发和零售业增加值（亿元）		金融保险业增加值（亿元）		房地产业增加值（亿元）	
	2015 年	比 2014 年 ±%	2015 年	比 2014 年 ±%	2015 年	比 2014 年 ±%
直辖市						
北　京	2400.3	-1.2	3926.3	18.1	1438.4	4.2
上　海	3826.4	4.3	4052.2	22.9	1696.0	9.0
天　津	2075.1	6.1	1588.1	11.7	605.4	6.1
重　庆	1345.4	9.2	1410.2	15.4	847.7	5.5
副省级城市						
成　都	778.3	3.0	1254.2	15.5	597.7	4.3
沈　阳	677.3	6.6	526.1	19.2	283.5	-3.7
长　春	551.1	7.7	237.3	18.6	127.5	4.7
哈尔滨	701.1	10.7	371.9	13.8	178.1	2.5
青　岛	1168.0	8.0	588.3	12.9	479.9	11.1
武　汉	994.1	8.3	837.5	14.1	641.5	8.8
西　安	680.6	7.6	643.9	16.6	360.7	4.2
南　京	1062.0	9.6	1122.2	16.1	611.0	5.4
济　南	715.5	4.7	641.9	19.2	415.0	15.3
广　州	2669.4	7.3	1629.4	14.2	1487.3	7.7
厦　门	369.7	5.3	353.4	14.7	240.3	-17.3
深　圳	2006.9	2.6	2542.8	15.9	1627.8	16.8
大　连	890.9	13.8	682.5	21.6	396.3	1.7
杭　州	815.0	2.3	978.0	15.2	624.0	14.3
宁　波	968.0	9.0	502.7	14.7	420.2	13.5
其他主要城市						
昆　明	480.4	6.3	217.8*	10.8*	156.8	2.6
石家庄	528.9	9.7	366.5	14.8	223.7	2.6
太　原	447.9	1.7	373.6	15.9	143.4	4.0
无　锡	1423.5	6.2	516.5	7.7	406.0	7.5
苏　州	1961.7*	10.3*	1021.5*	11.9*	849.0*	-2.1*
合　肥	416.4	6.8	372.7	21.4	276.4	2.0
南　昌	277.3*	6.5*	247.1*	17.0*	173.0*	0.6*
长　沙	654.7	5.6	401.2	23.8	242.4	11.0
贵　阳	256.0	4.6	310.1	24.6	89.5	3.1
珠　海	229.9	6.3	135.3	14.8	158.1	10.8

续表4

	人均地区生产总值（元）	农林牧渔业总产值（亿元）		规模以上工业增加值（%）
	2015年	2015年	比2014年±%	比2014年±%
直辖市				
北　京	106284	368.2	-12.3	1.0
上　海	103100	287.8	-12.7	0.2
天　津	107960	467.4	2.6	9.3
重　庆	52330	1738.2	4.6	10.8
副省级城市				
成　都	74273	663.1	7.5	7.3
沈　阳	87833	688.6	3.8	-2.9
长　春	73324	649.6	6.2	3.3
哈尔滨	59027	1255.8	7.1	2.9
青　岛	102519	660.1		7.5
武　汉	104132	620.3	4.8	8.5
西　安	63794	241.7	5.1	6.6
南　京	118171	415.3	8.0	8.1
济　南	85919	544.7	4.2	7.5
广　州	136188	413.5	2.2	7.2
厦　门	90378	44.9	0.1	7.9
深　圳	157985	5.7	-1.7	7.7
大　连	110673	927.9	3.6	-4.5
杭　州	112268	440.4		5.4
宁　波	102475	449.1	1.8	3.8
其他主要城市				
昆　明	59686	328.6	5.9	5.4
石家庄	51248	885.2*	2.7*	6.0
太　原	63483	73.9	1.8	5.7
无　锡	130900	255.6		4.4
苏　州	136300	415.2	3.4	4.3
合　肥	73102	468.2	4.4	11.3
南　昌	75879	296.9	4.0	9.4
长　沙	115443	490.6*	4.5*	9.2
贵　阳	63003	200.4	6.6	9.7
珠　海	124706	88.0	2.2	9.6

注："人均地区生产总值"为当年价，按常住人口计算。

续表 5

	规模以上工业企业单位数(个)	规模以上工业总产值(亿元)		货运量(万吨)	客运量(万人次)
	2015 年	2015 年	比 2014 年 ±%	2015 年	2015 年
直辖市					
北　京	3548	17544.6	-3.4	28765.2	69923.1
上　海		31049.6	-0.8	91238.7	18571.3
天　津	5525	28016.8	0.3	53179.2	19800.0
重　庆	6608	21404.7	12.4	104615.8	71382.3
副省级城市					
成　都	3266	11235.9		28565.9	54619.6
沈　阳	3535	13759.1*	0.2*	21362.1	20642.7
长　春	1139	8658.2	-11.8	10302.6	9026.8
哈尔滨	1367	3932.1		8784.7	13158.1
青　岛	4678	17349.8	7.8	26985.8	9899.2
武　汉	2411	12374.9	6.8	48185.2	27628.7
西　安	1098	4395.9	3.5	46300.0	26900.0
南　京	2748*	13065.8	-1.6	29823.9	15929.1
济　南	1970			36217.0	14877.0
广　州	4650	18712.4	6.4	100400.0	106094.7
厦　门	1647	5030.8	8.1	26800.0	8700.0
深　圳	6539	25055.6	4.0	32474.7	16650.8
大　连	2486	6998.4	-34.3	41997.0	10832.0
杭　州	6068	12699.6	0.6	29400.0	23900.0
宁　波	7263	13756.6	-2.1	42100.0	14200.0
其他主要城市					
昆　明	777	3197.7*	1.9*	27677.0*	11119.0*
石家庄	2594*	9022.4*	6.9*		
太　原	365	2362.1*	-11.1*	18539.9*	4439.7*
无　锡	5061	14698.8	1.8	16136.8	9983.6
苏　州	10062	30546.3	0.2	13563.8	46323.4
合　肥	2392	9345.6	8.8	32600.0	14600.0
南　昌	1211*	5075.0*	12.9*	13836.0	6855.0
长　沙	2545*	10565.2	10.6	30448.7*	12745.5*
贵　阳	580	2581.1	10.7	32191.7	66790.1
珠　海	987	4003.0	10.9	11925.6	5460.9

续表 6

	全社会固定资产投资额（亿元）		#房地产开发投资额（亿元）		社会消费品零售总额（亿元）	
	2015 年	比 2014 年 ±%	2015 年	比 2014 年 ±%	2015 年	比 2014 年 ±%
直辖市						
北　京	7990.9	5.7	4226.3	8.1	10338.0	7.3
上　海	6352.7	5.6	3468.9	8.2	10055.8	8.1
天　津	13065.9	12.1	1871.6	10.1	5245.7	10.7
重　庆	15480.3	17.1	3751.3	3.3	6424.0	12.5
副省级城市						
成　都	7007.0	5.8	2442.0	10.0	4946.2	10.7
沈　阳	5326.0	-18.9	1337.7	-32.3	3883.2	8.2
长　春	4400.0	15.0	506.0	-5.3	2409.3	8.8
哈尔滨	4595.7	10.1	581.8	-13.6	3394.5	10.5
青　岛	6555.7	14.2	1122.3	0.4	3713.7	10.5
武　汉	7680.9	10.3	2581.8	9.7	5102.2	11.6
西　安	5166.0	-12.5	1831.7	4.0	3405.4	10.1
南　京	5426.0	-0.1	1429.0	27.0	4590.2	10.2
济　南	3498.4	14.2	1014.1	10.5	3410.3	10.5
广　州	5406.0	10.6	2137.6	17.7	7933.0	11.0
厦　门	1896.5	20.6	774.1	9.9	1168.4	8.9
深　圳	3298.3	21.4	1331.0	24.5	5017.8	2.0
大　连	4559.3	-32.7	897.5	-37.2	3084.3	8.5
杭　州	5556.3	12.2	2472.1	7.4	4697.2	11.8
宁　波	4506.6	13.0	1228.8	-7.5	3349.6	12.0
其他主要城市						
昆　明	3497.9	11.5	1451.3	-2.8	2061.7	8.2
石家庄	5689.9	12.1	986.3	-3.8	2680.9	9.3
太　原	2025.6	16.0	604.2	25.0	1540.8	6.2
无　锡	4901.2	7.0	991.7	-21.9	2847.6	9.2
苏　州	6124.4	-1.7	1865.0	5.7	4424.8	9.0
合　肥	5851.9	10.4	1259.1	11.7	2183.7	12.0
南　昌	4000.1	17.0	485.4	17.2	1662.9	12.5
长　沙	6363.3	17.1	996.6	-24.0	3690.6	12.1
贵　阳	2804.5	20.1	1005.0	-1.2	1060.2	11.5
珠　海	1305.1	15.0	524.1	35.0	913.2	12.0

续表 7

	外商投资实际到位资金（亿美元）		海关进出口总额（亿美元）		#出口总额（亿美元）	
	2015 年	比 2014 年 ±%	2015 年	比 2014 年 ±%	2015 年	比 2014 年 ±%
直辖市						
北　　京	130.0	43.8	3195.9	-23.1	546.7	-12.3
上　　海	184.6	1.6	4517.3	-3.2	1969.7	-6.3
天　　津	211.3	12.0	1143.5	-14.6	511.8	-2.7
重　　庆	37.7	-10.9	749.4	-21.5	553.3	-12.7
副省级城市						
成　　都	75.2	5.8	395.9	-29.0	239.7	-29.1
沈　　阳	10.6	-53.3	140.8	-10.8	67.9	-5.0
长　　春	12.0	13.0	139.9	-32.5	19.2	-22.2
哈 尔 滨	29.9	10.0	47.8	-29.8	23.6	-31.5
青　　岛	66.9	10.0	702.0	-12.1	453.3	-1.0
武　　汉	73.4	18.5	280.7	6.3	151.5	9.9
西　　安	40.1	8.2	1761.9	15.0	819.9	11.6
南　　京	33.4	1.3	532.4	-7.0	315.0	-3.4
济　　南	15.8	10.0	99.1	-5.5	60.0	-1.0
广　　州	54.2	6.1	1338.7	2.5	811.7	11.6
厦　　门	20.9	6.2	832.9	-0.2	535.0	0.6
深　　圳	65.0	11.9	4425.6	-9.3	2640.8	-7.1
大　　连	27.0	8.1	560.3	-14.8	263.5	-12.8
杭　　州	71.1	12.3	665.7	-2.1	500.7	1.8
宁　　波	42.3	5.2	1004.7	-4.0	714.3	-2.3
其他主要城市						
昆　　明	22.6	1.1	123.6	-30.4	94.5	-18.5
石 家 庄	9.0	9.8	121.4	-15.4	73.2	-6.0
太　　原	8.5	-21.0	106.8	0.1	65.9	0.3
无　　锡	32.0	10.3	684.7	-7.7	422.3	-4.5
苏　　州	70.2	-13.6	3053.5	-1.9	1814.6	0.2
合　　肥	25.1	14.9	203.4	1.3	137.1	9.6
南　　昌	26.2	12.7	114.6	-6.2	85.9	2.1
长　　沙	44.1	11.0	129.5	3.0	86.4	-1.4
贵　　阳	9.3	21.8	91.2	16.3	79.0	8.6
珠　　海	21.8	12.8	476.6	-13.3	288.4	-0.6

续表8

	金融机构人民币存款余额（亿元）		#住户存款余额（亿元）		金融机构人民币贷款余额（亿元）	
	2015年	比2014年±%	2015年	比2014年±%	2015年	比2014年±%
直辖市						
北　京	123767.4	23.6	26740.6	7.6	50559.5	-5.8
上　海	98266.5	41.3	23384.7	9.9	48090.8	11.3
天　津	27145.9	13.2	8743.8	3.6	24500.9	15.6
重　庆	28904.4	13.2	12207.3	11.1	22393.9	11.9
副省级城市						
成　都	29474.9	8.5	9922.2	7.2	21970.6	11.0
沈　阳	13867.9	11.0	5769.3	8.8	11343.8	13.1
长　春	9848.6	11.4	3792.8	8.7	8935.1	19.5
哈尔滨	9688.6	5.4	4370.4	9.1	8492.3	16.9
青　岛	12533.0	10.5	5024.0	8.2	10772.0	10.8
武　汉	19057.2	19.1	6059.0	6.1	16018.3	18.7
西　安	17796.4	14.9	6571.2	7.3	13714.0	17.4
南　京	25887.8	18.1	5535.5	2.7	18217.8	16.6
济　南	13553.0	11.3	3951.4	5.7	9674.2	13.7
广　州	41574.5	14.4	13297.4	2.2	26137.0	15.1
厦　门	8366.4	17.2	1912.5	4.8	6714.7	15.3
深　圳	53800.1	15.1	9468.6	6.9	28223.7	18.3
大　连	13338.7	7.6	5107.9	3.9	10696.1	7.6
杭　州	29003.1	13.5	7507.1	6.2	22395.3	9.5
宁　波	15400.2	12.0	5302.8	6.1	14966.9	9.9
其他主要城市						
昆　明	11879.7	10.7	3836.4	3.7	11976.5	17.0
石家庄	9800.2	7.4	4868.9	11.0	6121.1	20.0
太　原	10593.9	4.7	3660.6	4.7	9027.6	13.6
无　锡	12710.5	7.0	4639.7	4.0	9332.3	7.6
苏　州	23659.1	9.4	7358.0	6.2	19200.1	11.3
合　肥	10967.9	16.2	3018.5	11.9	9636.6	18.0
南　昌	8342.6	11.6	2491.4	8.9	7376.1	16.5
长　沙	11145.4*	10.6*	3870.4*	11.1*	10377.7*	11.1*
贵　阳	8772.2	24.6	2250.6	5.7	7875.6	20.0
珠　海	5145.9	10.6	1302.3	2.3	2860.3	22.6

续表 9

	一般公共预算收入（亿元）		一般公共预算支出（亿元）		全社会用电量（亿千瓦小时）	
	2015 年	比 2014 年 ±%	2015 年	比 2014 年 ±%	2015 年	比 2014 年 ±%
直辖市						
北　　京	4723.9	12.3	5751.4	27.1	952.7	1.7
上　　海	5519.5	13.3	6191.6	19.5	1405.5	2.7
天　　津	2667.0	11.6	3231.4	12.0	800.6	0.8
重　　庆	2155.1	12.1	3793.8	14.8	875.4	0.9
副省级城市						
成　　都	1154.4	12.6	1478.6	10.3	486.4	1.7
沈　　阳	606.2	-22.8	808.6	-11.6	307.2	3.7
长　　春	388.2	-2.2	765.7	13.3	652.0	-2.4
哈 尔 滨	407.7	-3.7	824.8	11.5	204.8	2.2
青　　岛	1006.3	12.4	1222.9	13.8	342.0	1.3
武　　汉	1245.6	12.0		1.0	464.3	4.3
西　　安	650.9	16.3	916.8	12.9	284.5	1.0
南　　京	1020.0	9.3	1045.2	13.5	495.2	5.3
济　　南	614.3	13.1	658.6	15.2	264.2	1.1
广　　州	1349.1	8.5	1728.2	20.3	779.3	1.8
厦　　门	606.1	11.5	652.1	18.9	211.3	1.0
深　　圳	2727.1	30.9	3520.0	62.5	806.7	3.4
大　　连	579.9	-25.7	910.7	-8.0	307.9	-0.8
杭　　州	1233.9	9.8	1205.5	15.6	646.4	1.0
宁　　波	1006.4	8.2	1256.0	17.6	585.1	1.4
其他主要城市						
昆　　明	502.2	5.1	615.5	3.7	319.9*	-0.9*
石 家 庄	375.0	9.2	682.3	20.4	449.6*	
太　　原	274.2	5.9	420.1	30.2	240.4	-5.1
无　　锡	830.0	8.1	820.9	9.7	600.5	0.4
苏　　州	1560.8	8.1	1527.0	17.1	1311.7	3.4
合　　肥	571.5	14.2	772.7	10.6	243.3	7.6
南　　昌	389.2	13.7	547.5	15.7	164.3	7.1
长　　沙	719.0	13.6	922.1	14.9	227.5*	1.3*
贵　　阳	374.2	12.8	503.6	12.3	239.9	3.3
珠　　海	269.9	17.2	389.3	39.4	145.4	8.2

续表 10

	私人汽车拥有量（万辆）		年末实有公共汽（电）车（辆）		年末实有出租汽车（辆）	
	2015 年	比 2014 年 ±%	2015 年	比 2014 年 ±%	2015 年	比 2014 年 ±%
直辖市						
北　京	440.3	0.7	23287	-1.6	68284	1.1
上　海	208.7	13.8	16200*	-3.1*	49000	-3.4
天　津	234.8	-0.2	11164*	15.4*	31940*	0.0*
重　庆	232.0	21.6				
副省级城市						
成　都	328.5	18.3	12305	4.7	17676	-4.5
沈　阳	134.6	16.9	5381	-3.4	21720	21.7
长　春	111.1	15.1			16967*	-25.3*
哈尔滨	116.6	14.3	6923	10.4	16572	
青　岛	166.8	15.2	6748	3.6	10019	3.1
武　汉	165.2	27.2	8301	7.9	16747	0.9
西　安	197.5	15.8	7781	1.0	14459	2.1
南　京	172.1	15.8	8359		14239	
济　南	137.8	13.1	5537	8.6	9699	1.5
广　州	180.7	0.8	13656	0.5	22022	1.3
厦　门	88.6	30.6	4691	8.0	5892	13.1
深　圳	254.8	2.2	31716	1.2	16596	2.0
大　连	94.2*	15.2*	5304	2.9	11243	0.4
杭　州	184.9	2.8	8555	3.1	12656	0.4
宁　波	145.1	17.3	7737	17.8	6420	0.8
其他主要城市						
昆　明	154.5	14.4			7651	
石家庄	191.6*		4403	10.8		
太　原	99.2	13.0	2871	-6.5	8719	0.0
无　锡	117.9	14.9	3042	0.8	4040	0.0
苏　州	229.3	13.8	7355	5.9	9018	0.3
合　肥	96.4	25.1	5324	10.2	11553	0.0
南　昌	49.1*	20.6*	3219*	-7.6*	5453*	5.8*
长　沙	128.5*	21.7*	5517*	32.7*	7957*	15.1*
贵　阳	72.6	14.4	3185	11.6	8714	15.7
珠　海	35.1	20.6	1887	3.5	3187	24.2

续表 11

	国内旅游人数（万人次）		国内旅游总收入（亿元）		旅游外汇收入（万美元）	
	2015 年	比 2014 年 ± %	2015 年	比 2014 年 ± %	2015 年	比 2014 年 ± %
直辖市						
北　京	26859. 0	4. 4	4320. 3	8. 1	460000	-0. 1
上　海	27569. 4	2. 8	3004. 7	1. 9	596000	4. 5
天　津	17058. 7	11. 7		12. 3	329800	10. 2
重　庆	39200. 0	12. 2	2251. 3	12. 4	146900	8. 4
副省级城市						
成　都	18904. 0	2. 6	1987. 0	22. 9	87264	17. 9
沈　阳	9154. 2	11. 0	1221. 2	14. 6	80000	14. 3
长　春	5726. 1	15. 7	1072. 6	25. 1	31850	10. 2
哈 尔 滨	6517. 2	8. 4	908. 0	15. 4	11421	9. 0
青　岛	7455. 8	8. 9	1270. 0	14. 1	91798	11. 6
武　汉	21033. 0	10. 0	2115. 2	11. 8	120000	28. 5
西　安	13600. 8	13. 3	1074. 7	13. 0		
南　京	10234. 0	8. 0	1688. 1	11. 0	57500	4. 0
济　南	6061. 1	9. 1	670. 5	14. 0	18419	8. 0
广　州	5658. 0	6. 2	2872. 2	13. 9	570000	4. 0
厦　门	5718. 6	12. 8	832. 4	15. 3	199600	10. 3
深　圳	4156. 5	9. 1	811. 1*	20. 1*	496800	8. 8
大　连	6828. 1	11. 8	977. 2	13. 2	51600	2. 1
杭　州	12000. 0	13. 5	2200. 7	16. 7	293100	7. 1
宁　波	7920. 3	15. 2	1183. 9	16. 0	80019	2. 8
其他主要城市						
昆　明	6911. 4	10. 3	723. 5	17. 7	44000	10. 8
石 家 庄	6782. 0	17. 0	590. 5	35. 3	9363	35. 5
太　原	4891. 5	17. 1	583. 3	17. 8	8100	5. 1
无　锡	8043. 3	6. 2	1389. 3	10. 0	35783	8. 5
苏　州	10630. 6	6. 0	1884. 5	11. 0	179000	5. 0
合　肥	7784. 2	19. 1	953. 2	23. 1	33100	17. 4
南　昌	5534. 0	29. 1	537. 6	39. 2	7415	9. 0
长　沙	11601. 0	10. 6	1302. 6	13. 9	79300	1. 4
贵　阳	8462. 0	17. 1	1040. 5	19. 0	6035	6. 6
珠　海	3121. 5	8. 0	217. 9	6. 5	96200	3. 7

续表 12

	城镇居民人均可支配收入（元）		农民人均可支配收入（元）		居民消费价格指数（%）
	2015 年	比 2014 年 ±%	2015 年	比 2014 年 ±%	2015 年
直辖市					
北　京	52859	8.9	20569	9.0	101.8
上　海	52962	8.4	23205	9.5	102.4
天　津	34101	8.2	18482	8.6	101.7
重　庆	27239	8.3	10505	10.7	101.3
副省级城市					
成　都	33476	8.0	17690	9.6	101.1
沈　阳	36664	7.1	13498	7.8	101.2
长　春	29090	6.6	11749	4.1	101.3
哈尔滨	30977	7.5	13375	10.3	101.4
青　岛	40370	8.1	16730	8.4	101.2
武　汉	36436	9.5	17722	9.7	101.4
西　安	33188	8.1	14072	9.1	100.7
南　京	46104	8.3	19483	10.3	102.0
济　南	39889	8.0	14232	8.5	101.9
广　州	46735	8.8	19323	9.4	101.7
厦　门	42607	7.5	17558	8.2	101.7
深　圳	44633	6.7			102.2
大　连	35889	6.8	14667	8.3	101.6
杭　州	48316	8.3	25719	9.2	101.8
宁　波	47852	8.4	26469	9.0	101.8
其他主要城市					
昆　明	33955	8.5	11444	10.4	102.4
石家庄	28097	8.1	11609	8.6	101.0
太　原	27727	7.6	13626	8.0	100.4
无　锡	45129	8.1	24155	8.5	101.8
苏　州	50390	8.0	25580	8.6	101.6
合　肥	31989	9.0	15733	9.2	101.6
南　昌	31942	9.8	13693	10.3	101.6
长　沙	39961	8.5	23601	8.6	101.1
贵　阳	27241	9.1	11918	10.1	102.3
珠　海	38322	8.6	20510	11.5	101.7

中国统计出版社最新图书简目

(仅供参考，以实际出版为准)

统计资料

中国统计年鉴　中国统计摘要　中国发展报告
中国经济普查年鉴2013　国际统计年鉴　金砖国家联合统计手册
中国-东盟国家统计手册　中国农村统计年鉴　中国县域统计年鉴
中国城市统计年鉴　中国对外直接投资统计公报　中国地区经济监测报告
中国贸易外经统计年鉴　中国零售和餐饮连锁企业统计年鉴　中国商品交易市场统计年鉴
大中型批发零售和住宿餐饮企业统计年鉴　中国农产品价格调查年鉴　中国住户调查年鉴
中国价格统计年鉴　中国能源统计年鉴　全国农产品成本收益资料汇编
中国环境统计年鉴　中国建筑业统计年鉴　国外资源、能源和环境统计资料汇编
中国工业统计年鉴　中国城乡建设统计年鉴　中国房地产统计年鉴
中国城市建设统计年鉴　中国科技统计年鉴　中国第三产业统计年鉴
中国证券期货统计年鉴　中国劳动统计年鉴　中国高技术产业统计年鉴
工业企业科技活动资料　中国社会统计年鉴　中国人口和就业统计年鉴
中国人才资源统计报告　中国教育经费统计年鉴　中国文化及相关产业统计年鉴
文化及相关产业统计概览　中国民政统计年鉴　中国民族统计年鉴
中国残疾人事业统计年鉴　中国妇女儿童状况统计资料（英）　中国乡镇街道行政区域简册
中国基本单位统计年鉴

省级综合统计年鉴系列

北京 天津 河北 山西 内蒙古 辽宁 吉林 黑龙江 上海 江苏 浙江 安徽 福建 江西 山东 河南 湖北 湖南 广东 广西 海南 重庆 四川 贵州 云南 西藏 陕西 甘肃 青海 宁夏 新疆 新疆生产建设兵团

市(县)级综合统计年鉴系列

天津滨海新区 石家庄 唐山 邯郸 保定 沧州 邢台 廊坊 承德 衡水 秦皇岛 张家口 太原 大同 阳泉 长治 晋城 朔州 晋中 运城 忻州 临汾 呼和浩特 呼和浩特新城区 鄂尔多斯 包头 沈阳 大连 长春 延吉 四平 通化 哈尔滨 齐齐哈尔 黑龙江垦区 上海浦东新区 南京 无锡 徐州 常州 苏州 南通 连云港 淮安 盐城 扬州 镇江 泰州 宿迁 江阴 丹阳 杭州 宁波 温州 嘉兴 湖州 绍兴 金华 衢州 舟山 台州 丽水 合肥 安庆 马鞍山 福州 厦门 宁德 漳州 南昌 九江 上饶 新余 抚州 萍乡 赣州 吉安 景德镇 济南 青岛 潍坊 枣庄 日照 滕州 郑州 洛阳 平顶山 三门峡 商丘 信阳 济源 武汉 十堰 荆州 宜昌 荆门 咸宁 长沙 广州 深圳 惠州 东莞 南宁 柳州 桂林 来宾 海口 三亚 成都 贵阳 昆明 西安 安康 兰州 庆阳 银川 乌鲁木齐 兵团一师 兵团十师

调查年鉴系列

天津 山西 内蒙古 辽宁 吉林 上海　福建 江西 河南 湖北 湖南 广西　重庆 四川 云南 甘肃 宁夏 新疆

统计方法应用/实用手册

实用SAS统计分析教程　马克威统计分析与数据挖掘应用案例
乡镇统计人员岗位知识培训系列教材：辅助调查员岗位基础知识　乡镇统计人员岗位基础知识
县级统计人员岗位知识培训系列教材：Excel在统计工作中的应用　简明统计分析
EXCEL在基层统计工作中的应用　统计公文知识问答

统计通俗读物/统计科普图书

漫话诺贝尔经济学大师与数学情缘　魅力统计　漫话信息时代的统计学　统计使人更聪明
漫游数据王国　探访随机世界　新中国统计工作历史流变1949-1999　无处不在的统计

重点图书

新编英汉汉英统计大词典　中华医学统计百科全书
挑大学选专业2016—考研择校指南　挑大学选专业2016—高考志愿填报指南